T0244486

Ética de la consideración

Victoria Camps El gobierno de las emociones
Manuel Cruz (ed.) Las personas del verbo (filosófico)
Jacques Rancière El tiempo de la igualdad
Gianni Vattimo Vocación y responsabilidad del filósofo
Martha C. Nussbaum Las mujeres y el desarrollo humano
F. Birulés, A. Gómez Ramos, C. Roldán (eds.) Vivir para pensar
Gianni Vattimo y Santiago Zabala Comunismo hermenéutico
Fernando Broncano Sujetos en la niebla
Judith Shklar Los rostros de la injusticia
Gianni Vattimo De la realidad
Byung-Chul Han La sociedad de la transparencia
Alessandro Ferrara El horizonte democrático
Antonio Valdecantos El saldo del espíritu
Remo Bodei Imaginar otras vidas
Wendy Brown Estados amurallados, soberanía en declive
Slavoj Žižek Islam y modernidad
Luis Sáez Rueda El ocaso de Occidente
Byung-Chul Han El aroma del tiempo
Antonio Campillo Tierra de nadie
Remo Bodei Generaciones
Byung-Chul Han Topología de la violencia
Antonio Valdecantos Teoría del súbdito
Javier Sádaba La religión al descubierto
Manuel Cruz Ser sin tiempo
Judith Butler Sentidos del sujeto
Byung-Chul Han Sobre el poder
Cass R. Sunstein Paternalismo libertario
Maurizio Ferraris Movilización total
Étienne Balibar La igualibertad
Daniele Giglioli Crítica de la víctima
Miranda Fricker Injusticia epistémica
Judith Shklar El liberalismo del miedo
Manuel Cruz Pensar en voz alta
Byung-Chul Han Hiperculturalidad
Antonio Campillo Mundo, nosotros, yo
Carlos Thiebaut y Antonio Gómez Ramos Las razones de la amargura
Éric Fassin Populismo de izquierdas y neoliberalismo
Byung-Chul Han Buen entretenimiento
Tristan Garcia La vida intensa
Lluís Duch Vida cotidiana y velocidad
Yves Charles Zarka Metamorfosis del monstruo político
Byung-Chul Han La desaparición de los rituales
Eva Illouz y Dana Kaplan El capital sexual en la Modernidad tardía
Catherine Colliot-Thélène Democracia sin demos
Hartmut Rosa Lo indisponible
Byung-Chul Han La sociedad paliativa
Lorenzo Marsili Tu patria es el mundo entero
Zhao Tingyang Tianxia: una filosofía para la gobernanza global
Miquel Seguró Mendlewicz Vulnerabilidad
Luis Sáez Rueda Tierra y destino
Antonio Valdecantos Noticias de Icanópolis
Roberto Esposito Institución
José Antonio Pérez Tapias Imprescindible la verdad
Alain Minc Mi vida con Marx
Adriana Cavarero Democracia surgente
Corine Pelluchon Ecología como nueva Ilustración
Massimo Recalcati ¿Existe la relación sexual?
Rodrigo Castro Orellana Dispositivos neoliberales y resistencia
Laurent de Sutter Magia
Roberto Esposito Inmunidad común
Hanna Ketterer y Karina Becker (eds.) ¿Qué falla en la democracia?

Corine Pelluchon

Ética de la consideración

Traducción de
Antoni Martínez Riu

herder

Este libro ha sido traducido gracias a una subvención
del CNL, Centre National du Livre de Francia.

Título original: Éthique de la considération
Traducción: Antoni Martínez Riu
Diseño de la cubierta: Herder

Imprenta: QPPrint
Depósito legal: B-325-2024

Impreso en España – Printed in Spain

herder

Índice

Corren días malos y ya te he insistido suficientemente en que no te des del todo, ni siempre, a la acción, sino que te reserves para la consideración algo de ti mismo, de tu corazón y de tu tiempo.

BERNARDO DE CLARAVAL, *Sobre la consideración*

Introducción

Para que un pueblo naciente pueda apreciar las sanas máximas de la política [...] sería necesario que el efecto se convirtiese en causa, que el espíritu social, que debe ser obra de la institución, presidiese a la institución misma, y que los hombres fuesen ante las leyes lo que deben llegar a ser por ellas.

JEAN-JACQUES ROUSSEAU, *El contrato social*

¿POR QUÉ UNA ÉTICA DE LAS VIRTUDES?

Es en la conciencia individual donde la sociedad se juega su destino.[1] Las instituciones más admirables no son más que vestigios si las personas que deben preservarlas no respetan su espíritu y no son capaces de adaptarlas a las circunstancias. Y a la inversa, sin una educación que ayude a desarrollar el espíritu crítico y a tener discernimiento, y sin el concurso de las leyes, los ciudadanos tienen dificultades para orientarse en su vida personal, elegir buenos representantes y ejercer una presión sensata sobre sus gobiernos para que los pongan sobre una trayectoria que lleve a la paz, a la prosperidad y a la justicia.

[1] P. Ricœur, *Lo voluntario y lo involuntario*, I: *El proyecto y la motivación*, Buenos Aires, Editorial Docencia, 1986, p. 169.

Esta reciprocidad entre los caracteres y los regímenes políticos, muchas veces destacada por Platón, y esta circularidad de leyes que nos modelan, pero que necesitan de «las costumbres, de los usos, y sobre todo de la opinión [...] que forma la verdadera constitución del Estado»,[2] plantean una dificultad contra la que tropieza el contrato social.[3] Una vez que se han enunciado los principios de la justicia y los fines de la política, hay que preguntarse qué puede llevar a los individuos a aceptar los esfuerzos necesarios para contribuir al bien común: la teoría política debe completarse con la teoría moral —el problema está en saber qué moral puede dar al ser humano el sentido de la obligación y le permita a la vez realizarse a sí mismo—. ¿Cómo conseguir que integre el interés general con su interés personal, en lugar de sentirse continuamente dividido entre la felicidad y el deber? ¿Qué disposiciones morales se requieren en los ciudadanos para que encuentren satisfacción haciendo el bien, para ser sobrios, para que la cooperación sustituya a la desconfianza y actúen conjuntamente para transferir un mundo habitable?

La ética de la consideración intenta responder a estas cuestiones. La pregunta sobre la vida buena y la articulación de la moral con la política que aquella implica ponen de manifiesto su anclaje en la tradición de las éticas de las virtudes heredadas de Platón y de Aristóteles, aunque su contexto y la filosofía en la que se apoya la distinguen de las morales antiguas y hasta de las éticas contemporáneas neoaristotélicas. En lugar de determinar los principios que deben guiar nuestras decisiones o de actuar en función de las consecuencias previsibles

2   J.J. Rousseau, *Del contrato social,* Madrid, Alianza, 2010, p. 79.
3   Del contrato social al que se hace referencia se trata en la segunda parte de *Les nourritures. Philosophie du corps politique*, París, Seuil, «L'ordre philosophique», París, 2015.

de nuestros actos, este enfoque de la moral pone el acento en las personas, en lo que son y en lo que las mueve a actuar.

Antes de hablar de prohibiciones y de imperativos, de deberes y de obligaciones, del bien y del mal, debemos preguntarnos por las maneras de ser de los agentes morales.[4] Porque las más grandes leyes y los principios más nobles no tienen sentido a menos que sean reconocidos por los individuos a los que se aplican. Debemos también interpretarlos y ponerlos en práctica en un contexto particular. Los códigos deontológicos y el derecho suministran ciertamente coordenadas para la acción, pero nadie llega a ser buen médico o buen juez aprendiendo esos textos de memoria. También la utilidad o la maximización del bienestar colectivo pueden servir de criterio cuando se busca saber la manera de distribuir bienes escasos.[5] Es igualmente necesario, cuando nadie sabe *a priori* cómo actuar, tener en cuenta el impacto que una decisión puede ejercer en una sociedad, en sus instituciones e incluso en las disposiciones morales que su buen funcionamiento requiere. Este enfoque pragmático, que exige no adherirse a una concepción fija del bien y del mal, posibilita resolver ciertos dilemas eligiendo, entre las distintas soluciones igualmente viables desde el punto de vista teórico, la que más se adapta a la situación.[6] En todo caso, esas normas sirven sobre todo para justificar racionalmente nuestras decisiones, pero no constituyen el motivo principal de nuestras acciones.

4   G. Elizabeth M. Anscombe, «La filosofía moral moderna», en *La filosofía analítica y la espiritualidad del hombre*, EUNSA, Navarra, 2005, pp. 95-122.

5   El fundador del utilitarismo, que hoy es una corriente diversa, es Jeremy Bentham, *Los principios de la moral y la legislación*, Buenos Aires, Claridad, 2008.

6   W. James, *Pragmatismo: un nuevo nombre para algunos antiguos modos de pensar*, Barcelona, Folio, 1999; J. Dewey, *El público y sus problemas*, Buenos Aires, Ágora, 1958.

Estas descansan sobre un conjunto complejo de representaciones, emociones, afectos y rasgos de carácter. Cuando estos últimos designan una manera de ser estable, una disposición adquirida *(héxis)* y no un estado efímero o una pasión, y proceden además de una elección deliberada y van acompañados, en el individuo, de la impresión de sentirse realizado actuando de esa forma, se denominan virtudes.[7] Quien las posee se comporta en cualquier ocasión de una manera animosa, prudente o moderada, sin que exista contradicción entre el ser y el deber ser, el pensamiento y la acción. De modo que una persona honesta no es la que más a menudo lleva a cabo acciones honestas, sino la que las hace en virtud de una decisión reflexiva y porque esa disposición se ha convertido en una segunda naturaleza o en un *habitus*. Las virtudes suponen el desarrollo progresivo de capacidades que atañen al conjunto de las representaciones de un ser humano, a su manera de percibirse a sí mismo y de percibir el mundo y sus propios afectos.

La ética de las virtudes presentada en este libro busca determinar las maneras de ser que deben fomentarse para que los individuos lleven una vida buena y sientan respeto por los otros, humanos y no humanos, como un componente del respeto hacia sí mismos. No se apoya exclusivamente en la argumentación racional, sino que otorga un lugar importante a la afectividad, al cuerpo y al inconsciente. La ética de la consideración es una manera de ser adquirida en el transcurso de un proceso de transformación de sí, cuyas etapas indicaremos mientras analizamos lo que puede serle un obstáculo. No se trata de decir que podemos prescindir de normas, sino de comprender cómo pueden ser incorporadas por los individuos para

---

7   Aristóteles, *Ética a Nicómaco*, libro II, caps. 4, 5, 6, 9; III, 4; libro V, 10, 1135b8-11; VII, 1152a30-33 (trad. de Julián Marías, Madrid, Centro de Estudios Constitucionales, 1985).

que accedan a ellas desde su interior y se sientan involucrados tanto emocional como intelectualmente. Si no nos alejamos del dualismo entre la razón y las emociones, el espíritu y el cuerpo, el individuo y la sociedad, jamás comprenderemos por qué las personas tienen dificultades para actuar en consonancia con los principios y los valores que estiman.

Es, pues, precisando qué maneras de ser deben promoverse y cómo hacerlo que se hace posible superar la paradoja de Ovidio, que reconoce el fracaso de la mayoría de las teorías morales y políticas: «¡Veo lo mejor, estoy de acuerdo con ello, sigo lo peor!».[8] Es además indispensable estudiar los mecanismos psicológicos que explican que las personas se enclaustran en la negación y se habitúan a disociar su razón de su sensibilidad si queremos comprender sus resistencias a los cambios. Así que la ética de la consideración no se opone a las morales deontológicas y consecuencialistas; las completa. Su objetivo es salvar la distancia entre la teoría y la práctica, el pensamiento y la acción, una brecha que, teniendo presentes los retos a los que nos enfrentamos actualmente, se ha convertido en el mayor problema de la moral y de la política.

Los retos medioambientales y la causa animal

Esta brecha es particularmente clamorosa en los tres dominios que forman el contexto de nuestra investigación: el medioambiente, la causa animal y la democracia.

Las personas y los Estados están en conjunto convencidos por los numerosos informes que refieren las consecuencias geopolíticas, sanitarias, económicas y sociales del calenta-

---

8   Ovidio, *Las metamorfosis*, Madrid, Cátedra, 2003, libro VII, 20-21, p. 424.

miento global y de la erosión de la biodiversidad. Sin hacer siquiera referencia al Antropoceno, que designa una nueva era marcada por el impacto geológico de las actividades humanas y sus consecuencias negativas en el sistema Tierra, todos somos conscientes de la alteración de la biosfera causada por la vertiginosa explosión de los flujos de materia y de energía debido a nuestras actividades económicas y a nuestro peso demográfico. Los efectos en bucle del calentamiento global amenazan la supervivencia de los individuos y los Estados democráticos pueden desestabilizarse por la gestión de fenómenos meteorológicos extremos que afectan a la agricultura o a las infraestructuras y por los flujos migratorios. Pronto llegaremos a un punto de no retorno: si no tomamos ya desde ahora las decisiones que se imponen para limitar la elevación de las temperaturas, las consecuencias no solo serán dramáticas; serán también irreversibles. Sin embargo, la cuestión de si los Estados harán los esfuerzos necesarios está por verse.

Para reducir sustancialmente la huella ecológica de la humanidad, es indispensable la participación activa de los individuos. Deben abandonar ciertos hábitos de consumo e influir en sus gobiernos para que den muestras de voluntarismo político y la protección de la biosfera se eleve a deber del Estado. En efecto, la transición medioambiental no se reduce a un conjunto de prácticas que privilegien los circuitos cortos de comercialización y un modo de vida decreciente. Transcurre también por la reorganización de la economía, de la producción y del comercio y por innovaciones institucionales que permitan a las democracias representativas integrar los retos medioambientales en lugar de centrarse exclusivamente en el corto plazo. Todos estos cambios implican que las personas no sientan su compromiso ecológico como un suplicio, sino que se decidan por la sobriedad como una forma de vida deliberadamente elegida.

El desfase que existe entre el pensamiento y la práctica es algo especialmente dramático porque somos los primeros en percatarnos de la gravedad de la situación y los últimos en poder actuar a tiempo. Esta situación debería darnos a todos una sensación de urgencia que nos exhortara a hacer todo lo que estuviera en nuestras manos para contribuir al esfuerzo colectivo de reducción de las emisiones de gases de efecto invernadero, pero no es así. El problema se debe, en parte, a que los daños que hacemos a los otros no derivan de la voluntad expresa de perjudicarlos, a que la contaminación generada por nuestros modos de consumo no siempre es perceptible, sobre todo de forma inmediata, o a que las consecuencias de las emisiones de gases de efecto invernadero emitidas hoy no se dejarán sentir hasta dentro de varias décadas.

Que los agentes no veamos los efectos de nuestros actos porque se extienden a un largo período y causan daños a seres que ni conocemos es un hecho que no nos anima a actuar de acuerdo con lo que nuestra conciencia moral prescribe. Algunos afirman que habrá que obligar a la gente a consumir de otra manera y que en el ámbito nacional e internacional las reglamentaciones jurídicas y económicas se impondrán por la coacción, por la guerra o porque el sistema habrá colapsado. Al pesimismo de unos responde el cinismo de otros que creen que no tiene sentido ser sobrio si el de al lado no lo es. Muchos son los que toman la decisión de no actuar de acuerdo con lo que saben que es justo o se enclaustran en el presente. La situación ecológica actual es, pues, trágica. Por eso, rasgos morales como la perseverancia, la fortaleza, el optimismo, el coraje y la generosidad son esenciales para luchar contra las fuerzas que mueven a no hacer nada, a refugiarse en el consumo y a mantener un sistema que desde hace un tiempo es imperativo sustituir.

La creación de nuevas necesidades, la sobreproducción, la obsolescencia programada de los objetos, así como el despilfarro y la contaminación, que son características de nuestro modelo de desarrollo, son insostenibles en el terreno ecológico. Además, la organización del trabajo requerida para una fabricación en serie a costes de producción cada vez más bajos impone a los humanos y a los animales condiciones de vida inaceptables. El capitalismo es un sistema basado en la explotación de los humanos por otros humanos y de los países por otros países. Significa el control de las multinacionales sobre los Estados y los pueblos, la destrucción de los ecosistemas, el agotamiento de los recursos de la Tierra, cuyos límites y finitud no se tienen en cuenta. En fin, supone la negación del valor intrínseco de la naturaleza y la ausencia total de respeto por los animales que son tratados como meros recursos, y a los que se les niegan las necesidades básicas y la subjetividad.

Ese sistema, que dispone de potentes respaldos financieros, jurídicos y políticos, se sostiene sobre una antropología que fomenta la división de los individuos e invita a todos a buscar bienes que los otros no pueden alcanzar. El *marketing* utiliza recursos psicológicos como la inseguridad, la necesidad de tener reconocimiento, el miedo al futuro; satisface las frustraciones de los individuos y las intensifica, reforzando así su alienación y su dependencia de ese sistema. Muchos están de acuerdo en reconocer que el capitalismo, ahora desregulado, y que no tiene nada que ver con el liberalismo de John Locke o hasta de Adam Smith, está asfixiado, pero casi todos siguen manteniéndolo.

Las violencias inauditas que se infligen hoy a los animales en granjas industriales, mataderos y laboratorios son un reflejo de lo que ese sistema ha hecho de nosotros, poniendo de relieve al mismo tiempo la importancia de la lucha por mejorar la condición animal y su dimensión estratégica. Porque el maltrato animal revela la mayoría de las disfunciones de nuestra sociedad, como atestiguan las condiciones de trabajo de los ganaderos y de los empleados de los mataderos. La causa animal es también la causa de la humanidad, porque lo que está en juego en el maltrato animal es también nuestra relación con nosotros mismos. Si no nos disponemos todos a asumir las emociones negativas provocadas por el hecho de tener conciencia de la intensidad del sufrimiento animal, lo que nosotros hacemos a otros seres sensibles, directa o indirectamente, nos deteriora a todos psíquicamente.[9]

Para consumir la carne de seres sintientes que en la mayor parte de su tiempo no han sido respetados, a lo largo de su miserable y corta vida, las personas tienen que escindirse por dentro. Y así reprimimos la piedad que el espectáculo del sufrimiento experimentado por cualquier ser sensible debería suscitar en nosotros. De igual manera, para reducir la disonancia cognitiva que proviene de representaciones incompatibles entre sí o de contradicciones entre una representación y una acción,[10] como cuando mimamos a nuestro perro mientras consumimos carne de animales tan sensibles como los cerdos, nos decimos que estos últimos han sido producidos para ser comidos, que en realidad no sufren, o que hoy es imposible alimentar a siete mil quinientos millones de humanos sin producir cada vez más carne y sin recurrir a la ganadería intensiva. Estas estrategias que tienden a minimizar el daño que se hace a los animales explican en parte que sean pocas las personas que renuncian a alimentarse de carne y a vestirse

9 C. Pelluchon, *Manifiesto animalista. Politizar la causa animal*, Barcelona, Reservoir Books, 2018.
10 L. Festinger, *Teoría de la disonancia cognoscitiva*, Madrid, Instituto de Estudios Políticos, 1975.

con ropas de cuero, piel o lana. Pero ya no bastan para disipar la sensación de malestar que todos tenemos ante imágenes que obligan a mirar de cara el sufrimiento animal. Así, el desfase entre lo que sabemos y lo que hacemos, la racionalización y la represión de las emociones negativas muestran que en nuestro interior se libra una guerra que nos interroga sobre el lugar de la compasión en la justicia y sobre lo que constituye el núcleo de todas las violencias, sean las víctimas humanos o sean animales. Estas violencias tienen como origen la dominación, la ausencia de reconocimiento del valor propio del otro, pero también la costumbre que hemos decidido aceptar, e incluso justificar, de someter a seres que no pertenecen a la esfera de nuestra consideración moral. Es, pues, nuestra relación con nosotros mismos, con los otros, humanos y no humanos y con la naturaleza, lo que una ética de las virtudes debe hoy aclarar, ayudándonos a comprender cómo abandonar la dominación y relacionando campos que, de ordinario, afectan a ámbitos separados, como la ecología, la ética animal y las relaciones interhumanas.

LA CONSIDERACIÓN CONTRA EL NIHILISMO

El último reto concierne a las disposiciones morales y a las virtudes cívicas que sostienen el ejercicio efectivo de la democracia. Plantea también el problema del nihilismo y reclama examinar el vínculo que existe entre la experiencia contemporánea de la desubjetivación y la vulnerabilidad de los individuos ante las formas autoritarias de poder, incluido el totalitarismo.

Las democracias liberales, basadas en el pluralismo, es decir, en la aceptación de la igualdad moral de los individuos y en la tolerancia, se han vuelto más frágiles debido a que sus principios

son impugnados desde el exterior y el interior de sí mismas.
Ese modelo de sociedad suscita hoy menos entusiasmo porque
el número de marginados contradice el objetivo de prosperidad económica al que apunta el ideal democrático y porque
el desmoronamiento social y la ausencia de representación
del bien común le han hecho perder su prestigio. Además,
los ciudadanos tienen la sensación de estar desposeídos de su
soberanía, lo que los lleva a menudo a dedicarse más a la esfera
privada que a la pública o a erigir la contestación y la reacción
como modelos de participación en los asuntos públicos.
La filosofía política contemporánea ofrece puntos de
referencia útiles para que la democracia representativa sea
compatible con el hecho de tener en cuenta retos globales y
a largo término asociados al medioambiente y a la preocupación por las generaciones futuras. Además, en el transcurso
de los treinta últimos años, muchos estudios han enriquecido
nuestros conocimientos sobre la democracia deliberativa. Esta
tiene como objetivo transformar la naturaleza de la democracia procurando que su legitimidad no esté exclusivamente
vinculada a las grandes convocatorias electorales, sino que
dependa también de la organización, previa a las decisiones
colectivas, de debates que permitan a los ciudadanos discutir
siguiendo las reglas de la argumentación.[11] Así, la reconstrucción de la democracia implica que los representados amplíen
gradualmente su punto de vista y se interroguen por el bien
común haciendo un uso público de su razón. A los representantes, por otro lado, se los incita a que abandonen el juego
del mercadeo y de promesas asociadas a las campañas para
las elecciones y adopten todos una actitud más responsable
y respetuosa. Por último, los procedimientos participativos

---

11   C. Pelluchon, *Les nourritures, op. cit.*, caps. 1 y 2.

tienden a hacer más visibles a los individuos cuya situación económica, social y cultural los ha excluido por lo general de las decisiones. Ahora bien, pese a estas distintas aportaciones, es obligado constatar la relativa pobreza de los debates, en los que el uso de una retórica plebiscitaria y el recurso a los insultos son a menudo lo habitual.

No se puede decir que las éticas medioambientales y animales hayan tenido más éxito que las filosofías políticas contemporáneas en el intento de modificar el curso de la historia. Han desarrollado, a lo largo de más de cuarenta años, sólidos argumentos que demuestran que la naturaleza no tenía solamente un valor instrumental y que la ética no se reducía a las relaciones entre los seres humanos que viven en la actualidad.[12] Su creatividad teórica es innegable pero, en la práctica, nada ha cambiado realmente. Este desajuste muestra cuán difícil es que la filosofía se convierta en una fuerza propositiva y no sea simplemente una fuerza crítica. Atestigua un fracaso parcial que se debe a que la moral y el pensamiento político están ausentes de cualquier interrogación sobre la vida buena y sobre lo que posibilita a un ser humano no solo sobrevivir y estar satisfecho, sino también desarrollarse plenamente.

12 Entre las éticas medioambientales que más han contribuido a la renovación de las categorías de la ética aplicadas a la naturaleza, podemos mencionar a los herederos de Aldo Leopold, autor del famoso *Almanaque de un condado arenoso* (1947) (*A Sand County Almanac*, Nueva York, Oxford University Press, 2020; ed. cast. parcial en *Una ética de la tierra*, Madrid, Los libros de la Catarata, 2017). Véanse los autores traducidos en *Éthique de l'environnement. Nature, valeur, respect*, textos reunidos por par Hicham-Stéphane Afeissa, París, Vrin, 2007. Para un panorama completo en francés, véase G. Hess, *Éthiques de la nature*, París, PUF, 2013. Para la ética animal, podemos remitirnos a *La philosophie animale. Différence, responsabilité et communauté*, textos clave seleccionados por Hicham-Stéphane Afeissa y Jean-Baptiste Jeangène, Vrin, París, 2010.

El final de las filosofías de la historia, que conferían un
cierto peso a la existencia individual, ha dejado un vacío
ideológico que nada ha podido colmar. Las acciones de nuestros antepasados transcurrían en dos planos; tenían sentido
para ellos, pero trascendían también su presente: Dios o la
historia los juzgaría. En cambio, hoy, la satisfacción inmediata
y el bienestar material son a menudo las únicas aspiraciones
de los individuos. Esta situación ha dejado todo el espacio
al mercado y al economismo: los individuos no tienen más
horizonte que el consumo y van perdiendo poco a poco el
sentido de lo que los une a los otros. Esta dimensión puramente individual de su existencia y el hecho de que el dinero
y la búsqueda de reconocimiento se han erigido en bienes
soberanos explican en gran parte las frustraciones de la gente
y la ausencia de armonía social.

De modo que el capitalismo se ha impuesto, así, como
el único sistema posible en un momento en que el ideal
universalista de las Luces, ya puesto en cuestión por las dos
guerras mundiales y por el colonialismo, no podía ser una
referencia indiscutible. El humanismo no era ya solamente
sinónimo de paz y de emancipación individual, sino también
de etnocentrismo, de especismo y hasta de falogocentrismo.[13]
Si el universalismo no ha muerto, como se sobreentiende
cuando se habla de vida buena, y no solo de justicia, y si
el humanismo aún tiene porvenir, entonces no podemos
referirnos más que a un universalismo contextualizado y a
un humanismo renovado que tenga por objetivo reafirmar
la primacía de lo político sobre la economía y ayudar a los
individuos a desarrollar los recursos necesarios para poner en

---

13   C. Lévi-Strauss, *Antropología estructural. Mito, sociedad, humanidades,* Buenos
Aires, Siglo XXI, 2004; J. Derrida, «Hay que comer o el cálculo del sujeto», entre-
vista de Jean-Luc Nancy, *Confines* 17, diciembre de 2005.

práctica la transición hacia un modelo de desarrollo ecológicamente sostenible y más justo. Sin embargo, son muchos los obstáculos que se oponen a esta renovación. Una de las mayores dificultades proviene de la forma desacomplejada de nihilismo característica de nuestra época. El peligro no está solo en que los seres humanos se vean aplastados en el terreno social y económico, sino en que su miseria moral y espiritual los haga incapaces de escapar de la dominación, tanto si son de los que explotan a los otros como si son de los explotados.

Hannah Arendt ha insistido mucho en la dimensión a la vez social, política y antropológica del aislamiento *(loneliness)* que no designa la soledad, sino el hecho de que el individuo se percibe a sí mismo solo como una fuerza de producción y de consumo y ha perdido todo lo que le hacía participar en el mundo común.[14] El aislamiento afecta a las democracias de masas; los individuos que la sufren son particularmente permeables a las políticas autoritarias que degradan a los seres humanos y destruyen el mundo común.[15] Sin embargo, la desubjetivación que experimentan muchos de nuestros contemporáneos tiene de particular que va acompañada de la voluntad de imponerse por todos los medios y por la obsesión del control. Como sujeto del aislamiento, el individuo no experimenta más la dimensión individual de su existencia, pero su comportamiento traduce el miedo a la alteración del cuerpo, la dificultad de asumir la propia vulnerabilidad y la del otro, el temor y la negación de la alteridad y, finalmente, la tentación de controlar el patrimonio genético de la humanidad y de los otros vivientes. Esta voluntad de dominio

14   H. Arendt, *Los orígenes del totalitarismo*, Madrid, Alianza, 2007, pp. 635-640; véase también «La crisis de la cultura», en *Entre el pasado y el futuro*, Barcelona, Península, 1996, p. 211.
15   *Id.*, *La condición humana*, Barcelona, Paidós, 2005, p. 90.

y ese miedo a la alteridad y al cuerpo caracterizan la relación consigo mismo, con los demás y con la tecnología de muchos seres humanos hoy.

El nihilismo, escribía Leo Strauss, es una rebelión no articulada: designa «el deseo de aniquilar el mundo actual y sus potencialidades, un deseo que no va acompañado de ninguna concepción clara de lo que se quiere colocar en su lugar».

Ahora bien, la forma contemporánea de nihilismo no está generada, como en la Alemania de la década de 1930, por el hastío a un «bolchevismo cultural»[16] en el que el heroísmo y el sacrificio habían sido sustituidos por las diversiones. Los individuos, en la actualidad, son la mayor parte de las veces materialistas, incluso los que detestan a Occidente o se refugian en el extremismo religioso. El problema del nihilismo contemporáneo es la incapacidad de salir de sí mismo y la necesidad de extender el dominio sobre todo, en particular sobre el propio cuerpo y el de los otros. Por eso esta necesidad de dominar se ejerce principalmente contra las personas vulnerables y los animales.

La nuestra es una época en la que la violencia hacia lo viviente se ejerce de manera desacomplejada, porque la alteridad, la vulnerabilidad, la imprevisibilidad y la mortalidad del ser viviente, y en la de este la nuestra, son los objetos que tememos, incluso que odiamos. No obstante, esta época es también la edad de lo viviente. La preocupación por lo viviente nace en el momento en que la gravedad de la crisis medioambiental, la violencia hacia grupos enteros de seres humanos y el horror de las condiciones de vida y de muerte impuestas a los animales no dejan indiferente a nadie. Es

---

16   L. Strauss, «El nihilismo alemán», en *Nihilismo y política*, Buenos Aires, Manantial, 2008, pp. 125-150, 129.

contemporánea del hecho de que cada vez más individuos, en un clima de violencia generalizada, consideran que el reconocimiento de la heterogeneidad de las formas de vida y de las culturas es la clave de una vida mejor, incluso de la vida buena.

Leo Strauss decía de los jóvenes nihilistas alemanes que se sumaron luego al nazismo que habían carecido de maestros a la antigua usanza capaces de mostrarles el motivo positivo de su rebelión contra la civilización heredada de la Ilustración. Les había faltado la ayuda para transformar esa rebelión en un proyecto constructivo. Nosotros necesitamos también una filosofía que dé forma articulada a nuestro rechazo a un modelo de desarrollo que nos deshumaniza, nos enfrenta constantemente a nuestro prójimo, destruye el medioambiente y el tejido social e inflige sufrimientos increíbles a los animales. Esta filosofía no puede ser la recuperación de valores morales antiguos. Pues los valores no son más que subjetivaciones y, cuando se proponen de manera defensiva, su fragilidad sale a plena luz. Nuestra hipótesis es que una ética de las virtudes que se apoye en una filosofía primera y que desarrolle las disposiciones morales que hacen emerger en todos el reconocimiento de la propia vulnerabilidad y del valor de los otros vivientes y de las otras culturas es capaz de hacernos pasar del nihilismo a la edad de lo viviente y a la consideración. El contenido de esta ética de la consideración y su definición aparecerán progresivamente en el transcurso de este libro, pero ya podemos decir que su objetivo primordial es unir la teoría y la práctica y que es la matriz de varias virtudes que vinculan entre sí la relación con uno mismo, la relación con los otros, el medioambiente, la ética animal y la política.

CONECTAR LA ÉTICA A UNA FILOSOFÍA DE LA CORPOREIDAD

El objetivo de la ética de la consideración es conciliar la teoría y la práctica, la razón y la afectividad, en un contexto que no es otro que el de una democracia pluralista y multicultural, y que posee medios tecnológicos ultrapotentes. ¿Cómo defender una concepción de la vida buena que tiene dimensión universal respetando al mismo tiempo la diversidad de los estilos de vida y de las culturas? ¿Qué virtudes se adaptan al contexto contemporáneo, marcado por el cambio climático, la violencia contra los humanos y los animales y la fragilidad de las democracias liberales?

Existen admirables tratados de las virtudes, desde la *Ética a Nicómaco* al *Tratado de las virtudes* de Jankélévitch, pasando por las obras de los estoicos, pero esos textos no tienen en cuenta la relación con las generaciones futuras, con la naturaleza y con los animales. Limitan, pues, el campo de la ética y de la política a la relación consigo mismo y con los otros seres humanos. Además, la ética aristotélica es inseparable de su cosmología y de una teleología: todo ser, incluido el humano, tiene una naturaleza que debe llevar a cumplimiento, logrando pasar del estado de potencia al de acto. El naturalismo de la *Ética a Nicómaco* y de la mayor parte de las éticas de las virtudes neoaristotélicas implica que la excelencia de un ser se concibe según el modelo de un órgano que cumple perfectamente su función mientras que el vicio es una disfunción parecida a un defecto natural.[17] Ahora bien, el trasfondo metafísico de las éticas antiguas, sin negar toda su pertinencia a los preceptos morales que enuncian, se apoya en representaciones que la ciencia moderna y contemporánea ha puesto en tela de juicio.

17 P. Foot, *La bondad natural*, Barcelona, Paidós, 2002, pp. 59-75.

El naturalismo, que funda la ética en normas llamadas «naturales», plantea muchos problemas. Choca con la crítica de Hume que exige no confundir deber con deber ser y prohíbe deducir una norma a partir de un hecho. Asimismo, refleja una concepción normalizadora y homogénea de la vida que es incompatible con el hecho de tomar en consideración la alteridad, la positividad de la diferencia y la heterogeneidad de las normas. ¿Cómo es posible incorporarse al legado de este enfoque aristotélico de la moral sin caer en la trampa del naturalismo? ¿Cómo construir una ética de las virtudes, hablando de vida buena y ofreciendo puntos de referencia universalizables para bien obrar, cuando el contexto de esa investigación moral y política es la finalidad de la metafísica, entendida como un discurso que habla de la esencia del hombre?

En fin, nuestras tecnologías nos separan del mundo de Séneca y de Aristóteles. El poder que nos confieren no tiene parangón con el poder del que disponían los humanos no solo en la Antigüedad, sino también a comienzos del siglo xx. La tecnología ha revolucionado la forma en que pensamos nuestra responsabilidad, que se extiende actualmente a la naturaleza y a las generaciones futuras. Ofrece nuevas posibilidades a los individuos, alimentando el deseo de superar los límites impuestos de ordinario a los humanos. La convergencia entre las nanotecnologías, las biotecnologías, la informática y las ciencias cognitivas, que los transhumanistas anuncian como si fuera la promesa de un hombre nuevo, aumentado, libre de enfermedades e incluso liberado de la muerte, pero también las respuestas puramente técnicas al cambio climático, como la geoingeniería, plantean un desafío a la ética y a la política. Nuestra convicción es que la tendencia actual a la desmesura no puede ser revertida mediante leyes, pero que una ética de las virtudes debe poder derrotar la ideología transhumanista,

siempre y cuando no se limite a recomendar la moderación
en todo y se construya sobre una filosofía de la corporeidad
y de la finitud.

La ética de la consideración está unida a una filosofía del
sujeto que no se refiere a una esencia del hombre. Su punto
de partida es el sujeto concebido en su corporeidad.[18] Subraya
la vulnerabilidad de este último, o su pasividad, y destaca la
dimensión de placer vinculada al hecho de vivir, así como el
carácter siempre relacional del sujeto: estamos siempre, tan
pronto como comemos, respiramos o trabajamos, en relación
con los otros, humanos y no humanos, presentes, pasados
y futuros. Esta filosofía de la corporeidad, cuyas dos ramas
son la ética de la vulnerabilidad y la fenomenología de los
alimentos, se aleja tanto de las teleologías antiguas como de
las concepciones holísticas propias de éticas ecocentristas y
de las filosofías del sujeto más o menos atomistas que sustentan las teorías morales o políticas contemporáneas, sean
estas deontológicas o consecuencialistas. Las estructuras de
la existencia y los rasgos principales de esta filosofía, en particular la vulnerabilidad, la finitud, el nacimiento, el placer y
el gusto, sirven de fundamento a la ética de la consideración
e iluminan las virtudes que la definen.

La otra especificidad de la ética de la consideración
concierne a la relación entre las virtudes intersubjetivas y

18 Esta obra, que es la continuación de *Les nourritures. Philosophie du corps politique*, lo es también de *Éléments pour une éthique de la vulnérabilité. Les hommes,
les animaux, la nature*, París, Cerf, 2011 (trad. cast., *Elementos para una ética de la
vulnerabilidad: los hombres, los animales, la naturaleza*, Bogotá, Editorial Pontificia Universidad Javeriana-Universidad El Bosque, 2015), y de *L'autonomie brisée.
Bioéthique et philosophie*, París, PUF, 2009, 2014 (trad. cast., *La autonomía quebrada.
Bioética y filosofía*, Bogotá, Universidad El Bosque, 2013). Esos tres libros constituyen la filosofía de la corporeidad y del sujeto relacional y sirven de fundamento
a la ética de la consideración.

cívicas y las virtudes medioambientales: los rasgos morales aptos para ayudarnos a actuar de manera ecológicamente responsable, promover una mayor justicia hacia los animales y hacer un uso razonado de las tecnologías en una democracia pluralista, ¿deben ser concebidos según el modelo de los que tienen sentido en la relación con uno mismo y con los otros humanos, o debemos inventar virtudes nuevas, propias del uso que hacemos de la naturaleza y de los otros vivientes?

¿Hay que proponer virtudes que Aristóteles y Jankélévitch no analizaron o hay que interpretar las virtudes tradicionales de manera inusual, como cuando hablamos de la templanza, que designa la moderación de nuestros apetitos, dentro de un contexto marcado por la desregulación de la biosfera?

En lugar de hablar de una ética de las virtudes medioambientales concibiéndola como un dominio aparte, el enfoque adoptado en este libro consiste en desarrollar una ética general que pone de relieve el vínculo existente entre la relación consigo mismo, la relación con los otros, humanos y no humanos, y la relación con la naturaleza.[19] La ética de la consideración relaciona las virtudes intersubjetivas, las virtudes medioambientales y las virtudes cívicas subrayando tanto su unidad como su diversidad. De manera que se trata de demostrar que una persona virtuosa, que practica la consideración, se distingue

19 Esos dos procesos dividen a los pocos autores que han construido una ética de las virtudes medioambientales, como Rosalind Hursthouse, Thomas E. Hill Jr. y Ronald Sandler. Véase R. Hursthouse, «Environmental Virtue Ethics», en R.L. Walker y P.J. Ivanhoe (eds.), *Environmental Ethics*, Oxford University Press, Oxford, 2007, pp. 155-172; T.E. Hill Jr., «Ideals of Human Excellence and Preserving Natural Environments», en R. Sandler y P. Cafaro, *Environmental Virtue Ethics*, Lanham, Rowman & Littlefield, 2005, pp. 47-59, y R. Sandler, *Character and Environment. A Virtue-Oriented Approach to Environmental Ethics*, Nueva York, Columbia University Press, 2007. Para una presentación general, véase J.Y. Goffi, «L'éthique des vertus et l'environnement», *Multitudes* 36 (1), 2009, pp. 163-169.

por una forma de ser que implica respeto por la naturaleza
y por los otros vivientes y el civismo. La consideración significa que se incluya la preocupación por los otros, humanos
y no humanos, así como el amor al mundo y a la naturaleza,
en la preocupación por sí mismo, sin que la búsqueda de la
perfección sea la motivación de los propios actos, como en
las teorías perfeccionistas a menudo asociadas a las éticas de las
virtudes. Hablar de consideración significa, como en Bernardo
de Claraval, que la clave de todas las virtudes se encuentra en
la relación consigo mismo. Esta preeminencia de la relación
consigo mismo sobre la relación con los otros, con la naturaleza y con la ciudad, refleja la importancia de la tradición de
la filosofía moral que concebía la ética no como una disciplina
normativa, sino como un proceso de transformación de sí. No
obstante, como se apoya en una filosofía del sujeto relacional
concebido en su corporeidad, la ética de la consideración quiere
distinguirse de manera significativa de las morales antiguas.

En Aristóteles, el elogio de la magnanimidad va acompañado del hecho de tomar en cuenta el cuerpo, el medioambiente
y el *daímon* o la suerte, es decir, bienes externos. Los antiguos
insisten también en las virtudes de la amistad. Sin embargo,
para ellos, la fragilidad y la dependencia respecto del otro, lo
mismo que el hecho de sentir compasión, son signos de debilidad. En cambio, la ética de la consideración es inseparable del
reconocimiento de nuestra vulnerabilidad, que es la marca de
nuestra fragilidad, pero también lo que nos hace susceptibles
de sentirnos concernidos por los otros, incluso de sufrir por
ellos. La cuestión es cómo transformar ese sufrimiento en responsabilidad y qué motivaciones pueden llevar a una persona
a dar lo mejor de sí para mejorar las condiciones de vida de
los otros. En fin, la consideración se funda en la humildad; se
inspira, por lo tanto, también en el legado cristiano.

UN DISCURSO DEL MÉTODO

Este itinerario, que emprende caminos balizados por los filósofos de la Antigüedad y por los cristianos, pero también por ciertos pensadores modernos, es el que seguimos en los dos primeros capítulos que componen la primera parte de este libro titulada «Génesis de la consideración». ¿Qué hay que conservar y qué hay que abandonar de ese patrimonio, dado que la ética de la consideración no se funda ni en la cosmología de los antiguos ni en la fe de los medievales, y que su criterio, como en los modernos, es la subjetividad y no la tradición? ¿Qué proceso de individuación entra en juego en la consideración que implica experiencia de lo inconmensurable?

Al identificar esa experiencia de lo inconmensurable con el mundo común y al apoyar la ética de la consideración en una filosofía de la corporeidad, su contenido se concreta y aparece claramente su especificidad respecto de las morales antiguas y de las éticas contemporáneas no aristotélicas. La noción de consideración se emancipa de su origen bernardiano y adquiere un sentido contemporáneo, que no describe un movimiento ascendente hacia Dios, sino una profundización del sujeto que transcurre por la exploración del sentir y la comprensión profunda de lo que lo une a los otros vivientes y al conjunto de las generaciones. La segunda parte, «Prácticas de la consideración», agrupa el capítulo 3, que trata de la relación con la muerte y de la vulnerabilidad, y el capítulo 4, que desarrolla una política de la consideración mostrando el significado filosófico del nacimiento y el papel del trabajo y del reconocimiento en el proceso de subjetivación capaz de conducir a la emancipación de los individuos. Se trata de examinar las condiciones de la convivencia que hacen que los ciudadanos puedan participar en la empresa colectiva de preservación o de reconstrucción de la democracia.

En la última parte, «Caminos de la consideración», se plantea la cuestión de cómo es posible la consideración en el contexto actual y cuáles son los obstáculos que deben superar los individuos. Empezando por una indagación sobre los móviles irracionales e inconscientes de nuestros comportamientos destructivos, el capítulo 5 desarrolla lo que podría ser una educación que tuviera en cuenta las pulsiones, pero también el papel de la imaginación moral, desembocando así en el examen, en el capítulo 6, del vínculo entre el discernimiento moral y el gusto y mostrando en qué sentido la consideración es a la vez una ética y una estética.

Leo Strauss pensaba que solo la vuelta a la filosofía política antigua, que no separaba el gobierno de los hombres de cualquier cuestión sobre el vivir bien, podía preservar la democracia, cuya fragilidad habían demostrado el nazismo y el comunismo y a la que la desaparición de todo horizonte común continuaba debilitando. En este libro, planteamos la hipótesis de que la transición a un mundo más respetuoso con los humanos, los animales y la naturaleza requiere una nueva ética de las virtudes. Esta ética debe servir de soporte a la teoría política que presentamos en *Les nourritures*. La cuestión es saber qué filosofías del pasado pueden darnos luz y en qué medida respondieron a preguntas que ahora son las nuestras. También debemos identificar las virtudes que necesitamos para afrontar intelectual y existencialmente las dificultades de nuestro tiempo y colmar el hiato entre teoría y práctica, que no solo evidencia el relativo fracaso de las filosofías morales y políticas contemporáneas, sino que además desacredita la racionalidad. ¿Qué ética y qué política pueden restablecer la fe en el ideal de emancipación del sujeto y de justicia social, que fue el de la Ilustración, en un contexto en el que lo humano no debe ser pensado como un imperio dentro de otro imperio, separado de los otros vivientes y de la naturaleza? Estas son las preguntas que han inspirado este libro, que se presenta como una especie de discurso del método destinado a aquellas y aquellos que piensan que no podemos «mejorar en algo el mundo exterior, mientras no hayamos mejorado primero nuestro mundo interior».[20]

20 E. Hillesum, *Una vida conmocionada: diario 1941-1943*, Barcelona, Anthropos, 2007, p. 83.

PRIMERA PARTE

Génesis de la consideración

1. De la preocupación por sí mismo a la preocupación por el mundo

No es ni uno mismo ni lo que es propio de uno lo que debe apreciarse si se quiere ser un gran hombre, sino lo justo, tanto si la acción justa es la de uno como si es más bien la de otro.

PLATÓN, *Leyes*

LA HUMILDAD

La humildad, fundamento de la relación consigo mismo

Considerar *(considerare)* viene de *cum* (con) *sideris*, genitivo de *sidus*, que designa no una estrella aislada o un astro *(stella, astrum)*, sino una constelación de estrellas. La consideración es el hecho de mirar una cosa o a alguien con la misma intención que si se tratara de examinar la posición y la altura de los astros.[1] En el lenguaje ordinario, esta palabra se utiliza en las fórmulas de cortesía y muestra la estima que dedicamos a una persona a la que tenemos «en gran consideración». El

---

1   C.M. Gattel, *Dictionnaire universel de la langue française*, vol. 1, París, Nabu Press, 2012, p. 412.

prefijo *cum* sugiere un esfuerzo de atención sin el cual nos quedamos en la «sideración», paralizados por el estupor e incapaces de discernir nada, solo padeciendo la influencia negativa de las cosas. Subraya también el vínculo entre la relación consigo mismo y el conocimiento de lo que está por encima de uno y a nuestro alrededor. Hablar de consideración significa que nuestra relación con los otros y con el mundo depende de nuestra relación con nosotros mismos.

En Bernardo de Claraval, el descubrimiento de lo que está por encima de uno —que no alude a los astros, sino a la verdad divina— solo es accesible en la contemplación, descrita como la tercera especie de consideración.[2] Ahora bien, la primera etapa de este saber que «depara el conocimiento de lo humano y de los misterios divinos»[3] es la humildad. La humildad no es un estado afectivo, sino el reconocimiento de la fragilidad de la condición corporal y de la opacidad en la que estamos. En efecto, no podemos conocernos a nosotros mismos ni conocer el mundo y las cosas divinas sin pasar por la intermediación de nuestros sentidos, que nos informan sobre lo que nos afecta.[4] La racionalidad de los humanos es una racionalidad carnal, distinta de la de los ángeles o, para situarnos en el contexto contemporáneo, de la de los ordenadores. La humildad es la experiencia que tenemos de nosotros mismos en cuanto estamos hechos de carne *(caro)* y nuestro elemento es la tierra, como recuerda la palabra hebrea

2 B. de Claraval, *Tratado sobre la consideración al papa Eugenio*, libro V, 4, en *Obras completas de san Bernardo*, vol. II, Madrid, BAC, 1984, p. 191.
3 *Ibid.*, libro I, 8, p. 70: «divinarum pariter et humanorum rerum scientiam confert consideratio» («Ordena la vida y depara el conocimiento de lo humano y de los misterios divinos»).
4 R. Brague, «L'anthropologie de l'humilité», en R. Brague (ed.), *Saint Bernard et la philosophie*, París, PUF, 1993, pp. 129-152.

adam (hombre) que viene de *adamah*, «tierra», mientras que la palabra «humildad» se forma a partir de *humus* («tierra», «suelo»). El conocimiento de nosotros mismos que funda la consideración no es abstracto; tiene que ver con nuestra posición en la tierra y se constituye a partir de esa experiencia carnal que es también la experiencia de nuestros límites, de todo cuanto escapa a nuestro control o a nuestra voluntad. La mirada atenta y benévola que el sujeto de la consideración dirige al mundo y a los seres no procede de una visión predominante. El punto de partida es la conciencia de «qué eres, quién eres y cómo eres».[5] El conocimiento de sí incluye la identidad social, como sugiere Bernardo de Claraval al dirigirse al papa Eugenio III en su libro que es un espejo de papas. No obstante, en lugar de dar consejos que permitan al principal interesado gobernar a los otros o conservar el poder, lo exhorta a practicar la consideración, lo cual significa que no debe dedicar todo su tiempo a gestionar asuntos que acarreen el riesgo de hacerle perder el sentido de la justicia y de apartarlo de sí mismo y de la verdad, y que ha de tener en cuenta su condición carnal. En efecto, la acción no es nada sin la consideración que exige cuidar de sí mismo: «¿Cómo puede ser plena esa bondad si te excluyes de ella a ti mismo?».[6] Como en Platón y Aristóteles, quien tiene responsabilidades políticas ha de ser capaz de gobernarse a sí mismo, pero, a diferencia de los filósofos griegos, Bernardo de Claraval insiste en la humildad, que recuerda al papa su condición de ser engendrado: antes de considerar al obispo en el que te has convertido —escribe—, considera lo que esencialmente eres, «es decir, tu condición de hombre, con la que naciste».[7]

5   B. de Claraval, *Tratado sobre la consideración*, libro II, 7, *op. cit.*, p. 91.
6   *Ibíd.*, libro I, 6, p. 65. Pr. 5, 17.
7   *Ibíd.*, libro II, 17, p. 109.

La consideración echa raíces en la humildad, que despoja al sujeto de todos los atributos conferidos por la sociedad y vinculados al rango. Deja desnudo al individuo y lo conecta con todos los otros humanos, haciéndolo igual a los otros y uniéndolo, por ser de carne, a todos los seres que han nacido y son mortales.[8] La humildad es el camino que lleva al conocimiento de sí y a la verdad, es el lugar de observación desde donde se puede contemplar la verdad.[9] Esta se encuentra en la parte alta de la escala de la humildad, que Bernardo de Claraval compara con la escalera de Jacob —por lo que tiene grados—. Cuando uno ha progresado en el conocimiento de sí y en la contemplación de la verdad, se está en lo alto de la escala de la humildad. Y al contrario, la ignorancia corresponde a la parte baja de la escala de la humildad y a lo más alto de la escala del orgullo, y este, como una viga que impide que la luz llegue a nuestros ojos, es el principal obstáculo para establecer una relación sana consigo mismo y con la justicia y la caridad.[10]

Se trata de una experiencia dolorosa que Bernardo de Claraval compara con un brebaje amargo.[11] Enseña que la *hýbris*

8 *Ibid.*, libro II, 18, p. 109. Job 1,21.

9 Cf. B. de Claraval, «Tratado sobre los grados de humildad y soberbia», en *Obras Completas de San Bernardo*, vol. I, cap. I, 2, Madrid, BAC, 1983, p. 175.

10 *Ibid.*, cap. 4, 15, p. 193.

11 B. de Claraval, «Sermón 23», en *Sermones sobre el Cantar de los Cantares*, en *Obras Completas de san Bernardo*, vol. V, Madrid, BAC, 1987, I, 1, pp. 321s, 329s. Antes de llegar a la contemplación de la verdad, que es la cumbre de la consideración, el alma pasa por tres bodegas. La primera es la bodega de las especias o los aromas, que corresponde a la experiencia de la humildad; el alma bebe este brebaje amargo y aprende la disciplina que, junto con el rigor del magisterio «saca y exprime la bondad natural de los hábitos honestos». La primera bodega conduce a la segunda, que es la de los perfumes, en la que «fluye con espontaneidad servicial la agradable mansedumbre del afecto voluntario y como connatural» para cumplir con los deberes de la caridad. Finalmente, el alma llega a la tercera, que es la bodega del vino y de la gracia, que permite al que tiene autoridad sobre los

y los defectos de que nos acusan los otros están realmente en nosotros. Escrutando mi corazón, reconozco el mal del que soy capaz y tomo conciencia de mis debilidades. Por eso la humildad no empuja a sentirse mejor que los otros sino a sentirse responsable de su responsabilidad.[12] El conocimiento de la humanidad que la consideración proporciona mediante esa introspección que es la humildad lleva al sujeto a no sentirse ajeno al mal que sus semejantes cometen —lo cual no significa que lo haya de aprobar y abstenerse de combatirlo.

La humildad lleva a la compasión hacia el otro. Consciente de nuestras debilidades y faltas, consideramos las de los otros con una delicadeza que no tiene nada que ver con la indiferencia ni con una excesiva indulgencia: se refiere sobre todo a la manera en que nos dirigimos al otro. Inseparable de la humildad, de la que es uno de los frutos, la delicadeza caracteriza también nuestra relación con nosotros mismos y nos arranca de esa otra forma de orgullo que es la aversión hacía uno mismo.[13] Además, la humildad permite «despreciar los honores en el mismo seno del honor»;[14] enseña no a gobernar como amo, sino a servir «como un empleado fiel y cuidadoso»,[15] es decir, que la autoridad que nos ha sido confiada debe entenderse como un servicio que hay que

---

otros servirse de ella menospreciando la gloria. Para Bernardo de Claraval, sin la humildad no se puede tener caridad, que permite amar al prójimo, vivir en paz en la ciudad y ser capaz, si a uno se le ha dado autoridad sobre los otros, de no usarla excepto para procurar el bien de los otros y de la colectividad.

12 *Ibid.* Incluso cuando llega a la tercera bodega, el individuo no está nunca tranquilo, porque se siente afligido por el mal del que otros sufren y del que se sienten culpables, escribe Bernardo de Claraval.

13 B. de Claraval, *Tratado sobre la consideración*, libro I, 1. Cita Mateo 11, 29: «Aprended de mí que soy humilde y manso de corazón».

14 *Ibid., libro* II, 8, *op. cit.*, p. 91.

15 *Ibid.*, libro III, 2, *op. cit.*, p. 121.

prestar a los otros y a la comunidad. Sin humildad, el individuo ignora lo que le falta y abusa de su poder; se sitúa en el terreno de la dominación.

La humildad, por lo tanto, no es una virtud; es el zócalo de todas las virtudes. Sin ella, es imposible alcanzar y conservar la mesura. Esta es la aportación de Bernardo de Claraval a las éticas antiguas que denuncian la autoestima sin reconocer la importancia de la humildad. Porque las cuatro virtudes cardinales, la justicia, la prudencia, la fortaleza y la templanza, que hacen posible respectivamente intentar la moderación, encontrarla, defenderla y usarla, no son operativas sin la humildad.[16] Esta designa el primer momento y el fundamento de la consideración, porque purifica el espíritu y el corazón del individuo. Ella hace posible la auténtica preocupación por sí mismo; no solo impide que el sujeto se confunda de bienes y que prefiera el reconocimiento a la verdad, las posesiones materiales a la justicia, sino que, además, prepara el terreno que le posibilita adquirir el conjunto de las virtudes y emplearlas correctamente. En fin, la humildad no es solo teórica: es una prueba existencial en la que el individuo vive la experiencia de sus límites y los sufre. Lleva también al amor al prójimo,[17] mientras que la simple comprensión de la verdad, si no va precedida por la humildad, no la acompañan necesariamente la compasión y la empatía.

Ese papel de la humildad y ese vínculo entre la verdad y el amor al prójimo son esenciales en la consideración y la distinguen de cómo se concibe la excelencia humana en las morales antiguas. En lugar de pensar que las virtudes son maneras de ser adquiridas de una vez por todas y que la persona justa lo será siempre o que su fortaleza no será una temeridad,

16 *Ibid.*, libro I, II, *op. cit.*, pp. 73-75.
17 B. de Claraval, «Tratado sobre los grados de humildad y soberbia», cap. 3, 6, *op. cit.*, p. 181.

la consideración implica velar para mantener el sentido de la moderación. Porque es preciso que la templanza imponga su moderación a la justicia para que esta sea justa. «No exageres tu honradez, dice el sabio».[18] Ahora bien, lo que puede aportar esa mesura que permita aspirar a la sobriedad en el saber *(sapere ad sobrietatem)*[19] es el hecho de reconocer aquello de que carecemos. Por eso la humildad es un método que recuerda al individuo que debe estar siempre alerta mirando de frente sus propios defectos. Tener consideración es, ante todo, no mentirse a sí mismo.

Sin embargo, además de la humildad, la consideración, que es una forma de relacionarse consigo mismo y con los otros, requiere una justa estimación del valor de uno. La consideración es a la vez humilde y magnánima. En ambos casos, se trata de conocerse a sí mismo, pero la humildad nace del reconocimiento de nuestra condición de seres engendrados, de la confrontación con nuestra finitud y de la conciencia de nuestros límites, mientras que la magnanimidad se funda en lo hecho a lo largo del tiempo y en aquello que valoramos. La humildad precede a la magnanimidad, que es una virtud: prepara al sujeto a tener una justa apreciación de sí mismo, sin caer ni en el orgullo ni en el desprecio de sí.

El vínculo entre el reconocimiento de nuestra condición carnal, la compasión hacia el otro, cuyo infortunio nos afecta y que deja de ser objeto de envidia, y la capacidad de maravillarnos ante la belleza de las cosas lo vemos en los usos ordinarios del verbo «considerar». Se trata de mirar las cosas y a los seres dándoles importancia. Esta mirada parte del sí

---

18   *Id., Tratado sobre la consideración, op. cit.,* I, 10, p. 73. Bernardo de Claraval cita Eclesiastés 7,17.

19   *Carta a los Romanos* 12,3: «*Non plus sapere quam oportet sapere, sed sapere ad sobrietatem*».

mismo, pero este sí mismo no es el ego deseoso de afirmar su poder y de conquistar el mundo; al contrario, es el yo consciente de su fragilidad y de sus límites, y estos no son solo motivos para lamentarse, porque lo abren precisamente al otro, aprehendido en su misterio, como un ser que no es transparente y que escapa a su poder. En la consideración, el valor que reconozco en los otros no depende de mi punto de vista. Tener consideración por alguien, por un ser humano o un animal, significa reconocer que tienen su valor propio y erigirse en garante de su dignidad, afirmando que no debe ser reducido a una cosa o a un medio y que su existencia enriquece al mundo. El sujeto de la consideración se da cuenta de la importancia de lo que los otros aportan y experimenta un sentimiento de gratitud hacia el mundo. Puede decirse que no se pierde de vista a sí mismo porque no hay fusión con los otros o con la naturaleza y porque sabe que el valor lo confiere lo humano, que es antropogénico. Sin embargo, admite que ese valor no es antropocéntrico, esto es, relativo a sus fines limitados y egoístas.

El rechazo del perfeccionismo

La ética de la consideración se desmarca de la mayoría de las éticas de las virtudes que están asociadas al perfeccionismo moral. Este se remite a dos ideas principales. La primera concierne al criterio de la acción buena: actúo bien cuando me comporto como lo haría una persona virtuosa en una situación parecida a la mía. La segunda consiste en afirmar que la búsqueda de la perfección es el objetivo principal de nuestra conducta. Pero esas dos tesis plantean importantes dificultades: hace falta valorar primero ciertos bienes y desear adquirir determinadas virtudes, por ejemplo la templanza, para elevar a una persona moderada al rango de modelo y querer imitarla. En otras palabras, la elección de modelos requiere ya la virtud. Además, al decir que la excelencia es la motivación de la acción, confundimos el motivo de una acción con su consecuencia. En las morales eudemonistas, la felicidad tampoco es el móvil de la acción.[20] Porque la alianza entre la felicidad y la virtud diseñada por el eudemonismo es la consecuencia del desarrollo progresivo de disposiciones y capacidades que modifican la manera de ser de una persona y sus estados afectivos. Esta última se realiza a través de un comportamiento virtuoso, pero no es para ser feliz ni para decirse que es virtuosa por lo que actúa de ese modo.

Al proponer la búsqueda de la propia perfección como finalidad de la ética, el perfeccionismo pone en el primer lugar lo que debería estar en el segundo. Y a la inversa, el bien que debería pasar como primero es puesto como último y se le instrumentaliza. Esa concepción es especialmente problemática cuando la aplicamos al medioambiente, porque significa que los individuos cuidan de los ecosistemas y de los otros vivientes simplemente para desarrollar su propia perfección.[21] Este antropocentrismo nos hace soslayar las virtudes medioambientales y lo que las funda, a saber, el reconocimiento del valor intrínseco de la naturaleza y de los otros vivientes que nos posibilita respetarlos por sí mismos, y no porque nos sean útiles o porque este comportamiento nos puede devolver

---

20 Si se afirma lo contrario, se cae bajo el foco de la crítica de I. Kant, *La metafísica de las costumbres, Segunda parte. Principios metafísicos de la doctrina de la virtud*, Madrid, Tecnos, 2005, pp. 225-226.

21 H. Rolston III, «Environmental Virtue Ethics: Half the Truth but Dangerous as Whole», en R. Sandler y P. Cafaro (eds.), *Environmental Virtue Ethics, op. cit.*, pp. 61-78.

una imagen mejorada de nosotros mismos. El hecho de estar de acuerdo consigo mismo, cuando se está convencido del valor propio de las otras formas de vida y extraemos de ahí las consecuencias para nuestro estilo de vida, proporciona sin duda un sentimiento de satisfacción. Sin embargo, lo que constituye el zócalo de las virtudes medioambientales es el hecho de ser conscientes de la importancia de la naturaleza y no el deseo egoísta de la propia perfección.

La ética de las virtudes concede importancia a los rasgos de carácter y se esfuerza por destacar los que pueden contribuir a mejorar nuestra relación con los otros humanos, el medioambiente y los animales. El objetivo al que tiende la transformación interior no es, por lo tanto, convertirse en una persona ejemplar. El perfeccionismo moral no aclara lo que, en nuestra relación con nosotros mismos, nos ayuda a mejorar nuestras relaciones intersubjetivas y a respetar la naturaleza y a los otros vivientes y fomenta, además, intereses personales y egoístas. Es lo que pasa, por ejemplo, cuando practicamos la caridad con los otros para convencernos de que somos generosos: el amor al prójimo no es entonces sino una extensión del amor hacia uno mismo, «un reflejo de mí mismo, un duplicado especular de ese sí mismo reflejado por la autoestima».[22]

Preocupación por el mundo

Las éticas de las virtudes hacen de la relación consigo mismo la clave de la relación con los otros y con el mundo. La cues-

22 V. Jankélévitch, *Traité des vertus,* t. 2, *Les vertus et l'amour*, París, Flammarion, 1986, p. 191.

tión es cómo pensar la preocupación por sí mismo evitando el perfeccionismo y hasta el egoísmo.

Con Platón, en *Alcibíades I* y en *Apología de Sócrates*, el hecho de preocuparse por uno mismo, emblemático de la cultura lacedemonia, deviene una noción filosófica. La preocupación por sí mismo *(epiméleia heautou)* está vinculada al famoso precepto del «conócete a ti mismo» *(gnóthi seautón)*. El conocimiento de sí mismo solo tiene sentido si se comprende el verdadero significado del cuidado de sí mismo y se sabe de qué debe cuidarse uno. Preocuparse por sí mismo no es tener cuidado del propio cuerpo, ni buscar honores y riquezas, sino preocuparse por la propia alma. Sin embargo, uno no puede preocuparse por lo que no conoce y no se puede conocer la propia alma si no es mirando a otra alma, de igual manera que un ojo no puede verse a sí mismo salvo que mire a otro ojo y perciba su propio reflejo en la pupila del otro. De modo que hay que observar ese rincón del alma donde está la virtud, es decir, hay que prestar atención al saber y a la justicia que son los verdaderos bienes.[23] Preocuparse por sí mismo es, pues, conocerse sabiendo identificar los bienes que alienta la propia alma.

Como sugieren las metáforas médicas que encontramos en esos textos, la preocupación por sí mismo no es innata. Además, tampoco tiene que ver con el culto a la propia persona ni con la posesión de bienes materiales, con la salud ni tampoco con la inteligencia, que pueden halagar la autoestima y enceguecer a la persona. La mayor contribución de Platón a la ética de las virtudes está ligada al objetivo que asigna a la preocupación por sí mismo: el individuo que cuida de su alma no busca ni la perfección ni la tranquilidad de espíritu, sino la justicia. La

---

23 Platón, *Alcibíades I*, 132c-133a.

preocupación por sí mismo no es egoísmo, está subordinada a la preocupación por los otros. El contraste con la moral estoica, que permanece centrada en el individuo llamado a liberarse de lo que lo hace sufrir, es impactante y clarifica el sentido que la consideración da al hecho de preocuparse de sí mismo.

Para los estoicos, la filosofía, que culmina en la moral, sirve para curar la propia alma levantando alrededor de sí un «muro inexpugnable» contra el que la fortuna no podrá nada.[24] La imperturbabilidad, la voluntad de no sufrir o de sufrir lo menos posible, explica que desarrollaran una técnica basada en ejercicios espirituales y en la adquisición de un *lógos*, que es una «armadura» para hacer más fuertes a los individuos.[25] La ética estoica es un arte de vivir, es decir, el objetivo es vivir mejor o evitar sufrir. Este objetivo es personal, incluso egoísta: es necesario liberarse de las pasiones, no para poder gobernar a los otros o para mejorar la ciudad, sino para llegar a ser un «atleta del acontecimiento».[26] Aprendiendo a distinguir lo que depende de uno mismo de lo que no depende de sí, el individuo deja de sentirse zarandeado al albur de las circunstancias externas.[27] No flotando ya entre diversas opciones, sale de ese nerviosismo que Séneca llama *stultitia*[28] («insensatez») y deviene constante. Todos esos esfuerzos pueden, accidentalmente, ayudarlo a comportarse mejor con los otros, pero tienden sobre todo a sustraerlo al sufrimiento.

---

24 Séneca, *Epístolas morales a Lucilio*, II, libro X, 82, 5, Madrid, Gredos, p. 30; Marco Aurelio, *Meditaciones,* libro VIII, 48, Madrid, Alianza, 1994, pp. 108-109.

25 Séneca, *Epístolas morales a Lucilio*, libro XVII-XVIII, carta 108, 35, *op. cit.*

26 M. Foucault, *La hermenéutica del sujeto: curso del Collège de France: 1982,* Buenos Aires, Akal, 2005, p. 302.

27 Epicteto, *Disertaciones por Arriano*, Libro I, 1, 2-22, Madrid, Gredos, 1993, p. 58.

28 Séneca, *Epístolas morales a Lucilio,* Madrid, Gredos, 1986, libro V, 52, 1-2, *op. cit.*, p. 300.

La ética estoica es una terapia que pretende que la persona logre el dominio sobre sí mismo ayudándola a distanciarse del mundo. La ausencia de sufrimiento, la tranquilidad y hasta la alegría llegan a través del retraimiento.[29] Los estoicos enseñan a aceptar la realidad, pero carecen de amor al mundo. El pasaje en el que Séneca compara la vida con un viaje a una ciudad que sobrevolaría desplazándose a tanta altura que podría ver el mundo a distancia, percibiendo el poco espacio que se ocupa en él y el poco tiempo que va a quedarse uno allí, ilustra bien la aportación, pero también los límites, de esta ética.[30] Si uno quiere vivir, dice Séneca, hay que afanarse en aprovechar lo que el mundo puede ofrecer y evitar sufrir demasiado por los males que no dejarán de agobiarnos porque son parte del viaje. La contemplación y el estudio de la naturaleza no son más que la ocasión de percatarse del lugar que uno ocupa en el universo y de contentarse con lo que se tiene. Nunca el estoico se pierde de vista: «Por mi parte considero y medito aquellas cuestiones más importantes que procuran la paz a mi espíritu».[31] Cuando recorre con la mirada el mundo es para comprender mejor lo que lo ata a un conjunto de determinaciones. No menciona la aceptación de su condición carnal. En cambio, le importa «dominar desde arriba la contingencia y el accidente», porque la virtud supone «ignorar mi origen».[32]

Esa relación con el mundo, con los otros y con el cuerpo y el hecho de que la ética sea una técnica que cultiva nuestra resistencia a los reveses de la fortuna se oponen a la consi-

---

29 Ibid., libro III, 23, 3-6, op. cit., p. 192.
30 Séneca, «Consolación a Marcia», 18, en Diálogos, Madrid, Editora Nacional, 1984, p. 264s.
31 Id., Epístolas morales a Lucilio, libro VII, carta 65, 15, op. cit., p. 363.
32 Ibid., 65, 20 y 66, 6, pp. 364 y 368s.

deración. Como esta, la moral estoica se dirige a todas las personas, y no solo a quienes desean dedicarse a la política, contrariamente a lo que dice Platón en *Alcibíades I*. Requiere, además, una ejercitación constante, por no ser la sabiduría algo que se adquiera de una vez para siempre. Sin embargo, la consideración implica no concebir el mundo como un medio al servicio de los propios fines, un escenario indiferente o un lugar que uno decide visitar o abandonar. Además, el conocimiento de sí que la funda es inseparable del hecho de tener en cuenta nuestra condición corporal y terrestre, ese vaso de arcilla *(ostrákinon skeuos)* de la que estamos hechos. Porque el yo no recibe su ipseidad de sí mismo. Debe ante todo considerarse como un humano, un ser hecho de carne y hueso, a quien las cosas exteriores afectan.

El desapego del mundo propuesto por los estoicos, que reconocen el dolor *(dolor)* pero rechazan la *aegritudo* (la aflicción),[33] se opone al compromiso al que conduce la consideración. Esta no excluye que el hecho de retraerse sea a veces necesario, sobre todo si ese retraimiento es provisional, pero no debe ser un fin en sí o una forma de salvarse. Porque la preocupación por sí mismo, en la consideración, es a la vez preocupación por los otros y por el mundo. Algo que solo es posible porque la humildad hace que el individuo se distancie de sí mismo cambiándolo profundamente: aunque el sujeto de la consideración no es ni más héroe ni más santo que el sabio estoico o el *phrónimos* aristotélico debe, contrariamente a lo requerido por las morales antiguas, despojarse de sí mismo para poder reformarse.

33   Cicerón, *Disputaciones tusculanas*, III, XI-XIII, Madrid, Gredos, 2005, pp. 265, 279. La *aegritudo* designa el hecho de estar abatido y sentirse afectado por la pena. Véase también Séneca, «Consolación a Marcia», 19, en *Diálogos, op. cit.*, p. 266.

Como en las morales antiguas, la relación consigo mismo es el punto de partida de la relación con los otros, con la ciudad y con la naturaleza, pero, en la ética de la consideración, el objetivo de la transformación de sí no es la ataraxia o la autosuficiencia. Las emociones negativas, de las que dicen los estoicos que es preciso liberarse, han de ser aceptadas e incluso pasar por ellas. De modo que el cuidado de sí como preocupación por sí mismo, la idea según la cual la tranquilidad del alma o el equilibrio *(euthymía)* sería el bien soberano y que debe combatirse el sufrimiento moral, que duplica el mal existente por sentimientos como el dolor, la tristeza, la indignación, son tres aspectos de la ética estoica criticados en nuestro enfoque de la ética de las virtudes. Esta es inseparable del deseo de preservar el mundo, incluso de repararlo. La conciencia de la posibilidad de que la naturaleza, las instituciones, las obras se destruyan y de que los vivientes desaparezcan tiene, en el terreno de la relación con los otros y con el mundo común, el mismo papel que el humilde reconocimiento de mi condición carnal y finita desempeña en mi relación conmigo. En ambos casos, el individuo adquiere conciencia del *humus,* de la tierra que es la condición de su existencia y la de los otros, cuya fragilidad también reconoce.

ELOGIO DE LA INTRANQUILIDAD

El futuro llorado de antemano

En un cuento publicado en 1961, es decir, más de quince años después de la explosión atómica de Hiroshima, Günther Anders habla de Noé recorriendo la ciudad en busca de personas que puedan ayudarlo a construir un arca mientras recita el *kadish*.[34] Lleva luto por la pérdida de muchos seres queridos, de los que unos viven todavía y otro aún no han nacido. «Se me ha dado una orden. La orden de advertiros de que lo peor está a punto de suceder. Invierte el tiempo, me ha dicho la voz, anticipa hoy el dolor de mañana, ¡vierte por adelantado tus lágrimas!».[35] El relato «El futuro llorado de antemano» muestra la necesidad de que la ética tenga en cuenta las generaciones futuras. Subraya asimismo el papel ineludible de los afectos asociados a la anticipación de la catástrofe, como la aflicción, pero sobre todo el miedo, que es un temor por el mundo y no solo por uno mismo. Sin esta anticipación de lo peor, gracias a la cual los individuos se vuelven conscientes del importante riesgo que corren, y sin una representación que nos haga ver qué sería un mundo aniquilado, nadie cambiaría de hábitos:

> Si Noé no hubiera tenido el coraje de querellarse, de actuar, de salir a escena revestido con túnica de saco y cubierto de polvo para [...] decir la oración destinada a los muertos por los que todavía viven y por los que nunca nacieron, no solo el arca nunca habría sido construida [...], sino que tampoco estaríamos allí, nosotros sus bisnietos, y ninguno de nosotros habría tenido la dicha de admirar la belleza del mundo tal como luego reverdeció.[36]

Mientras que el estoicismo aconseja a sus discípulos el desapego, hoy es necesario que los seres humanos perciban la

---

34 El *kadish* es uno de los rezos principales del judaísmo. Es un panegírico a Dios, a quien se le ruega que acelere la redención y la llegada del Mesías. *(N. del E.)*
35 G. Anders, «L'avenir pleuré d'avance», en *La menace nucléaire. Considérations radicales sur l'âge atomique*, París, Le Serpent à Plumes, 2006, p. 31.
36 *Ibid,* p. 33.

dimensión colectiva de su existencia y se sientan conectados con las generaciones pasadas, presentes y futuras. El holocausto nuclear que teme Noé en el cuento de Günther Anders impediría que nacieran seres y destruiría el mundo común. Porque representa la posibilidad de la extinción y no solo el riesgo de ver desaparecer personas y pueblos.[37] Este peligro, que hace de la humanidad una sola entidad, trastorna doblemente la ética: consigue que las generaciones presentes, pasadas y futuras y el mundo común, esto es, también del patrimonio natural y cultural, sean objetos de nuestra consideración moral, y hace indispensable recurrir a las pasiones del ánimo, que en la ética estoica son vistos como obstáculos para la liberación de sí mismo. La mediación de la imaginación y de la ficción es asimismo necesaria para que los individuos tengan conciencia de los daños que pueden infligir a los otros y para suministrarles los motivos que los impulsen a actuar de manera responsable.

En efecto, nuestro poder tecnológico se extiende mucho más allá del momento presente y el número de víctimas actuales y venideras supera nuestra imaginación. Esto es particularmente evidente con la bomba atómica. Nuestra responsabilidad excede nuestra capacidad de identificarnos con las víctimas que todavía no han nacido o cuyo rostro no conocemos. Además, nuestros modelos de vida destruyen los ecosistemas, contribuyen a la desaparición de ciertas especies, contaminan el aire que respiran los otros y afectan profundamente a la biosfera, pero esos daños, algunos de los cuales conllevan pérdidas irreversibles, no siempre son percibidos de forma inmediata.

---

37   J. Schell, *Le destin de la terre,* París, Albin Michel, 1982, p. 214 (trad. cast., *El destino de la tierra,* Barcelona, Argos Vergara, 1982).

En el mundo antiguo, los individuos podían ver los efectos de sus acciones y a las personas a las que causaban un daño. Hoy, la estructura de nuestra responsabilidad está modificada por nuestras tecnologías y por la globalización. Los productos que utilizamos en nuestra vida cotidiana o en la agricultura, como los pesticidas, las fuentes de energía que permiten calentarnos, los alimentos que comemos y la ropa que vestimos producen un impacto en el medioambiente y en los otros, sean animales o humanos. Estos efectos contribuyen al calentamiento global, a la erosión de la biodiversidad, a la degradación de la calidad del aire y a los problemas sanitarios que de todo ello se derivan. Sin embargo, no puede decirse que la gente haya producido esos estragos de manera intencionada ni que su objetivo fuera causar daño a los otros. Además, la fabricación de los productos a menudo está deslocalizada: unos vaqueros vendidos en París pueden haber sido lavados en Pakistán en una fábrica que no respeta las normas medioambientales y sanitarias defendidas en Francia, y su cremallera puede haber sido fabricada por una empresa que emplea a niños. Los daños que causamos no provienen directamente de nuestra voluntad, pero son los efectos colaterales de nuestras acciones. Contribuimos de manera indirecta a estos daños y, en tanto en cuanto sostenemos a gobiernos que aceptan un sistema que implica la deslocalización y la subcontratación y no las regulan, también nosotros somos responsables.[38]

Esta estructura de nuestra responsabilidad, vinculada al contexto actual, significa que una ética centrada en la perfección propia del sujeto, en la tranquilidad de su alma y en su capacidad de aceptar el presente no puede ser la apropiada. La

---

38   I.M. Young, *Responsabilidad por la justicia*, Madrid, Morata, 2011, pp. 48, 97, 102, 120, 122.

intranquilidad, debida a la preocupación por no ser «inocentemente culpables»,[39] causando sin querer importantes daños a los otros, el temor a hacer el mal por omisión, porque no habríamos visto el peligro o no habríamos querido verlo, por falta de valentía, la angustia porque nuestro lugar al sol sea una usurpación del lugar de otro, son estados de ánimo inevitables en la asunción de nuestras responsabilidades. Estos estados de ánimo son negativos, pues son dolorosos y subrayan nuestra fragilidad, a saber, el hecho de que nuestra vida y las de los otros están amenazadas, pero nos obligan a abrir los ojos y a actuar.

Hoy, la intranquilidad es virtuosa y la quietud egoísta. Por su parte, la racionalidad y la argumentación se utilizan a veces para justificar lo injustificable, como vemos cada vez que los gobiernos, las empresas o los particulares proponen argumentos tranquilizadores diciendo, por ejemplo, que las centrales nucleares están por completo bajo control, que los niños que trabajan en fábricas de confección en el otro lado del mundo tienen, gracias a este empleo, algo para comer, que los animales no sufren en las ganaderías intensivas, que el vínculo entre los productos fitosanitarios vertidos en masa en los campos y la explosión de cánceres está por demostrar.

El coraje de tener miedo

Este carácter saludable de las pasiones del ánimo que las éticas tradicionales consideraban obstáculos para la virtud lo destaca con gran claridad Günther Anders, sobre todo en sus cartas

---

39 G. Anders, «"Hors limite" pour la conscience. Correspondance avec C. Eatherly», en *Hiroshima est partout*, París, Seuil, 2008, p. 309 (trad. cast. parcial, *El piloto de Hiroshima. Más allá de los límites de la conciencia*, Barcelona, Planeta, 2003, cf. carta 3 de junio de 1959).

a Claude Eatherly —el piloto del *Straight Flush*, el avión de reconocimiento que sobrevoló Hiroshima para comprobar que las condiciones meteorológicas eran favorables para el lanzamiento de la bomba, el 6 de agosto de 1945—. Eatherly se dio cuenta más tarde de la enormidad del acto al que había contribuido y rechazó los honores que su nación quiso rendirle. Roído por la culpabilidad, se hundió en la delincuencia, pasó un tiempo en prisión antes de ser internado en un hospital psiquiátrico durante ocho años. Como escribió Bertrand Russell, su situación refleja «el delirio suicida de nuestra época»: cuando estaba en su sano juicio, como testifica su correspondencia con Günther Anders, se lo castigó por haber expresado remordimientos por su participación en una matanza masiva. «Sus contemporáneos estaban dispuestos a honrarlo por su participación en la masacre, pero cuando se mostró arrepentido, arremetieron contra él, reconociendo en este arrepentimiento su propia condena».[40]

Como la aniquilación del mundo y de la humanidad es actualmente una posibilidad, la conciencia de un peligro extremo y, por lo tanto, la inquietud, forman el núcleo de todos los «mandamientos de la era atómica».[41] Debemos tener el «coraje de tener miedo» y reconocer que este peligro nos concierne. El sentimiento de vergüenza, cuando es compartido, es signo de nuestra humanidad y de nuestra pertenencia a una comunidad. Significa que la palabra «humanidad» no ha perdido todo su sentido:[42] en lugar de minimizar el mal, hay personas que valoran la gravedad de los hechos. Además,

---

40 *Ibid.*, p. 9. Prefacio de Bertrand Russell.
41 G. Anders, «L'homme sur le pont», en *Hiroshima est partout, op. cit.*, p. 65, 88-89, 163. (trad. cast., «Mandamientos de la era atómica» en *El piloto de Hiroshima, op. cit.*, pp. 47-61; *ibid.*, p. 145, 148, 152, 182).
42 *Ibid.*, p. 77, 155.

el foso que separa el poder de nuestras tecnologías de nuestra capacidad de representarnos su impacto explica que sea esencial ensanchar nuestra percepción del tiempo. El futuro arroja una sombra sobre el presente y seguir actuando ignorando el impacto remoto de nuestras tecnologías equivale a cometer una negligencia criminal.[43]

Mientras que para Epicuro, pero también para Spinoza, el miedo al futuro engendra la superstición y alimenta las pasiones contrarias a la verdad y a la sabiduría, Günther Anders considera que la mayor cobardía consiste en tranquilizarse frente al futuro. Esta actitud no predispone a actuar. Nos hace creer que todo problema pertenece a un campo específico de competencia, y eso lleva a privilegiar las soluciones técnicas o militares en el momento en que aparece un problema y exime a los individuos de cualquier responsabilidad. En fin, nos encontramos en una situación de emergencia a causa de la amenaza atómica y debemos convertir la inquietud en virtud.[44] Por todas estas razones, Claude Eatherly es un pionero. Negándose a decir que no era más que una pieza del engranaje —es en esto exactamente lo contrario de Eichmann—,[45] proclama que «aquello en lo que yo solo he participado es también algo que yo he hecho; objeto de mi responsabilidad no son solamente mis actos individuales, sino todos los actos en que he participado».[46]

La rehabilitación de sentimientos negativos como el miedo, la angustia y la vergüenza no significa que vayan a hacernos virtuosos. Por supuesto, la indiferencia a la suerte de los otros es un vicio. Además, para tener presentes las consecuencias

43   G. Anders, «Hors limit pour la conscience», *op. cit.*, p. 326.
44   *Id.*, «Introduction 1982», *en Hiroshima est partout, op. cit.*, p. 41.
45   *Ibid.*, p. 440.
46   *Ibid.*, p. 440-441.

que nuestros actos pueden tener en los otros, no basta que seamos capaces de actuar por deber; es también necesario llegar a temblar por los otros, incluidos los desconocidos o seres que no pertenecen a la especie humana. Nadie puede sentirse concernido por el destino de los animales hasta el punto de abstenerse de comer su carne si no se siente profundamente concernido por los sufrimientos que se les inflige. El sufrimiento no tiene que ver con la moralidad, pero posee un significado moral: puede ser un detonante que empuja a una persona a actuar pensando en los efectos de sus decisiones sobre los otros. Sin embargo, este estado de ánimo también puede generar rechazo hacia aquellos que no comparten nuestras emociones. Más aún, la transformación del sufrimiento por el otro en responsabilidad requiere no solo coraje, sino también el conjunto de virtudes que hacen que la persona, pese a su intranquilidad y a su angustia, viva una sensación de plenitud ligada a la certeza de llevar una vida buena, aunque no esté exenta de sufrimientos.

El eudemonismo o la hondura de la felicidad

¿Qué es honrar la propia alma?

El paso de la preocupación por uno mismo al hecho de honrar la propia alma, que es el objeto del Libro v de las *Leyes* de Platón, permite reinterpretar la noción de deberes para consigo mismo que es consustancial a la ética de las virtudes. En efecto, la consideración implica, como en las filosofías antiguas, que la moral no concierna solo a nuestras relaciones con los otros, sino también a nuestra relación con nosotros mismos, porque designa un proceso de transformación del sujeto. La noción de deberes hacia uno mismo suscita muchos problemas. Supone un trasfondo metafísico que la debilita: no podemos hablar de deber si no es con referencia a un Dios legislador.[47] Además, el deber traduce la idea de una dualidad entre la razón y la sensibilidad que no está presente en la constelación de virtudes que muestra la consideración. Ahora bien, la forma en que Platón habla de honrar la propia alma eligiendo ciertos bienes que nos conducen, además, a preocuparnos por los otros y por el mundo transforma la noción de deberes hacia uno mismo y supera estas dificultades.

Cuando se ama la verdad y la justicia, que nadie puede querer que sean privilegio de unos cuantos, no se puede ser envidioso, escribe Platón. La envidia, que viene del latín *invidia* y es una forma de mirar al otro y compararse con él, sugiere que estamos espiando lo que hace. El resentimiento que nos produce el éxito de otro viene de que reconocemos su valor y codiciamos lo que tiene, pero sin admitirlo. Es importante comprender que es el amor a la verdad y a la justicia lo que explica que estemos en paz con nosotros mismos y con los otros. En cambio, la búsqueda de placeres, de dinero y de reconocimientos hincha nuestra autoestima y nos hace sentir envidia ajena. Además, siempre es la relación con uno mismo la base de la relación con los otros, y esa relación consigo está ante todo ligada al hecho de que amamos la verdad y la justicia por encima de todo.

A diferencia de la preocupación por sí mismo egoísta o de la búsqueda de la perfección que puede estar motivada por la autoestima, la virtud definida por el amor a la verdad y a la justicia elimina de entrada las pasiones tristes como la envidia,

47 G.E.M. Anscombe, «Modern Moral Philosophy», en *Philosophy 33*, 124 (1958) 1-19.

la ingratitud y la impresión de no haber recibido suficientes bienes o no ser debidamente reconocido. La tendencia a apreciar que es el otro «el culpable de la mayoría de sus males, [...] y a eximirse siempre a sí mismo como si no tuviera la culpa» cede el sitio a la magnanimidad.[48] No estamos en una moral del deber, donde hay que luchar contra el desorden de las pasiones, pero la elección de un bien verdadero transforma nuestra relación con nosotros mismos y con los otros.

La preocupación por el mundo es el horizonte de ese amor a la justicia y a la verdad. No solo quien las busca no comete injusticia, sino que llega a preocuparse por la injusticia que podría ser cometida por sus semejantes.[49] Quien honra a su alma tiene también el deseo de transmitir las cualidades morales que posee: se esfuerza por «seguir a los mejores y, si es posible, por mejorar lo peor y llevar a cabo esa tarea de la mejor manera posible».[50] Disfruta de una justa apreciación de sí y de su lugar en el mundo y sabe reconocer y admirar a los que son más virtuosos que él, porque al amar la verdad y la justicia sirve a una causa que lo supera. En otras palabras, es magnánimo.

La magnanimidad es una virtud opuesta al orgullo y a la falsa modestia. No se apoya en el reconocimiento de que se goza ni en el honor, como en la moral homérica, sino en la relación que el sujeto mantiene con la verdad y la justicia. Esta es la concepción de la magnanimidad que la ética de la consideración toma en préstamo de Platón. No se trata de un simple rasgo psicológico, sino de una forma de ser que lleva al individuo a abrirse a los otros transmitiendo y no reteniendo. El individuo magnánimo sabe que «a nuestros hijos debemos

48 Platón, *Leyes*, v, 726b, en *Diálogos* viii, Madrid, Gredos, 1999, p. 395.
49 *Ibid.*, 730d, p. 401.
50 *Ibid.*, 728c, p. 397.

dejarles en herencia mucho pudor, no oro»,[51] esto es, un profundo sentido del respeto. Esa idea tomará en la consideración un sentido más profundo cuando hablemos de las generaciones futuras y del mundo común, pero es importante subrayar, ahora, el vínculo existente entre los diferentes afectos generados por el amor a la justicia que conecta el hecho de honrar la propia alma con preocuparse por el mundo.

Definiendo la virtud como el hábito de honrar la propia alma apreciando la verdad y la justicia, Platón da consistencia a la noción de deberes hacia sí mismo. Muestra que los deberes hacia otro arraigan en una justa relación consigo mismo, que a su vez procede de la elección de bienes verdaderos. No es su individualidad lo que el individuo virtuoso ama, sino un bien que no se refiere solo a él y que desearía que fuera compartido por todos. La noción de deberes hacia sí mismo tiene, por lo tanto, sentido a partir del momento en que se comprende que no es el propio ego lo que se destaca, sino la humanidad en sí o las virtudes que uno puede encarnar. Esa noción no requiere que nos refiramos, como en Kant, a la dualidad de un sujeto que sería a la vez un individuo sensible y egoísta y una persona moral perteneciente a una comunidad de los fines. Kant, al calcar los deberes consigo mismo sobre los deberes hacia el otro, funda una moral exigente: condena ciertos usos del cuerpo juzgados indignos de la humanidad y el suicidio, subrayando que quien pone fin a sus días no respeta a la persona que hay en él y puede ser capaz de dar muerte a otro, algo que no se ha verificado. Por eso es preferible remplazar la noción de deberes hacia sí mismo por la práctica de honrar la propia alma. De ese modo, lo que construye a un individuo y forja su carácter son los bienes a los que otorga el lugar preferente en su vida y que lo estructuran. La verdad y la justicia pertenecen a la humanidad; honrándolas, el individuo sirve a una causa universal y se borra detrás de ella, lo cual confiere a su existencia una profundidad que ningún otro bien podría conferirle.

Dos ejemplos nos ayudan a comprender en qué sentido honrar la propia alma articula la preocupación por sí mismo con la preocupación por el mundo y funda la consideración. Abraham Lincoln defendió la abolición de la esclavitud poniéndose al servicio de esta causa, que él concebía como la causa de la humanidad. No lucha contra la esclavitud por ambición personal, sino porque la explotación de los negros era ilegítima y contraria a la igualdad de los hombres proclamada en la Declaración de Independencia e incompatible con la moral. Asimismo, quienquiera que escuche el discurso pronunciado por Robert Badinter el 28 de septiembre de 1981 ante la Asamblea Nacional entiende que, pidiendo la abolición de la pena capital no pretende hacerse célebre, sino que se esfuerza por encontrar las palabras justas para convencer a los representantes políticos. Se convirtió en portavoz de una verdad que, dice, arraiga en lo más noble de nuestra tradición. Como Abraham Lincoln, pone todo su corazón, toda su inteligencia y toda su elocuencia al servicio de una verdad que cualquiera pueden sentir interiormente, a condición de alzarse a un punto de vista universal y amar la justicia, en lugar de ceder a la tentación de la venganza y del odio.

Hay, pues, una unidad moral e intelectual de la virtud: hay que tener las virtudes del carácter para alcanzar la sabiduría y, a la inversa, esta es necesaria para la adquisición de las virtudes del carácter.[52] El amor a la verdad transforma a la persona en

---

52 Platón, *Gorgias*, en *Diálogos* II, *op. cit.,* 507a-c, pp. 116-117.

su totalidad, en su comportamiento, sus pensamientos, sus emociones y sus afectos. Así es como debemos interpretar el sentido del intelectualismo de Platón, es decir, la idea según la cual la inteligencia o el hecho de dirigir la mirada hacia lo verdadero y lo justo define el carácter de los individuos. Asimismo, una vez que se ha comprendido que el amor a la verdad y a la justicia cambiaba la relación del individuo consigo mismo, haciéndolo incapaz de autoestima, envidia y resentimiento y dándole el coraje de actuar en conformidad con la virtud, entendemos que Platón haya escrito: «Nadie hace el mal voluntariamente».

Con toda obviedad, el mal puede cometerse intencionadamente. La persona que es culpable de una injusticia, que roba a su prójimo o lo traiciona, sabe perfectamente que actúa mal y, por lo general, su acción es premeditada y planificada. Al decir que «nadie hace el mal voluntariamente», Platón afirma que el individuo malvado se equivoca de bienes.[53] Sería un error creer que esta tesis es ingenua, pues significa que, si uno ama bienes como el dinero, la fama o los placeres corporales, no puede ser verdaderamente justo ni hacer el bien de forma duradera y en cualquier circunstancia. Quien no ama la verdad y la justicia no es bueno y solo hace el bien por casualidad. Es responsable de sus actos en el sentido en que es consciente de hacer daño a otro cuando actúa mal, pero también es digno de lástima, porque lo único que explica su conducta es su ignorancia de los verdaderos bienes. Se pregunta sin cesar qué piensan los otros de él y vive en la ansiedad, todo lo contrario del sujeto de la consideración. No actúa justamente por amor a la justicia, sino porque su éxito ante los otros halaga su autoestima. Un individuo así no es digno

---

53   Id., *Leyes*, v, 731e, *op. cit.*, p. 402.

de confianza: cometerá actos injustos si con ellos aumenta su poder o lo enriquecen. Nunca satisfecho con lo que recibe o creyendo que los otros son demasiado afortunados buscará privarlos de sus bienes y se alejará de los mejores, porque no sabe reconocerlos o porque los teme.

Vemos aquí el retrato del tirano.[54] Este el espejo de una sociedad que valora falsos bienes y selecciona personalidades dominadoras que ocuparán los más altos cargos del Estado. En un contexto así, todos buscan la gloria ofuscados por el éxito de los otros, y nadie actúa por un ideal de justicia con aquella constancia y aquella benevolencia de las que habla Platón a propósito del filósofo.[55] De igual modo, la excelencia, es decir, la unidad moral e intelectual que se manifiesta a través del coraje, la prudencia, la magnanimidad, la dulzura y todas las virtudes morales e intelectuales descritas en la *Ética a Nicómaco*, es indispensable para gobernar con sabiduría un Estado. Esta excelencia no excluye ni el dolor ni la fragilidad, como vemos con Abraham Lincoln, que tuvo una vida jalonada de pruebas y que sufría depresión.

La virtud es incompatible con el endurecimiento del corazón que vuelve a los seres incapaces de compadecer y va de la mano con la necesidad de dominar. Además, en el contexto tecnológico y medioambiental actual, la ausencia de inquietud es un signo de indiferencia moral. La virtud no basta para dar felicidad, que también depende de causas externas. Sin embargo, quien lleva una vida buena experimenta un sentimiento

---

54   *Ibid.*, 728b–c. Véase también Jenofonte, *Hiéron ou Le traité sur la tyrannie*, v, 1-2, utilizado por J. Luccioni, en Leo Strauss, *De la tyrannie*, París, Gallimard, 1954, p. 23 (trad. cast., «Jenofonte, "Hierón o De la tiranía"», en L. Strauss, *Sobre la tiranía*, Madrid, Encuentro, 2005).

55   Platón, *Gorgias*, en *Diálogos II, op. cit.*, 487a, p. 85. Véase también *Leyes, op. cit.*, 730, pp. 400-401.

de plenitud y eso explica que no naufrague definitivamente en la tristeza cuando la afectan acontecimientos dolorosos. Así, un ser virtuoso hace efectiva la alianza entre el bien y la felicidad, que llamamos eudemonismo.

Vida buena y vida feliz

Toda ética de las virtudes es eudemonista, tanto la ética de la consideración como las otras. Sin embargo, hay que comprender que la felicidad de la que se trata se distingue de la satisfacción. Aristóteles lo aclara cuando escribe que la felicidad es «una actividad del alma según la virtud perfecta».[56] Indisociable de un profundo sentimiento de plenitud, la felicidad no se debe al éxito que se consigue ante los otros ni a las ventajas agregadas a la posesión de determinados bienes, como la salud, el honor, el poder, el dinero o la belleza; la felicidad acompaña a una vida conforme a la virtud. Una persona virtuosa experimenta una forma de realización obrando bien. El bien no se le aparece como una coacción ni siquiera cuando implica el sacrificio de algunos placeres, porque es resultado de una decisión deliberada que le confiere unidad moral y psíquica y una cierta estabilidad.

El placer como satisfacción o goce *(enjoyment)* y hasta la alegría *(gladness)* que deriva del sentimiento de que las cosas marchan bien no bastan para definir el eudemonismo.[57] En la dicha está la esencia de una vida buena. Se distingue de los placeres, que dependen de los bienes externos y son contingentes. Por eso puede ser compatible con un sufrimiento

---

56   Aristóteles, *Ética a Nicómaco*, I, 13, 1102a5, Madrid, Centro de Estudios Constitucionales, 1985, p. 16.
57   P. Foot, *Bondad natural, op. cit.*, pp. 153-155.

prolongado, como sucede cuando las circunstancias comprometen la satisfacción o los resultados deseados se hacen esperar. Para comprender esta paradoja, debemos recordar que la felicidad tiene hondura: no es simplemente cuestión de buen humor o de ocupaciones agradables y se extiende hasta los pensamientos subyacentes que cada cual lleva sobre sí o sobre su vida.[58]

Considerada como un estado duradero de plenitud, la felicidad supone una cierta madurez, ligada a la adquisición de rasgos morales que han transformado a la persona. Aristóteles insiste en la importancia del tiempo y, por lo tanto, de la edad en esta concepción de la felicidad: «Nadie elegiría vivir toda la vida con la inteligencia de un niño, aunque fuera disfrutando en el más alto grado con todo aquello de que disfrutan los niños».[59] La felicidad de un adulto no se identifica con la indiferencia, aunque saber relativizar las penas ayuda a llevar una vida feliz. Una vida feliz no es forzosamente una vida buena, mientras que una vida buena siempre es una vida feliz en el sentido de que la persona virtuosa conoce la dicha. Esta no es una alegría parcial, asociada a un acontecimiento agradable que se produce en un área de la existencia, en la vida profesional, amorosa o familiar, sino que expresa la relación global de una persona con el mundo y es independiente del curso de los acontecimientos.

Sin embargo, hay que aprovechar las circunstancias favorables, el *daímon*, para sentir a la vez el placer y la dicha. Aunque el eudemonismo remite a la relación de cada uno con la verdad y con la justicia, tenemos no obstante necesidad de bienes externos para llevar una vida que sea a un tiempo

58   *Ibid.*, pp.158, 163, 175.
59   Aristóteles, *Ética a Nicómaco, op, cit.,* x, 3, 1174ª1-3, p. 159.

buena y feliz. En ciertos casos, los individuos obran bien y tienen la impresión de sentirse realizados sirviendo a una causa justa, pero no tienen la oportunidad de ver los resultados de sus esfuerzos ni tiempo para aprovechar los placeres de la vida. Un pasaje del libro de Philippa Foot, *Bondad natural*, ilustra esta circunstancia: cita las cartas que jóvenes alemanes que se oponían a los nazis escribieron a sus familias antes de ser fusilados.[60] Se siente una paz profunda leyendo sus escritos, aunque se expresa en ellos su tristeza por tener que dejar el mundo sin ver crecer a sus hijos. Por un lado, sacrificaron su felicidad, pero, por otro, dicen que no se arrepienten de nada y, en ese sentido, no sacrificaron su felicidad. Sabían que, en aquellas circunstancias, la felicidad era inaccesible, porque no podían vivir haciendo como si nada espantoso ocurriera en su país. De modo que «sin duda, existe un tipo de felicidad que solo se puede alcanzar por medio de la bondad, pero que alguna mala circunstancia de la vida puede hacer que esté fuera del alcance incluso del mejor de los hombres».[61]

La vida buena no es, pues, forzosamente una vida agradable ni una vida tranquila, pero es indisociable de una cierta realización de sí mismo. Este punto es esencial en cualquier ética de las virtudes y Philippa Foot lo subraya perfectamente. Su interpretación naturalista del eudemonismo plantea, no obstante, un problema importante: según ella, bien vivir es llevar una vida acorde con un bien descrito como un bien natural, un «beneficio» *(benefit)* del mismo orden de lo que es bueno para una especie o un órgano.[62] Pero lo que reve-

---

60   H. Gollwitzer, K. Kuhn y R. Schneider (eds.), *Du hast mich heimgesucht bei Nacht. Abschiedsbriefe und Aufzeichnungen des Wilderstandes 1933-1945*. Citado por P. Foot, *Bondad natural, op. cit.*, p. 170.

61   P. Foot, *Bondad natural, op. cit.*, p. 174.

62   *Ibid.*, pp. 167s.

lan las cartas escritas por los jóvenes alemanes a los que ella rinde homenaje es precisamente que el eudemonismo no se funda en una visión fija de la naturaleza humana ni en un bien natural. El bien que determina la vida buena tiene una dimensión universal: esas personas perderán la vida no porque tomaron riesgos insensatos, como cuando uno conduce con una velocidad excesiva, sino porque lucharon contra la barbarie nazi y la deshumanización. Ese bien no tiene nada que ver con hechos naturales o biológicos; se trata de un ideal de justicia, vinculado a los principios a los que aquellas se adhirieron. En otras palabras, la noción de felicidad de la que se habla en el eudemonismo supone la elección deliberada de determinados bienes, es decir, descansa sobre la responsabilidad de los agentes, y no sobre el naturalismo.

EL UNIVERSALISMO HOY

El rechazo del naturalismo

Para Philippa Foot, un ser humano bueno es un buen ejemplar de su especie, es decir, alguien que posee las características que lo ayudan a adaptarse al modo de vida y al medioambiente de la especie a la que pertenece.[63] Recupera la comparación platónica entre la virtud y la visión, que es la función del ojo: así como este órgano es defectuoso cuando no nos permite ver, de igual manera el vicio es también un defecto natural, una disfunción. En cambio, la virtud o la excelencia es la vida conforme con un bien natural. Ahora bien, este naturalismo ignora la singularidad de cada uno, la alteridad,

---

63   *Ibid.*, pp. 77s, 82s 85-87, 98-99, 107.

el hecho de que el otro no es un ejemplar de un género, en este caso el género humano, sino que trasciende todo género y todo concepto, que tiene un rostro, como dice Lévinas. El naturalismo establece una norma partiendo de un hecho y, además, avala una visión normalizadora de la vida, ignorando la plasticidad y la autonormatividad del ser humano. Este razonamiento presenta analogías con el que lleva a pensar lo anormal como anomalía.

Como muestra Georges Canguilhem en *Lo normal y lo patológico,* cuando pensamos en la enfermedad como una anomalía y nos centramos en los déficits que sufre una persona, no entendemos que lo patológico o lo anormal no sea la ausencia de normas, sino que designa «otro modo de andar de la vida» y puede ser una «fuerza para la innovación».[64] Las disfunciones orgánicas, la fatiga, y hasta los *handicaps* ligados a la enfermedad, exigen que el paciente aprenda a vivir según otras normas, pero eso no le quita la posibilidad de expandirse y existir haciendo lo que para él tiene sentido. Además, confundiendo una norma, que es siempre un juicio de valor determinado por una sociedad en una época determinada, con un hecho, erigimos un promedio en un ideal. Se presupone que solo hay una única manera de bien vivir o de tener una salud buena, y toda desviación de esta norma, calcada sobre la observación de la naturaleza o sobre los hábitos y convenciones sociales, se juzgará anormal, como si fuera absolutamente necesario corregirla o suprimirla.

Esta confusión entre la norma y el hecho, que tiende a fundar la normatividad sobre una representación homogénea y fija de la vida, la encontramos en la ética de las virtudes de

---

64   G. Canguilhem, *Lo normal y lo patológico*, Buenos Aires, Siglo XXI, 1971, pp. 61, 139.

Philippa Foot. Hay por supuesto diferencias entre los bienes elegidos por los individuos y entre los tipos de vida que, por lo tanto, no tienen el mismo valor. También hay situaciones que, objetivamente, restringen las posibilidades del individuo, como ocurre en el estadio terminal de un cáncer o de una patología neurodegenerativa. Sin embargo, toca a cada uno determinar los límites más allá de los cuales su vida deja de tener sentido. El rechazo del relativismo y de la idea de que hay distintos criterios del bien no significa que haya una única manera de comportarse y de ser. En fin, la comparación entre virtud y salud, vicio y enfermedad es problemática. Porque la virtud, que es un bien moral, no se basa en la biología. Es el objeto de una valoración moral y expresa lo que una persona decide honrar. Se trata de una decisión, y no de un hecho que se apoye en la descripción y la observación, aun cuando, en el caso del estado de salud, también está determinado socialmente.

Para Platón y Aristóteles, la virtud designa un bien que es honorable, y no meramente lo loable o hasta lo beneficioso para la persona.[65] Mientras que la salud es un bien preferible, es decir, algo que uno tiene razones para desear y que puede servir también para otros bienes, y la inteligencia un bien encomiable, que podemos admirar, la virtud vale por sí misma y no por lo que procura a los individuos que la poseen. Es, pues, superior a los otros bienes, que son relativos. Aristóteles concluye de ello que la felicidad requiere una virtud perfecta y una existencia plena: los bienes que la constituyen son perfectos y honorables. Existe, por lo tanto, una objetividad del bien. Sin embargo, la acción buena no debe ser pensada

---

65 Platón, *Leyes, op. cit.*, v, 726a y Aristóteles, *Ética a Nicómaco, op. cit.*, i, 12, 1101b10-1102a.

en función de una naturaleza o una esencia del hombre que sería la norma. Si la virtud exige una educación, modelos y tiempo es porque es fácil equivocarse de bienes y no debe derivarse de la observación de la naturaleza o de la psicología humana. Como hemos mostrado distinguiendo la ética de la consideración de las morales estoicas, la virtud no es una simple medicina del alma que nos permite esperar la tranquilidad. Exige un compromiso en favor de la justicia y del mundo, lo cual no impide que sea necesaria una forma de higiene mental que libere al individuo de ciertos rasgos de carácter que son obstáculos para la eclosión de las virtudes.

Así, si decimos que «un defecto moral es una forma de defecto natural», que «el mentiroso es como un lobo que no podría cazar con su manada», no entenderemos lo que dice Platón cuando escribe: «nadie hace el mal voluntariamente». El naturalismo, que oculta la inhumanidad de lo humano, no permite tampoco explicar por qué el individuo malo nunca es feliz. Porque honra bienes falsos, hay en él un desorden y no es capaz de hacer las paces consigo mismo ni de vivir en una ciudad justa. En lugar de fundar la normatividad en la noción de bien natural, la virtud y la falta de virtud dependen de las decisiones que tomemos. Esas decisiones revelan lo que nos atrae, igual que nuestras emociones reflejan nuestras valoraciones o nuestros juicios morales, tal como nos damos cuenta cuando prestamos atención a su dimensión cognitiva.[66] En otras palabras, estas decisiones remiten a la responsabilidad de cada uno, a su autonomía, y están también hechas delante de otros. La noción de «atestación» utilizada por Ricœur, quien, en *Sí mismo como otro* subraya el vínculo

---

66 Las emociones tienen un papel fundamental en la educación según Platón, como muestra Olivier Renaut, *Platon la médiation des émotions. L'éducation du thymos dans les Dialogues*, París, Vrin, 2014.

entre *Bezeugung* (atestación), *Zeuge* (testigo) y *Überzeugung* (convicción),[67] expresa mejor la cuestión de en qué consiste la virtud que la referencia al beneficio natural y la metáfora del funcionamiento orgánico. Así, al no ser disociable la virtud de la noción de decisión deliberada y de la responsabilidad de cada uno, el eudemonismo da la espalda al naturalismo.

Naturaleza humana y condición humana

La referencia a la noción de naturaleza humana es la otra debilidad de las éticas de las virtudes de inspiración aristotélica. Es legítimo reprochar a la ética aristotélica no tener suficientemente en cuenta la vulnerabilidad y la interdependencia a la vez biológica, afectiva y social de los seres humanos.[68] Para caracterizar mejor la constelación de virtudes propia de la consideración, es necesario partir del cuerpo y de nuestra dependencia de las condiciones materiales de la existencia. Sin embargo, este punto de partida y el *continuum* humano-animal que implica no autorizan ni a hablar de naturaleza humana ni a suscribirnos a la problemática fundacionista característica de los enfoques naturalistas y esencialistas de la moral.[69]

67 P. Ricœur, *Sí mismo como otro*, Madrid, Siglo XXI, 1996, pp. 342 y 388.

68 Esta crítica se encuentra en A. MacIntyre, *Animales racionales y dependientes: por qué los seres humanos necesitamos las virtudes*, Paidós, Barcelona, 2001. Martha C. Nussbaum permite matizarla destacando la importancia de la noción de *daímon* en la ética aristotélica. Véase *La fragilidad del bien: fortuna y ética en la tragedia y la filosofía griega*, Madrid, Visor, 1995.

69 Es el reproche que se le puede hacer a MacIntyre. Si por un lado dice que es imposible adoptar el punto de vista de una u otra parte y, por lo mismo, rechazar tradiciones que son fuentes de la moralidad, con las que se permite ser crítico (*Tras la virtud*, Barcelona, Crítica, 2013), por otro defiende el punto de vista de la naturaleza en *Animales racionales y dependientes, op. cit.*, pp. 22, 79, donde la referencia a la noción de cuerpo en Merleau-Ponty se integra en el tomismo al que adhiere.

La noción de vulnerabilidad ejerce una función crítica en la medida en que conduce a sustituir el ideal de autosuficiencia, al que se reduce a menudo la noción de autonomía, por un concepto que deja más espacio a la interdependencia y toma en serio la corporeidad del sujeto. Eso no significa que la naturaleza funde la moral ni que se deba mezclar una filosofía de la existencia, que explica la condición humana, con una doctrina esencialista. La fenomenología de la no constitución, característica de la filosofía de la corporeidad en la que nos apoyamos,[70] describe fenómenos que escapan a la conciencia en cuanto esta se expresa a sí misma como no donante de sentido, sea porque no controla los fenómenos que la afectan, como la fatiga, el dolor, la muerte, sea porque su contenido excede nuestra representación, como lo otro. Asimismo, al pensar la corporeidad del sujeto, insistimos en todo aquello de lo que vivimos y que nutre igualmente nuestra vida. Las estructuras de la existencia que emanan de esas descripciones muestran la importancia de la pasividad, del placer, de la espacialidad y del nacimiento que instala la intersubjetividad en el corazón del sujeto. La subjetividad y la sociabilidad son entonces concebidas de manera diferente que en las filosofías de la libertad.

El hecho de aprehender la existencia a la luz de la receptividad, y no solamente del proyecto, y de mostrar que el individuo, desde el momento en que come u ocupa espacio, está siempre en relación con los otros seres humanos y no humanos, pasados, presentes y futuros, renueva la manera de concebir la condición humana. El sujeto no solo se define por su libertad; se define también por la responsabilidad.

---

70 Esta filosofía de la corporeidad la he desarrollado en *Elementos para una ética de la vulnerabilidad: los hombres, los animales, la naturaleza* y en *Les nourritures. Philosophie du corps politique.*

Asimismo, el cuerpo es el punto de partida de su relación con el mundo. En resumen, el humano no se concibe como un individuo separado de los otros y del medio geográfico y social en el que está inmerso. Su existencia tiene una dimensión ligada a su pertenencia al mundo común que lo acoge a su nacimiento y lo sobrevivirá tras su muerte individual. El hecho de tener en cuenta esas estructuras de la existencia pone en evidencia que las filosofías modernas y contemporáneas occidentales, que son sobre todo filosofías de la libertad, centran su atención en la dimensión individual de la existencia y restringen la ética y la política a las relaciones entre los seres humanos actuales.

Una filosofía de la existencia, que aclare la condición humana partiendo de descripciones de fenómenos universales como la muerte, el hambre, el nacimiento, la espacialidad, el dolor, el placer, el sueño y la respiración, nunca es fundacionista aunque tenga importantes implicaciones éticas y políticas. El sujeto carnal y relacional que saca a relucir nos lleva a no limitar los objetivos de lo político a la seguridad y a la reducción de las desigualdades injustas, y a hacer de la protección de la biosfera, de la preocupación por las condiciones de vida de las generaciones futuras y de los animales nuevos deberes del Estado.[71] Las estructuras de la existencia o existenciales ofrecen coordenadas universalizables. Sin embargo, no se trata ni de metafísica en el sentido en que Martin Heidegger hablaba de ella, es decir, de un discurso que pretenda definir la naturaleza humana, ni de un intento consistente en fundar un orden moral y político desde una concepción esencialista. Tampoco se trata de apoyar las

---

71 Véase la segunda parte de *Les nourritures. Philosophie du corps politique*, cap. I, *op. cit.*

normas en hechos biológicos, sino de sustituir la concepción abstracta y desencarnada del individuo propia de teorías morales y políticas contemporáneas por una concepción del sujeto concebido en su corporeidad. Este anclaje de la ética en una la filosofía de la existencia se distingue del sofisma naturalista denunciado por los filósofos analíticos y por Georges Canguilhem. Significa también que la filosofía moral y política no se reduce a una visión del mundo o a valores que son simples subjetivaciones, relativas meramente al punto de vista de los individuos, a sus gustos y a sus aversiones.[72]

La ética de la consideración se inscribe en el legado de la ética de las virtudes de inspiración platónica y aristotélica, porque comparte las principales características de ese enfoque de la moral, pero su rechazo del perfeccionismo y del naturalismo la separa de las filosofías contemporáneas que proponen el retorno a Aristóteles. Este doble rechazo explica también que, en lugar de estar pendientes de una concepción metafísica del hombre y del mundo, de una cosmología, de una teleología o hasta de una representación fija de lo que es una vida lograda, esa ética se apoya en una filosofía de la existencia que atestigua un equilibrio reflexivo entre universalismo e historicidad. La ética de la consideración no suministra recetas para bien vivir. Y es así porque es indisociable, por definición, del reconocimiento del valor intrínseco de los seres, del respeto a su alteridad y de la diversidad de las formas de vida y de las culturas y porque la clave de la relación con los otros y de la preocupación por el mundo es la subjetividad y no la tradición.

---

72 *Ibid.*, p. 247.

2. Un proceso de individuación

Así, creo que la verdadera generosidad, que hace que un hombre se estime en el más alto grado en que puede legítimamente estimarse, consiste solo, en parte, en que sabe que no hay nada que verdaderamente le pertenezca, sino esta libre disposición de su voluntad, y nada por lo que deba ser alabado o culpado, sino por el uso bueno o malo que de ello haga; y en parte, también, porque siente en sí mismo una firme y constante resolución de utilizarlo bien, es decir, de no carecer nunca de voluntad para emprender y ejecutar lo que juzgue que es lo mejor. Y en esto consiste seguir perfectamente la virtud.

RENÉ DESCARTES, *Las pasiones del alma*

LA MAGNANIMIDAD

¿Por qué Descartes?

La particularidad de la ética de la consideración consiste en hacer de la relación consigo mismo la clave de la relación con el otro y con la naturaleza describiendo el proceso de subjetivación necesaria para que los individuos tomen las mejores decisiones posibles en el terreno personal y colectivo. La pregunta es quién es ese yo o ese sujeto que incorpora en el corazón de su voluntad de vivir la preocupación por los otros y por el medioambiente. Veremos que ese sujeto no se define únicamente por su relación con la verdad y la justicia y que la ética de la consideración se distingue de las morales antiguas porque es, además, una filosofía del amor.

Esta ética emprende un camino estrecho entre el intelectualismo antiguo, en el que la virtud se funda en la elección de los verdaderos bienes, y las morales contemporáneas que afirman, como la ética del *care*, que una relación sana con el prójimo y con el mundo depende del afecto que recibimos en nuestra infancia y del sentimiento de seguridad interior que nos procura. La ética de la consideración es fiel a la inspiración antigua, sin por ello desconocer los determinismos sociales ni subestimar el papel de las pulsiones y de los mecanismos de proyección puestos de relieve por el psicoanálisis. Sin embargo, al mostrar que la benevolencia, la moderación y el coraje no son rasgos psicológicos ligados (solo) a la naturaleza de una persona ni el simple resultado de su educación y de su historia, sino que provienen de una relación consigo mismo, dicha ética se desmarca de la manera en que las éticas del *care* piensan la subjetividad. La transformación interna que se opera practicando la consideración debe también ayudar al sujeto a romper ciertos lazos afectivos o a liberarse del peso de los determinismos sociales. Significa que nuestra identidad no está constituida únicamente por nuestras relaciones, sino que también nos vemos inducidos a tomar decisiones personales asumiendo parte de la soledad que implica la libertad. Por eso la ética de la consideración está, en este punto, más cerca de los antiguos que de las morales contemporáneas, pese a su insistencia en la fragilidad del cuerpo. Dependiendo a la vez de Atenas y del cristianismo, acredita el esfuerzo que debemos hacer sobre nosotros no solo para reformarnos y sentir preocupación por el mundo, sino también para ser libres.

Si René Descartes es una referencia insoslayable que ayuda a hacer surgir la ética de la consideración de la historia de la filosofía es porque ejemplifica esa filiación antigua a la vez que indica la necesidad de completar la moral aristotélica y el estoicismo con una filosofía del amor. *Las pasiones del alma*, que hacen de la libertad la condición de la virtud, se sitúan en una tradición que reconoce la necesidad, para el ser humano, de librarse de lo que lo esclaviza y le impide alcanzar la virtud. No obstante, la meditación cartesiana sobre el amor, que designa no tanto una pasión como el deseo de un vuelco en la subjetividad, lleva a precisar lo que distingue a la consideración de las morales antiguas: según estas, las relaciones humanas son esenciales para el cumplimiento de la persona, pero su ipseidad se concibe como un replegarse sobre sí y no como una relación consigo a través del otro distinto de mí. De ese modo Descartes nos permitirá integrar, en una ética hasta entonces fundada en la elección de un bien, la idea de un sujeto relacional sin suscribir, no obstante, la ética del *care* que pone el acento en la necesidad de amor que sienten los individuos y no en la transformación del sí mismo que el amor lleva a cabo. Al concebir el amor como una manera de ser, Descartes nos invita a reconciliar la libertad con la interdependencia, la fortaleza con la intersubjetividad, en lugar de sobrevalorar las primeras, como los antiguos, o las segundas, como la ética del *care*.

En fin, Descartes hace de la magnanimidad uno de los fundamentos de la generosidad, aunque reconoce, a diferencia de Aristóteles, el valor de la humildad virtuosa. Hemos mostrado en el capítulo anterior que la humildad incitaba a recomenzar constantemente la tarea y nos abría el camino hacia la consideración. Sin embargo, la magnanimidad, que muestra un elevado grado de libertad interior y confiere al sujeto una cierta confianza en sí mismo, es también fundamental. Es una de las virtudes constitutivas de la consideración y hasta uno de sus pilares. La grandeza de alma propia de una persona que tiene una justa apreciación de sí misma le permite lanzarse a una empresa ambiciosa que juzga noble y de la que se siente capaz resistiendo al desánimo. Su magnanimidad explica también que actúe sin dejarse corromper y sin traicionar su sentido moral. Distinta de la presunción y hasta de toda forma de orgullo y de vanidad, es condición de la libertad y de una relación benévola y justa con el otro. De esa manera, Descartes, hablando de generosidad, subraya perfectamente el vínculo que une la relación consigo mismo y la relación con el otro, la libertad interior y la apertura al mundo, la fortaleza o el coraje y la delicadeza, la perseverancia y la capacidad de admirar a los otros o a la naturaleza.

La generosidad

No debe subestimarse nunca la importancia de la virtud de la magnanimidad en la vida en sociedad. Porque esa virtud supone que, en lugar de esperarlo todo de los otros o del mundo, uno hace primero el esfuerzo de reformarse a sí mismo, orientando los deseos o corrigiendo los defectos, evitando así sentir un enojo injusto o vivir con resentimiento. Sin embargo, no es solo porque impone regular los propios deseos sin buscar aquellos que quedan fuera de alcance por lo que la moral de Descartes presenta un gran interés. Lo capital en su definición de la generosidad es que esta es ante todo una cuestión de magnanimidad más que de coraje o de fortaleza. Pero esa llamada a tener un alma grande y generosa y, por lo tanto, a iniciar un proceso de autosubjetivación que permita adquirir una cierta soberanía sobre sí mismo es decisiva en el terreno moral y político.

Los regímenes autoritarios, antiguos y modernos, alientan siempre a los individuos mediocres de poco ánimo *(mikropsykhía)*.[1] Estos individuos, al no tener ninguna estima de sí mismos y ninguna conciencia de la justicia a la que tienen derecho, no reivindican nada. O bien lo reivindican todo, porque no saben lo que quieren y sus opiniones, sus deseos y su apreciación de las cosas y de sí dependen de la moda del momento. De modo que nunca están satisfechos con lo que tienen; siempre necesitan cosas nuevas y sienten la frustración como una injusticia. En ambos casos, estos individuos de poco ánimo son fáciles de manipular; sensibles a la presión de la opinión, son vulnerables a ideologías excesivas y pueden incluso dejarse llevar por los movimientos de masas. Les falta la magnanimidad y el coraje necesarios para resistir a un poder político fuerte. Se trata de «una tarea urgente, fundamental, políticamente indispensable, si es cierto, después de todo, que no hay otro punto, primero y último, de resistencia al poder político que en la relación de sí consigo».[2] Esa idea, que permitía a Michel Foucault subrayar la actualidad del estoicismo, la aplicamos a Descartes, cuya moral de la generosidad, que se distingue de la sabiduría estoica, es hoy particularmente pertinente.

Si la libertad es el fundamento de la generosidad, y si esta requiere que adquiramos soberanía sobre nosotros mismos,

---

1 Aristóteles, *La política*, v, 11, 1314a16-17, México, UNAM, 2018, p. 175.
2 M. Foucault, *La hermenéutica del sujeto, op. cit.,* p. 240.

no es solo o esencialmente para evitar dejarnos llevar por las pasiones. La libertad no consiste en controlar las pasiones, sino en hacer un buen uso de ellas.[3] Además, el hecho de actuar en función de juicios firmes, resistiendo a los movimientos del cuerpo a los que nos disponen las pasiones, no es el grado más elevado de libertad. Abstenerse de golpear a alguien cuando se está en cólera o evitar enamorarse de quien no corresponde a nuestras aspiraciones más profundas es una muestra de fortaleza y del hábito adquirido de subordinar la voluntad al propio juicio. Pero decir que la virtud consiste en ejercer ese control sobre nosotros o en abstenernos de desear lo que no está a nuestro alcance no basta para comprender en qué consiste la magnanimidad ni para explicar de dónde nace el coraje.

El precepto que impone hacer las cosas buenas que dependen de uno mismo se encuentra en el *Discurso del método* y en *Las pasiones del alma,* así como en la correspondencia de Descartes, pero no muestra una técnica dirigida a ahorrar el sufrimiento al individuo. La distinción entre lo que depende de mí y lo que no depende de mí es de origen estoico, y la carta a Isabel de Bohemia del 4 de agosto de 1645 comienza con una referencia clara al libro de Séneca *De vita beata.* No obstante, si no se funda esta moral de la autolimitación en la generosidad, no se comprende su sentido y cae víctima de las críticas dirigidas al estoicismo, a saber, que ese precepto no puede llevarnos al amor al mundo ni a autorizar al individuo a tomar riesgos para servir a una causa noble.

Las dos otras reglas que figuran en el *Discurso del método*[4] y en la carta a Isabel ahora mencionada nos convencen de

---

3   R. Descartes, *Las pasiones del alma,* Madrid, Tecnos, 1997, §§ 40, 41 y 44. Véase también § 42, donde Descartes sugiere que, aunque las pasiones generan los más grandes males, dan también sentido y sabor a la existencia.

4   *Id.*, *Discurso del método*, Madrid, Alianza, 86ss.

que todo descansa en la generosidad. La primera regla invita al individuo a «intentar siempre dar el mejor uso posible al entendimiento para saber así lo que debe hacer o no hacer en cualesquiera circunstancias de la vida».[5] Descartes remite así a todos al uso del libre albedrío y hasta al conocimiento de lo que es bueno para cada uno, en un momento dado, en esa o aquella otra circunstancia. La segunda regla recomienda «hallarse continua y firmemente resuelto a llevar a cabo todo cuanto le aconseje la razón, sin que lo desvíen de ello sus apetitos».[6] Esta resolución, que empuja a emprender una acción que se juzga buena y a no abandonar un proyecto con el pretexto de que el éxito no está garantizado, subraya también la importancia del juicio personal. Este debe fundarse en la razón porque, en definitiva, no hay más autoridad que el propio juicio en el terreno de la moral. La virtud supone el reconocimiento de esta soledad y una independencia de espíritu que permite confiar en la propia razón.

No hay recetas para el buen comportamiento en las circunstancias especiales y a menudo imprevisibles de la vida. Y es tanto más necesario ser libre interiormente cuanto que la razón no nos da acceso al bien en sí ni a la certeza; el dominio de la moral es el dominio de lo probable. Hay que saber, pues, identificar lo bueno o más bien lo mejor. Solo a nosotros toca decidir lo que queremos hacer con nuestra vida y, hasta en las crisis por las que atravesamos, siempre es nuestra ipseidad lo que está en juego y no la identidad de otro. Por eso hay que conocerse a sí mismo y no someterse al veredicto de la opinión pública. Solo con esta condición seguiremos con constancia por el camino que creemos correcto. Sin esta for-

5 *Id.*, *Correspondencia con Isabel de Bohemia y otras cartas*, Barcelona, Alba, 1999, pp. 81-82.
6 *Ibid.*

taleza de alma, el individuo solo será animoso cuando tenga éxitos o los otros le den apoyo en su proyecto, es decir, ese tal no posee la virtud del coraje.

La fortaleza no debe confundirse con la fuerza moral, que puede definirse, como hace Kant, como el esfuerzo de la voluntad por dominar las inclinaciones que se oponen al deber. No se trata aquí de reprimir ciertos deseos, sino de saber qué es lo que se quiere y lo que se es para no desviarse de la propia trayectoria por razones equivocadas. La fortaleza no excluye cambiar de opinión si se estima que se ha errado el camino; implica que la ausencia de resultados inmediatos no es motivo suficiente para interrumpir un proyecto. La fortaleza se funda en una relación consigo mismo y con la verdad que posibilita seguir la propia razón y tener confianza en el propio juicio, es decir, descansa en la magnanimidad. Por eso, no tiene nada que ver con la obstinación. Para ilustrar esa fortaleza que viene de la magnanimidad y nos hace generosos, podemos recordar la metáfora de Lévinas cuando habla de la conciencia como «una cabaña abierta a todos los vientos», en la que encuentra refugio la humanidad del ser humano, sobre todo en los períodos más sombríos de la historia.[7] Porque «en las horas decisivas en que se revela la caducidad de tantos valores», solo se puede contar con la conciencia de aquellas y aquellos que crean en su regreso y harán todo lo posible para garantizarlo.[8]

Así, la fortaleza, que incluye el coraje y la perseverancia, y la grandeza de alma o magnanimidad, que significa que me conozco y me juzgo de acuerdo con el uso que hago de mi

7   E. Lévinas, «Sans nom», en *Noms propres*, París, Le Livre de Poche, 1997, p. 143 (trad. cast., *Nombres propios: Agnon, Buber, Celan, Delhommme, Derrida, Jabès, Kierkegaard, Lacroix, Laporte, Picard, Proust, Van Breda, Wahl*, Madrid, Fundación Emmanuel Mounier, 2008).
8   *Ibid.*, p. 144.

voluntad, constituyen la generosidad. Esta es, con la humildad, fundamento de la consideración. Pero mientras que la humildad purifica el espíritu y el corazón, como dice Bernardo de Claraval, y permite conocerse y valorar las situaciones superando el principal obstáculo, que es el orgullo, la generosidad aporta al individuo una estima de sí que lo ayuda a llevar a cabo las tareas que se propone y a aceptar riesgos calculados. Confiando en sí, puede girarse hacia los otros sin exigir nada de ellos ni implorar su reconocimiento; libre, es amable con ellos.

Conviene destacar que, en Descartes, la humildad es una consecuencia de la magnanimidad. En cambio, en la consideración, la humildad existe independientemente de la magnanimidad y no es una virtud, a diferencia de esta última, sino un método. Para Descartes, la magnanimidad se adquiere en el transcurso de un proceso de subjetivación que puede requerir tiempo, pero que depende únicamente de uno mismo. Además, confiere al sujeto una estabilidad definitiva. En la ética de la consideración, esta independencia del ánimo que explica que la estima de sí está vinculada al uso de la voluntad es puesta a prueba por la necesaria confrontación con los otros, principalmente en el trabajo, y a menudo solo al final de un largo recorrido de un reconocimiento que permita al sujeto experimentar que le es posible pensar y actuar de manera autónoma, sin haber buscado sistemáticamente complacer a otros.[9] Por otra parte, nadie puede protegerse contra la transformación de la magnanimidad en presunción y de la fortaleza en temeridad, a menos que se esté alerta con la vista puesta sobre las propias debilidades y

9 Trataremos este punto en el capítulo 4 cuando hablemos de la relación entre reconocimiento y consideración y del papel que desempeña el trabajo en el proceso de subjetivación, que depende, por lo tanto, de condiciones sociales, económicas y políticas.

sobre la propensión al orgullo y a la vanidad. Sin embargo, aun no siendo magnánimos en todas las circunstancias, no hay consideración sin magnanimidad.

De modo que, en la ética de la consideración, la humildad es la primera etapa que lleva a un justo conocimiento de sí y al conjunto de las virtudes morales e intelectuales y, por ello, también a la magnanimidad. La humildad es también y sobre todo lo que permite que el sujeto mantenga la mesura, mientras que, según Descartes, la persona magnánima también es capaz de ser humilde. Según él, el individuo generoso es magnánimo y no es ni orgulloso ni despectivo porque la estima que tiene de sí descansa sobre el uso que él hace de su voluntad. Pero como este bien es accesible a todos, reconoce que también los otros pueden hacer un buen uso de su libre albedrío. Por eso Descartes escribe que «los generosos son siempre perfectamente corteses, afables y serviciales con los demás [...] dueños de sus pasiones [...] en especial de los deseos, los celos y la envidia».[10]

En fin, la magnanimidad y el coraje, virtudes sin las cuales los seres humanos difícilmente resisten a las formas autoritarias del poder y a la propagación del mal, son igualmente esenciales en las democracias liberales. La capacidad de gobernarse a sí mismo, de limitar los propios deseos y fundar la estima de sí en los valores de los que uno se siente garante es particularmente valiosa en el contexto actual, en el que las numerosas solicitaciones, la publicidad, las redes sociales, pero también las condiciones de trabajo debilitan la identidad de los individuos que viven, por así decir, constantemente bajo la mirada del otro. Se requiere también perseverancia y optimismo si se quiere luchar contra el economismo e intentar

10 R. Descartes, *Las pasiones del alma, op. cit.*, § 156, p. 229s.

promover, con el modo de vida y el compromiso, un modelo de desarrollo ecológicamente sostenible y más justo hacia los humanos y los animales. Sin magnanimidad y sin altura de miras, es imposible resistir al pesimismo y combatir el orden economista del mundo.

Esta ambición de cambiar el modelo económico no se opone más que en apariencia a la moral de Descartes, si hemos comprendido que su moral de la generosidad no lleva a los individuos a cultivar su jardín esperando días mejores, sino que implica que sean exigentes consigo mismos. Traducida al terreno político, esa idea equivale a hacer el elogio de la autonomía que supone la ipseidad moral y el hecho de saber cuál es el fundamento de la propia acción, cuáles son los bienes que se aprecian. Sin magnanimidad y sin fortaleza, los ciudadanos no lucharán por la justicia, sino solo por sus intereses personales y no desarrollarán su capacidad de actuar. Esperándolo todo de los poderes públicos, oscilarán entre el enojo y la actitud de espera, dejando que el Estado, sometido a menudo a la presión de grupos privados, decida el futuro. Por todas estas razones, no hay consideración si no hay generosidad.

La admiración

La condición para una relación sana con los otros, alejada tanto de la indiferencia como de la dominación, es la libertad que, en su grado más elevado de cumplimiento, es la generosidad. La relación consigo mismo funda las virtudes intersubjetivas. Estas no deben entenderse solo a la luz de las emociones y de las pasiones; derivan de una relación consigo mismo que depende de la decisión de comportarse siguiendo la propia razón y de la confianza en sí mismo que tal resolución genera.

La generosidad subraya además la importancia de la calidad de la relación con el otro que esta virtud instaura. Aunque la generosidad empieza por uno mismo, es una virtud que se difunde, como la consideración. Por eso el individuo generoso es capaz de admiración.

La generosidad determina nuestra capacidad de saborear la existencia, generando emociones que repercuten sobre nuestra forma de vivir y de ver el mundo, como la admiración. Esta es una de las seis pasiones primitivas según Descartes. Ocupa incluso el primer lugar, por delante del amor, el odio, el deseo, la alegría y la tristeza, y la reencontramos en las otras pasiones: puesto que podemos quedar sorprendidos por un objeto «antes que sepamos […] si ese objeto nos conviene o no, […] la admiración es la primera de todas las pasiones. Y no tiene contraria».[11]

La admiración *(ad-mirare)* no fue tomada en cuenta por Aristóteles. No ha de confundirse con el asombro, aunque este último sea su elemento desencadenante. «La admiración es una sorpresa súbita del alma, que hace que se dirija a considerar con atención los objetos que le parecen infrecuentes y extraordinarios».[12] En la admiración, el juicio formulado sobre lo que suscita asombro es a la vez objetivo y subjetivo. Por supuesto, es preciso no estar ni hastiado ni demasiado centrado en uno mismo para ser capaz de admirar y observar lo raro y lo extraordinario, incluso en cosas naturales y ordinarias. No obstante, el elemento cognitivo contenido en esta emoción persistente también proviene del objeto: se admira lo que es digno de admiración. Admirar a una persona o a un animal implica reconocer su dignidad y percibir su existencia como

11 R. Descartes., Las *pasiones del alma, op. cit.,* § 53, p. 133.
12 *Ibid.,* § 70, p. 143.

un don. La admiración, vivida por un individuo generoso, que no la transformará en envidia, lleva a la gratitud. La consideración incluye la admiración, a diferencia del respeto, que se distingue de aquella.[13] Sin embargo, en la ética de la consideración, la admiración no es una pasión, sino una capacidad que traduce una forma de ser-con-los-otros-y-con-el-mundo. Lo cual es particularmente claro cuando nos interrogamos por la relación que mantienen los humanos con los animales. Para poder admirarlos hay que amar, en efecto, su alteridad y no mirarlos como seres inferiores o como medios al servicio de nuestros fines. La admiración que sentimos no proviene solo de su belleza o de su fuerza; radica en una actitud más profunda que requiere algo más que la generosidad y remite a la consideración. Esta requiere percatarse del vínculo carnal que nos une a los otros seres sintientes destacando nuestra solidaridad con ellos, lo que explica que, admirándolos, no vamos a tener ningún deseo de capturarlos o de someterlos.

Un cazador puede tener magnanimidad e incluso fortaleza si todavía es posible decir que la caza, en nuestros países, requiere coraje. Puede ser ciertamente un buen padre de familia y un buen ciudadano y hasta, como Descartes, un enorme filósofo. Pero si le gusta matar a un animal, cuando no necesita cazar para alimentarse, o si le agradan las corridas de toros, no está practicando la consideración. Porque esta, como veremos en el capítulo siguiente, en el que seguiremos hablando de la relación con la vulnerabilidad y la experiencia de lo inconmensurable que la define, hace imposible la dominación de los otros vivientes. No solo la relación consigo mismo que la caracteriza implica dejar de concebirse como

---

13   La distinción entre la consideración y el respeto se analiza en el capítulo 6.

un señor de la Tierra con todos los derechos sobre el resto de las criaturas, sino que, además, invita a rendir homenaje a la belleza, a servirla y no a someterla, a amarla y no a destruirla.

El sujeto de la consideración no puede sentir ningún placer en ver a un tigre, a un elefante o a una cebra encerrados en una jaula o exhibidos en un espectáculo. Para disfrutar del espectáculo de un animal salvaje detenido en cautividad y obligado, como en los circos y los delfinarios, a hacer proezas para conseguir un poco de comida, hay que estar tan seguro de los propios derechos que uno no se da cuenta del sufrimiento del otro o creer, como pasa con los aficionados a los toros, que ese sufrimiento no puede compararse con el sentido que para ellos tiene la corrida. Se puede admirar a un animal enjaulado, pero esa admiración, en este caso, es superficial. La consideración se opone a toda postura de dominación porque aquella descansa a la vez sobre la humildad y la magnanimidad, y está esencialmente ligada al examen profundo de nuestra condición carnal y de la vulnerabilidad que tenemos en común con los otros seres hechos también de carne y hueso. Lleva también a no despreciar a seres vivientes no carismáticos, como las moscas, sino a reconocerles su belleza y a admirarlos. Rechaza el placer perverso asociado a los espectáculos que muestran a animales que solo están allí para satisfacer la curiosidad del público y que a veces son objeto de mofa atentando a su integridad y a su dignidad. Ese placer nacido de la dominación no tiene nada que ver con el gozo profundo que se siente en la admiración cuando esta arraiga en la consideración y designa una capacidad y no un estado pasajero. El hecho de admirar a un ser es entonces inseparable del placer de verlo desarrollarse plenamente según sus propias posibilidades. La admiración incita al amor porque proviene del amor concebido como una manera de ser y un existencial.

EL AMOR COMO EXISTENCIAL

El cambio radical de la subjetividad

La ética de la consideración implica un proceso de individuación ligado a la relación con el otro, atendiendo a que el otro no es solo aquel que me permite desarrollar mi potencial, como en la relación de maestro a discípulo o en la ciudad; el otro es constitutivo de mi identidad. Esta se cumple en un movimiento que no es autorreferencial y se distingue también de la descentralización de sí mismo propia de la responsabilidad. Este proceso que transcurre por un cambio radical de la subjetividad culmina en el amor —concebido no como una emoción, sino como una estructura de la existencia—. Este es precisamente el desafío de la concepción cartesiana del amor.

A diferencia del simple deseo, el amor es un movimiento por el que «nos consideramos desde el presente como unidos con lo que amamos; de suerte que se imagina un todo, del cual uno piensa ser solo una parte y la cosa amada otra».[14] En lugar de referirlo todo a mí, me siento unido al otro y formo un todo con él. La insistencia de Descartes en la voluntad, que concierne al presente, y no en el deseo, que tiene que ver con el futuro y puede hacernos posesivos, significa que el amor es una intencionalidad específica y que contiene una parte de racionalidad. Para comprender el sentido del amor, hay que mirar al sujeto que lo siente y no el objeto. Como dice Jankélévitch, no son las cualidades del otro lo que explican por qué lo amo, sino que el amor tiene un sentido moral.[15] Amar es, de entrada, considerar el bien del otro como mi bien.

14 R. Descartes, *Las pasiones del alma, op. cit.*, § 80, p. 152.
15 V. Jankélevitch, *Traité des vertus*, t. 2, *Les vertus et l'amour, op. cit.*, p. 173.

La segunda particularidad de la concepción de Descartes reside en el hecho de que hay una unidad de esencia del amor y no una distinción radical entre *eros* o la pasión, *philía* o la amistad y *agapé* o el amor oblativo. Asimismo, los alimentos, el pájaro, el árbol, Dios son por igual objetos de nuestro amor. En cambio, existen formas más o menos mixtas de amor.[16] Cuanto más puro es el amor, menos se mezcla con otras pasiones, como la ambición o el deseo de poseer. Por eso Descartes convierte el amor del buen padre por sus hijos en la más perfecta ilustración del amor: el padre busca el bien de sus hijos con mucha más preocupación que el suyo, «porque, representándose que él y ellos son un todo, del que él no es la mejor parte, prefiere a menudo los intereses de ellos a los suyos y no teme perderse para salvarlos».[17] Este ejemplo muestra igualmente la esencia generosa del amor, que crece y se difunde, y que no es menos fuerte si se dirige a muchos.

El amor es una emoción ligada al encuentro con un ser o con algo cuya existencia alimenta su vida. Modifica al sujeto, que deja de tener su centro de gravedad únicamente en sí mismo y se siente como una parte de un todo. Lejos de ser una simple irradiación del egoísmo, la orientación hacia el otro con la que se inicia el amor implica de entrada una descentralización del sujeto. ¿Hay que concluir que un sujeto cuya ipseidad está fuera de sí y que incorpora, en su corazón, en su voluntad y en su querer vivir, la preocupación por la felicidad y la existencia de otro, está ya dentro de la ética?

El amor implica responsabilidad, es decir, que la relación consigo mismo y la libertad se modifican por la relación con el otro, por la existencia de otro que forma parte de mí. Sin

16 R. Descartes, *Las pasiones del alma, op. cit.*, § 81 y 82, pp. 153 y 154.
17 *Ibid.*, p. 155.

embargo, el amor es más que responsabilidad. Aunque el amor hace responsable, la responsabilidad puede existir sin el amor que requiere la presencia del otro o de los otros. Tienen en común individualizar a los seres, pero no hay que confundirlos porque la responsabilidad, en particular cuando no conozco personalmente a los seres de los que me siento responsable,[18] supone un desplazamiento del sujeto, mientras que el amor es un giro radical de la subjetividad.

En ambos casos, las necesidades del otro y mi respuesta a su llamada constituyen mi ipseidad. Se trata siempre de un movimiento hacia el otro. Sin embargo, en la responsabilidad, soy como rehén del otro, esto es, aun mostrándome sordo a su llamada, no puedo echarme a un lado. En cambio, en el amor, aunque sienta una emoción intensa y una atracción irresistible, sigo siendo libre. El amor, cuando es profundo, es la experiencia simultánea de un inmenso apego y una gran libertad. Designa otra manera de ser de la libertad, otra manera que tiene el sujeto de sentir su existencia, su ser-con-el-mundo-y-con-los-otros. Por eso hablamos de un cambio radical de la subjetividad: no se trata de un simple desplazamiento o de un salirse de sí mismo ni de una revolución en que lo que estaba arriba ahora está abajo, sino de una apertura de sí a partir del otro y de un ahondamiento del sujeto que siente en su corazón y en su carne esta presencia del otro o de los otros.

En el amor, no voy simplemente hacia el otro, que es trascendente o cuya alteridad está fuera de mi alcance, sino que me siento transportado por dentro, íntimamente afectado por lo que le ocurre y que también me ocurre. Porque lo pensamos como un cambio radical de la subjetividad y como un ahonda-

18 Pensamos en las generaciones futuras, en las otras especies, en las personas a las que causamos indirectamente daños por la contaminación o por la compra de productos hechos en fábricas que no respetan los normas ambientales y sociales, etc.

miento de nuestra condición carnal, de nuestra vulnerabilidad, el amor contiene en sí la promesa de una extensión hacia los otros seres y puede ser sinónimo de consideración.[19] En otras palabras, la consideración es el amor en cuanto es un existencial y en cuanto su horizonte es el mundo común.

El amor como celebración del mundo

Lo que debe atraer nuestra atención no es la necesidad que tenemos de amar y de ser amados, sino que el amor cambia al sujeto y la cualidad de nuestra presencia en el mundo que hace posible, así como las emociones a las que nos vuelve sensibles. Descartes, una vez más, nos ilustra el camino cuando escribe:

> Pues, aunque es verdad que no podamos imaginar nada de lo que hay en Dios, que es el objeto de nuestro amor, sí podemos imaginar ese amor en sí, que consiste en que deseamos unirnos a determinado objeto, es decir, en lo que a Dios se refiere, a considerarnos como una parte insignificante de toda la inmensidad de las cosas que ha creado.[20]

19 Aunque pensemos que el amor concebido como existencial conduce al amor a los otros vivientes y en este sentido entra ya en el ámbito de la consideración, sigue siendo cierto que, la mayoría de las veces, restringimos nuestro afecto a unos pocos seres y que, en la práctica, el amor rara vez nos abre a la consideración, que supone que el mundo común ha de ser el horizonte de nuestros pensamientos y de nuestras acciones y que se caracteriza por la transdescendencia. Como veremos en el próximo capítulo, la transdescendencia es la experiencia de lo inconmensurable con relación al cual el sujeto se siente finito y requiere una profundización de sí que abre a la conciencia del vínculo entre las generaciones y todos los vivientes. El amor puede ser una de las vías de la transdescendencia, pero eso lo ilustraremos sobre todo con otras experiencias que son sus vías privilegiadas, en particular aquellas en las que el sujeto experimenta su pasividad.

20 R. Descartes, *Correspondencia con Isabel de Bohemia y otras cartas, op. cit.*, p. 239.

La mayoría de las veces, no sentimos esta comunidad con los otros seres ni esa pertenencia a un vasto universo, porque tenemos una percepción parcial de nosotros mismos, pensamos y vivimos refiriendo nuestras sensaciones y nuestras emociones a nuestro ego y, por lo tanto, imaginando que todo lo que existe debe estar al servicio de nuestros intereses egoístas. Amamos con una parte superficial de nosotros y, en consecuencia, de manera superficial. Esto no quita nada a la intensidad de nuestras emociones. En cambio, nuestro vacío interior puede explicar el carácter exclusivo y pasional de nuestros apegos y favorecer la eclosión de emociones negativas como los celos. Asimismo, el amor que sentimos por un ser o por nuestros prójimos nos lleva a menudo a verlos como si constituyeran la totalidad del universo, lo que explica que el conjunto de los vivientes y el mundo común no entren en la esfera de nuestra consideración.

Decir que la vocación del amor es extenderse a las otras criaturas no significa que debamos hacer abstracción de la individualidad de un ser. Al contrario, el amor individualiza al que ama y al amado. No conduce ni al misticismo ni a la fusión con la creación. Además, nuestros afectos humanos no son, como sucede en Malebranche, un simple trampolín hacia el amor de Dios, como si este último y el amor por el todo fueran superiores al apego que sentimos por cualquier otro mortal. Cuando Descartes escribe que Dios puede ser el objeto de nuestro amor más puro, quiere decir que el amor denota un proceso de subjetivación que puede permitirnos reconocer y percibir nuestra pertenencia a una comunidad que reúne a todos los vivientes.

El hecho de sentir, con el amor, que somos una de las partes insignificantes del universo nos da la idea de nuestra pequeñez y subraya también la separación entre los seres.[21] El sentimiento de estar íntimamente ligado a otro a través de su cuerpo es, en efecto, indisociable del reconocimiento de la separación de los seres y hasta del temor a que el otro pueda morir. Asimismo, si reservamos nuestro afecto y nuestro amor a unas pocas personas, esta experiencia subjetiva del mundo y del ser-con-el-otro-y-para-el-otro es ya la prueba del mundo no solo porque no hay amor humano que no se haya vivido fuera de una sociedad y de una época, sino también porque el amor, por la profundización de sí mismo que implica, contiene la posibilidad de una extensión a los otros seres mortales, hechos de carne y hueso. Por eso el amor es propio de la consideración o bien es un camino que lleva a ella. Y a la inversa, la consideración cumple la promesa del amor que deviene celebración del mundo.

Nadie ha expresado mejor que Francisco de Asís esta esencia generosa del amor, que se dirige a todas las criaturas y pasa por la experiencia de su propia vulnerabilidad. En su *Cántico de las criaturas*, habla del hermano Sol, de la hermana Luna. El amor es pensado como el producto de una transformación interior que concierne a la relación consigo mismo, a la aceptación de la propia condición terrena y carnal y al reconocimiento de una comunidad de destino compartida por todos los vivientes y vinculada a la muerte, a la que Francisco de Asís también llama «hermana». Esta concepción del amor y de la subjetividad no supone necesariamente la fe, pero exige que la ética se apoye sobre una ontología.

Así, para comprender el sentido del amor al prójimo, que no designa una moral del deber o un mandamiento y no se emparenta ni con la pasión ni con el amor al semejante, sino

---

21 *Ibid.*, pp. 104-105.

que se refiere, como en la parábola del buen samaritano, al primero en llegar, es preciso asentar la ética en una concepción ancha de la subjetividad. Amar al prójimo como a sí mismo no es amarlo tanto como uno se ama a sí mismo, sino amarlo como si fuera una parte de uno mismo, acoger al otro en sí, incluido el extranjero o el enemigo. Este amor, que echa raíces en una subjetividad expandida, no debe ser chovinista ni ha de limitarse a los seres de nuestra especie.

LA EXPANSIÓN DEL SUJETO

Conocimiento y dicha

Como en las morales eudemonistas y como en Descartes, la virtud en Spinoza es inseparable de una forma de autocumplimiento y felicidad. El bien no va al encuentro de lo útil o de lo que conviene al individuo: acrecienta su poder y hace más intensa su existencia. La virtud, lejos de oponerse al bienestar del individuo, se instala en el corazón mismo de su *conatus*, es decir, de su deseo de existir. Es indisociable de una felicidad que amplifica y asocia el amor al conocimiento.

Esta ética no exige el heroísmo por parte del sujeto, sino una modificación del régimen de su afectividad. Esta transformación de sí, que es el resultado del conocimiento y de la acción de la razón sobre los afectos, concierne al conjunto de la persona, porque nuevos afectos aparecen y la imaginación misma participa en la reorganización del funcionamiento psíquico, expandiendo poco a poco al sujeto.

Al comienzo del libro v de la *Ética*, Spinoza describe esta acción de la razón que lleva a un individuo a liberarse de los males que sufre a causa del desajuste de la afectividad.[22] Todos estamos en principio animados por afectos negativos a los que Spinoza da el nombre de pasiones para subrayar su carácter alienante, el hecho de que nos privan de libertad y nos hacen infelices. Dominados por afectos negativos, somos presas de la envidia y nuestros mismos amores son tormentosos e inestables, porque tendemos a erigir el objeto de nuestro amor en absoluto. Lo adoramos cuando cede a nuestros deseos, lo vemos como la causa única de nuestra felicidad y, cuando se aleja, lo acusamos de ser la fuente de todas nuestras desgracias y lo odiamos. Pero esos afectos negativos reflejan una manera de pensar errónea.

El conocimiento de todo lo que determina nuestras pasiones y el hecho de atribuirlas a un conjunto de causas, y no a una sola entidad, cambia nuestra percepción de las cosas y de nosotros mismos. Vinculando un afecto a varias causas y percibiéndonos a nosotros mismos como una parte del todo, enriquecemos nuestras inversiones afectivas y la dicha de existir se intensifica.[23] Cuando el individuo ve el mundo desde un punto de vista que ya no es accidental y parcial, sino global y necesario, considera cada vez más cosas a la vez. Esta dinámica de la imaginación refuerza la actividad del alma y la hace más resistente. Al término de este proceso aparece un afecto que puede ocupar todo el campo de nuestra vida afectiva: el amor a Dios *(amor erga Deum)*. Representa la

---

22   B. Spinoza, *Ética demostrada según el orden geométrico,* Madrid, Editora Nacional, 1980, Parte v, p. 351. Podemos dividir el libro v en dos partes y considerar que la primera, que llega hasta el amor a Dios, comprende las proposiciones I-XX, mientras que a partir de la proposición XXI, comienza la segunda parte, en la que Spinoza habla del amor intelectual a Dios. Véase P. Macherey, *Introduction à l'Éthique de Spinoza. La 5ᵉ partie, les voies de la libération*, París, PUF, 1997.
23   B. Spinoza, *Ética*, v, proposiciones x a XIV, *op. cit.*, pp. 364-369.

comprensión y el amor a la realidad entera, y no el apego a una u otra de sus partes.[24] Asociando todo lo que le adviene con la idea de Dios o del todo, el alma se siente feliz. No solo se produce una aceptación razonada de los acontecimientos que ella se representa como necesarios, sino que, además, ese conocimiento genera un sentimiento creciente de exaltación. En Spinoza, Dios no es un ser y puede ser identificado con el todo y con la fuerza creadora que hay en cada individuo. Visto así, se comprende que ensanchando su punto de vista sobre la realidad que lo rodea, el sujeto se percibe como una parte del todo y se percata de lo que lo une a los otros humanos, ellos también «unidos a Dios por el mismo vínculo del amor».[25]

La liberación de sí que permite pasar de la servidumbre a un estado más grande de libertad interior es la primera etapa de ese proceso de individuación que conduce al amor intelectual de Dios *(amor intellectualis Dei)*, del que trata el final del libro v de la *Ética*.[26] Esta primera etapa, que ayuda al individuo a vaciarse de sus pasiones tristes no consiste en controlar su afectividad a través de un esfuerzo de voluntad ni en eliminar las emociones y los afectos, sino en modificarlos. Más concretamente, el conocimiento de las causas y la expansión del sujeto que ese conocimiento genera produce afectos positivos que cambian el régimen de la vida interior. El sujeto es más activo, porque ve las cosas a mayor distancia, en lugar de sentirse impresionado o «siderado» por lo que su realidad supone de particular. También sus preocupaciones e intereses fundamentales se expanden. Por eso el amor a Dios, que es un afecto que unifica la vida afectiva, se apoya en la representación de un bien común a todos los seres humanos

24   *Ibid.,* proposiciones xv y xvi.
25   *Ibid.*, proposición xx.
26· *Ibid.*, proposición xxxiii.

y esa vida afectiva está llamada a convertirse en una práctica colectiva que reúne la ética y la política.[27] El perfeccionamiento ético del individuo va acompañado del hecho de unirse a otros individuos, de sentirse solidario con ellos y concebirse como miembro de una comunidad de individuos que persigue el mismo fin.

El amor es un afecto derivado: lo produce la expansión del sujeto y la dinámica consistente en referir las imágenes de las cosas a una sola. El conocimiento genera ese afecto por el que el alma deja de estar centrada en sí misma y se expande, abandonando el mundo privado y limitado de sus afectos primarios para interesarse por otros objetos. Todos los sentimientos se transfiguran por ese afecto positivo que es el amor a Dios, fruto de la alianza o de la conjunción de la facultad de imaginar con la facultad de comprender. El conocimiento de las causas y la conciencia de que los otros forman parte del todo aumentan la potencia de ser del sujeto, es decir, tanto su actividad como su deseo de existir. El conocimiento se transforma en amor. Porque no se puede comprender *(intelligere)* verdaderamente lo real sin amarlo *(amare)*.[28] El amor intelectual de Dios es esa comprensión intuitiva de lo real que permite ver las cosas singulares a partir del todo y amarlas. Se pasa de la satisfacción o *acquiescentia,* que mide el impacto del conocimiento sobre la afectividad, a la dicha *(laetitia)*, que da razón del poder transformador de ese amor producido por la comprensión del todo.

Mientras que una dicha parcial *(titillatio)* afecta solo a una parte del alma y se limita a un objeto, la dicha global *(hilaritas)* afecta al sujeto en su totalidad, incluida la dimensión

27 *Ibid.*, proposición XX.
28 *Ibid.*, proposición XXXII y corolario.

2. Un proceso de individuación

corporal de su existencia, y esa dicha nace de la aprehensión del mundo a partir del todo. La *hilaritas* se caracteriza porque no hay separación entre la emoción y el mundo, a diferencia de lo que suponemos habitualmente cuando calificamos un acontecimiento como dichoso, sugiriendo que ese sentimiento es puramente subjetivo.[29] Es el resultado de un proceso que asocia el conocimiento de sí mismo, el conocimiento del mundo y la transformación completa de la propia afectividad. No describe un estado de ánimo, sino la manera en que se percibe y se siente el mundo cuando es pensado ensanchando su visión. La conciencia de sí, indisociable de la inteligencia del todo, supone que uno se conciba como una parte de la naturaleza, lo cual modifica en profundidad al yo y sus relaciones con los otros y con el mundo.

La ecosofía

Arne Næss ha traducido en términos contemporáneos el pensamiento de Spinoza insistiendo sobre el vínculo existente entre nuestra interpretación de lo real, la percepción de nosotros mismos en el seno de la naturaleza y del mundo y las emociones, es decir, también nuestras valoraciones y nuestro comportamiento. Por eso habla de «ecosofía»: no se trata solo de un simple ejercicio de conciencia ecológica, sino también de un saber vivido que lleva del conocimiento de nuestras interacciones con los otros vivientes y con el medioambiente a la sobriedad, es decir, a un modo de vida ecológicamente responsable y satisfactorio.

29   A. Næss, *Life's Philosophy. Reason and Feeling in a Deeper World*, Athens, The University of Georgia Press, 2002, pp. 171-175.

La ecosofía es una «cosmovisión filosófica o un sistema inspirado por las condiciones de vida en la ecosfera».[30] Como en Spinoza, la comprensión profunda del vínculo que nos une a otras formas de vida cambia la percepción de nosotros mismos, nuestra relación con los otros y con la naturaleza, nuestra ética y nuestra política. Nos hace ver el carácter limitado de nuestras representaciones antropocéntricas. La ecosofía genera afectos positivos, como la dicha, la gratitud y la admiración, que no son ni estados de ánimo ni pasiones, sino el fruto de esta nueva aprehensión de nosotros mismos y de la realidad. El sentimiento de autorrealización que experimentamos contemplando y protegiendo la naturaleza genera aspiraciones que nos conducen a preferir la cualidad a la cantidad y a no intentar acumular bienes materiales.

Lo que desaparece en el transcurso de este proceso de individuación es el deseo de imponerse aplastando al otro y tratando la naturaleza y a los otros vivientes como recursos de los que sacar el máximo provecho. Por eso esta forma de subjetivación está emparentada con la consideración. La belleza de la naturaleza y la plenitud de otras formas de vida son experimentadas como parte activa de nuestro propio bienestar y de nuestra plenitud. En este contexto, la protección de la naturaleza, la solidaridad con el otro y el conjunto de los rasgos de carácter que se oponen a la dominación no son muestras del natural pacífico de un individuo, sino que emanan de un proceso de individuación. Así se concreta el vínculo existente entre la realización de sí mismo y la no-violencia, entre el poder de actuar *(power to)* y la desaparición de la voluntad de ejercer el poder sobre otro *(power over).* [31]

30   *Id.*, *Ecología, comunidad y estilos de vida. Esbozos de una ecosofía*, Buenos Aires, Prometeo, 2018, p. 80.

31   *Id.*, *Life's Philosophy, op. cit.*, pp. 173-174.

Cuando consideramos que las otras formas de vida son partes de nosotros mismos, nos identificamos con ellas.[32] Esa identificación que transforma la subjetividad no es una manera de proyectarnos sobre la naturaleza y los demás vivientes.[33] Significa que, manteniendo la diferencia entre ellos y nosotros, comprendemos nuestra interacción con ellos y nuestra dependencia respecto de la biosfera. Esa forma de articular conocimiento y afectividad promueve una sabiduría de habitar la Tierra, una ecosofía. El planteamiento ecológico que de ahí se sigue no es punitivo, como sucede cuando los preceptos morales que nos recuerdan que debemos ser sobrios y reciclar los desechos son vividos como coacciones. Tampoco se trata de enunciar normas ecológicas partiendo de principios abstractos, como el respeto de la naturaleza o la protección de la biodiversidad. Esas normas se articulan con una comprensión profunda del vínculo que nos une a otras formas de vida. Y el sujeto las incorpora. La brecha entre la teoría y la práctica, el pensamiento y la acción, la racionalidad y las emociones, el deber y la felicidad se reduce o desaparece para dejar paso a una forma de eudemonismo vinculada al hecho de que la persona experimenta un sentimiento de cumplimiento de sí protegiendo la naturaleza y consumiendo de otra manera.

Así, el humano no protege la naturaleza para realizarse; se realiza protegiendo la naturaleza. El proceso de individuación que lleva al sujeto a incorporar la preocupación por los otros

32 *Id.*, «Identification as a Source of Deep Ecological Attitudes», en M. Tobias (ed.), *Deep Ecology*, San Diego, Avant Books, 1985. Véase también *Une écosophie pour la vie. Introduction à l'écologie profonde*, París, Seuil, 2017, pp. 91-96, pp. 281-325. E. Gamlund, «Who Has Moral Status in the Environment? A Spinozist Answer», en *The Trumpeter* 23, 1, 2007.

33 C. Diehm, «Arne Næss, Val Plumwood, and Deep Ecological Subjectivity. A Contribution to the "Deep Ecology-Ecofeminism Debate"», en *Ethics and Environment* 7, 1, 2002, pp. 25-28.

y por la naturaleza en la preocupación por sí mismo explica que no haya una ética de las virtudes medioambiental separada de las demás éticas centradas en las relaciones intersubjetivas. Como la expansión del sujeto tiene consecuencias en todas sus relaciones con los otros, es arbitrario excluir nuestras relaciones con los animales considerados individualmente de esa sabiduría de habitar la Tierra. Por eso, contrariamente a la filosofía medioambiental de Næss, la ética de la consideración no separa la ecología de la causa animal.

La ecosofía no es una doctrina única que deba imponerse a todos. Cada uno debe desarrollar la suya. Arne Næss no niega que ciertos conocimientos y ciertas nociones, como el valor intrínseco de la naturaleza o la igualdad de las culturas y de las formas de vida, puedan proporcionar puntos de referencia útiles a todos. Sin embargo, las normas no son el punto de partida de la ética. Esta debe fundarse en una comprensión profunda de sí mismo y de nuestra relación con la naturaleza que conlleva una dimensión ontológica, pero nos remite a todos al proceso de individuación descrito por Spinoza. Cuando se ha andado este camino, el individuo puede proponer su ecosofía que se traducirá en principios o normas que pueden orientar la acción individual y colectiva.[34]

La ecosofía se apoya en conocimientos filosóficos y científicos; es, pues, racional, aunque el conocimiento, como hemos visto, conlleva una dimensión afectiva o ejerce algún impacto en nuestros afectos. Sin embargo, la ética no se funda en la ciencia o en la filosofía; se apoya ante todo en la experiencia que el sujeto tiene del mundo y de sí, en sus representaciones intelectuales, sus valores y sus emociones. Es nuestra

---

34 Næss llama «ecosofía T» a su ecosofía personal que se presenta como una posibilidad, ofrecida a los otros, de vincular la ética y la política a su forma de entender la relación de los humanos con la naturaleza.

apreciación subjetiva de las cosas, lo que llamamos valores y que son más bien evaluaciones, lo que constituye el origen de nuestro comportamiento en materia medioambiental. Las normas medioambientales dependen de nuestras creencias y de nuestras hipótesis sobre las relaciones de interdependencia existentes en el seno de la biosfera.[35] Es, pues, importante clarificar las representaciones intelectuales que subyacen a nuestras posturas ecológicas y que se expresan en nuestros juicios de valor, nuestras emociones y nuestro comportamiento. Como escribe Arne Næss, «la clarificación de las diferencias en ontología puede contribuir de manera significativa para la clarificación de políticas diferentes y de sus bases éticas».[36] Los argumentos que justifican la adopción de modos de consumir más sobrios no bastan para motivar a la gente a cambiar sus estilos de vida. Por eso necesitamos explicitar las concepciones ontológicas que condicionan nuestros valores y nuestras normas y se vinculan a *nuestra* comprensión de nosotros mismos y a nuestro estar-en-la-naturaleza. Ahora bien, estando atentos a las emociones que nos mueven a actuar y conectan hechos y valores, podemos alcanzar una mayor conciencia de la manera en que interpretamos lo real.[37]

Las emociones negativas

Si deducimos las consecuencias de lo que se ha dicho sobre el vínculo entre la relación con uno mismo y el carácter derivado de los afectos, comprendemos que la *hýbris* y la violencia no son inevitables. Las condiciones sociales y económicas

35 A. Næss, *Ecología, comunidad y estilo de vida, op. cit.*, p. 126.
36 *Ibid.*, p. 116.
37 *Ibid.*, p. 119s.

son por supuesto elementos determinantes en la explosión de la violencia, pero los principales obstáculos para la transición a otro modelo de desarrollo, para la reconstrucción de la democracia y para la paz vienen de nosotros. Acampados en nuestras posiciones, rara vez adoptamos un punto de vista amplio que nos permita dialogar con los otros y llegar a acuerdos sobre temas que dividen a la sociedad, como la ganadería, la producción y la distribución de productos agrícolas o la organización del trabajo. Solo raras veces formulamos las ideas que explican nuestras posiciones ideológicas y nuestro comportamiento ecológico. Nos comportamos la mayor parte del tiempo como si los otros vivientes fueran solo medios al servicio de nuestros fines y no conseguimos librarnos de nuestras pasiones tristes. Al no pasar ni tan solo por la primera etapa del proceso de individuación que describe Spinoza, no disponemos del grado de libertad interior que se requiere para ejercer nuestra capacidad de actuar. Por eso tenemos miedo al otro y nos tienta la dominación y la violencia.

Por todas esas razones, importa desarrollar una ética que ponga a las personas sobre el camino de la consideración, aunque no alcancen la realización de sí mismos de la que habla Spinoza al final de la *Ética*. Una de las vías de acceso a la consideración consiste en prestar atención a la dimensión cognitiva de las propias emociones, a fin de sacar a la luz el juicio moral que contienen. Una actitud así, accesible a todos, ayuda a tener relaciones más constructivas con el otro y a deliberar buscando soluciones que puedan tener algún sentido para la comunidad. Conociéndonos mejor y mirando con perspectiva las propias reacciones inmediatas, se es más capaz de evitar la sumisión y la dominación y es posible abandonar la violencia. Excepto en situaciones excepcionales en las que es la única salida que puede poner fin a una situación de dominación que impide cualquier diálogo, la violencia es el resultado de nuestra incapacidad de entender nuestras emociones.

Esta inteligencia de nuestras emociones es particularmente importante cuando son negativas. Por supuesto, Spinoza sostiene que los afectos negativos, como la envidia, los celos, el resentimiento o el odio no se fundan en un verdadero conocimiento de sí mismo. No obstante, se puede destacar el valor al menos instrumental de la tristeza, del miedo o de la vergüenza. Quizá no sea posible reformarse sin pasar por estas emociones negativas que nos abren los ojos a los defectos que padecemos y a lo que debemos corregir. Por eso importa tenerlas en cuenta cuidadosamente, sin someternos a ellas, aunque tampoco sin asimilarlas, como hace Spinoza, a la ignorancia.

La importancia dada la humildad implica que no es posible deshacerse de las propias ilusiones gracias solo al conocimiento. El conocimiento hace posible que el sujeto crezca y se realice sin tener necesidad de dominar al otro, pero no lo ayuda a permanecer en la consideración en todas las circunstancias. La consideración, a diferencia de la felicidad en Spinoza, no se adquiere nunca de forma definitiva y debe ser recordada constantemente al sujeto. Este debe habituarse a emprender los caminos de la consideración sabiendo que es fácil desviarse de la ruta, sobre todo en ese mundo nuestro que ofrece tantas posibilidades de distracción, favorece la competencia entre los individuos y alienta la adicción al consumismo. Es, pues, importante estar siempre vigilantes para que nuestros actos concuerden con nuestros valores y reafirmemos nuestra capacidad de actuar sin dominar a los otros. Por eso la ética de la consideración se desmarca del pensamiento de Spinoza, que en este punto permanece cercano a las morales antiguas.

Además, aunque es verdad que ensanchando el punto de vista nos distanciamos de nuestros intereses individuales, no es seguro que podamos despedirnos del miedo a la muerte tan fácilmente como piensa Spinoza.[38] Ni siquiera es seguro que se deba. Una ética fundada en un sujeto relacional impone por supuesto interesarse por lo que podemos transmitir a los otros y por las consecuencias de nuestros actos en el mundo común en lugar de vivir pensando que nuestra propia muerte es el fin del mundo.[39] En este sentido, Spinoza tiene razón. Sin embargo, aunque el temor por la propia vida debe ser relativizado, el temor por el mundo, así como el miedo a hacer el mal, directa o indirectamente, no solo tienen sentido, sino que son, además, condiciones de la responsabilidad. Asimismo, aunque la ética de la consideración no debe confundirse con una técnica que ayude al sujeto a sustraerse al miedo a morir, eso no excluye que la finitud y la conciencia de la precariedad de la existencia desempeñen un papel determinante en el proceso de maduración que lleva a la desaparición de la dominación. Es importante, por lo tanto, precisar el papel exacto que desempeñan la vulnerabilidad y la relación que cada uno mantiene con la muerte en la práctica de la consideración.

38 B. Spinoza, *Ética*, v, proposición xxxviii.
39 C. Pelluchon, *Les nourritures, op. cit.*, pp. 76-77, 314, 347-348.

SEGUNDA PARTE

Prácticas de la consideración

3. Transdescendencia, vulnerabilidad y mundo común

La muerte no es aniquilación, sino cuestión necesaria para que se produzca esa relación con lo infinito o con el tiempo.

EMMANUEL LÉVINAS, *Dios, la muerte y el tiempo*

LO INCONMENSURABLE Y LA TRANSDESCENDENCIA

Prudencia y consideración

¿Se puede tener el arte de la mesura sin tener experiencia de la inconmensurabilidad? ¿Es el individuo, gracias a su manera de ser y a sus rasgos de carácter, el principio de la mesura o es preciso reconocer que no hay mesura sin un inconmensurable en relación con el cual el sujeto se concibe finito? Y en este caso, ¿qué se entiende por inconmensurable? Estas preguntas ponen de relieve la oposición entre la doctrina aristotélica de la prudencia y la noción de la consideración tal como la piensa Bernardo de Claraval, para quien la relación con Dios es la base de una correcta relación consigo mismo y con los otros. Aunque pensemos, como él, que la consideración implica la experiencia de lo inconmensurable, no la hacemos reposar sobre la fe, sino sobre el mundo común conocido como el horizonte de los actos y los pensamientos de la persona. Mostrando que la consideración no es una virtud, a diferencia de la prudencia, sino la piedra angular de todas las virtudes, y que designa una estructura de la existencia vinculada a una determinada manera de configurar el tiempo y a la transdescendencia,[1] podremos comprender qué lugar ocupa en esta ética nuestra relación con la muerte.

Al concebir la prudencia como una virtud intelectual y no como una virtud moral, que se reduciría a la búsqueda de medios proporcionados a un fin, Aristóteles responde por adelantado a la objeción de Kant que opone la habilidad *(Klugheit)* a la moralidad. La *phrónesis* no es la sagacidad *(Einsicht)* que es «el conocimiento consistente en reunir todos esos propósitos *(Absichten)* para el propio provecho duradero *(Wohlsein)*».[2] Tampoco puede ser asimilada a la circunspección,

---

1 Esta noción se encuentra en Jean Wahl, que la distingue de la transascendencia o la ascensión hacia un más allá, hacia la transcendencia. La transdescendencia describe un movimiento descendente a las profundidades de sí mismo y de la naturaleza. No es un descenso a lo oscuro, como en Lévinas que habla de ella a propósito del arte, diciendo que no revela la esencia de las cosas, sino que explora la sombra fantasmal de la realidad (véase «La realidad y su sombra», en *Los imprevistos de la historia*, Salamanca, Sígueme, 2006). Como para Wahl, la transdescendencia no tiene un significado negativo en esta obra. Sin embargo, designa más una profundización que un descenso, aunque pasa por la exploración de lo que hay por debajo del lenguaje. En efecto, el conocimiento de sí descubre la conciencia de pertenecer a un mundo común que engloba el conjunto de las generaciones y subraya nuestra comunidad de destino con los otros vivientes. Apoyándose en la experiencia de nuestra vulnerabilidad y en nuestra sensibilidad, incluso en las capas arcaicas del psiquismo, ese percatarse de pertenecer al mundo común se convierte en un saber vivido que conduce a una acción volcada al futuro, hacia nuestros descendientes.

2 I. Kant, *Fundamentación de la metafísica de las costumbres*, Barcelona, Ariel, 1999, p. 161, nota.

es decir, a la precaución que caracteriza a aquellas y aquellos que reflexionan antes de actuar. Se trata de una figura de la verdad tal cual se da en el terreno de la práctica.[3] En otras palabras, el hombre prudente no solo elige los medios más adaptados a la situación, sino que pone también los fines ante nuestros ojos, como dice Tomás de Aquino al hablar de la *praestitutio* («predeterminación del fin»).[4] Llevando a cabo una acción prudente, el *phrónimos* proyecta sin cesar ante nosotros, como envuelto en una luz viva, lo que debemos ser y lo que debemos hacer. El medio es también el fin, que está asegurado por la virtud del hombre prudente.

Sin embargo, la doctrina aristotélica de la prudencia sigue siendo enigmática. Aristóteles dice que hay que ser prudente para ser moderado, animoso y justo, pero no muestra cómo se llega a ser prudente, a menos que nos inspiremos en aquellos que poseen esa virtud y tienen el hábito de actuar de forma prudente. Asimismo, la pregunta sobre cómo una virtud intelectual puede devenir *enérgeia*, actividad o acto, sigue sin respuesta. Lo que hemos dicho en los capítulos precedentes sobre la humildad nos ha permitido comprender por qué la prudencia y la deliberación correcta no son suficientes para «controlar los afectos, moderar la conducta, ennoblecer y ordenar la vida».[5] Se trata de ver ahora cómo la consideración incluye la prudencia y la funda.

La consideración no consiste tanto en la captación del momento oportuno como en la experiencia, aquí y ahora, de lo que mantiene unidos los tres tiempos. Esa agrupación,

---

3   E. Martineau, «Prudence et considération, un dessein philosophique de saint Bernard de Clairvaux», en *Les études philosophiques*, 1, 1980, p. 27.
4   *Ibid.*, p. 31ss. Emmanuel Martineau cita a Tomás de Aquino, cf. *Suma de teología* II, Cuestión 66, a. 3, respuesta 3, BAC, Madrid, 1989, p. 496.
5   B. de Claraval, *Tratado sobre la consideración*, I, 8, *op. cit.*, p. 71.

que es al mismo tiempo una apertura a lo real, explica que
el sujeto de la consideración esté atento al presente y sea
prospectivo mientras conserva la memoria de lo que ha sido.
Asimismo, llega a saber lo que es preciso hacer mediante una
visión de conjunto que abarca los detalles de la situación así
como a anticipar las consecuencias de la acción y de la decisión.[6] Pero lo que le permite configurar el tiempo o más bien
la temporalidad es la experiencia de la inconmensurabilidad.

La consideración caracteriza la relación consigo mismo en
cuanto está mediatizada por la experiencia de lo inconmensurable, que remite, en Bernardo de Claraval, a la transcendencia.
Para nosotros, se trata del mundo común: compuesto por el
conjunto de las generaciones y de los vivientes, es como una
transcendencia en la inmanencia e implica la comprensión
del vínculo que nos une a los otros seres. En la consideración,
el individuo parte de sí y vuelve a sí, pero la experiencia
de lo inconmensurable, que es inseparable de la conciencia de
su finitud, lo saca de su centro y desborda su vida individual.
Por eso no puede decirse que la consideración se anticipe a la
preocupación heideggeriana.[7] Porque no es la preocupación
por sí mismo concebida como anhelo de afirmar la propia
autenticidad lo que le aporta al individuo el arte de la mesura
que lo ayuda a evaluar las situaciones, a anticipar el futuro, a
saber cómo comportarse con los otros. Para tener mesura, es
necesario referirse a lo inconmensurable. Ahora bien, nuestra
propia muerte no es este inconmensurable que puede permitirnos configurar el tiempo destapando el futuro, porque no

6   *Ibid.*, p. 69: «Además, viene a ser lo más útil para todo. Porque incluso sabe
anticiparse en cierto modo (*praeagendo*), a la misma acción, ordenando de antemano (*praeordinat*) lo que se debe hacer mediante una eficaz previsión».

7   Emmanuel Martineau considera a Bernardo de Claraval precursor de Heidegger al final de «Prudence et considération», *op. cit.*, pp. 41-44.

hace más que traernos de vuelta a nosotros mismos, mientras que la consideración significa que el sujeto se abre él mismo a una verdad que lo supera —la transcendencia divina o nuestra descendencia y el mundo común.

La temporalidad propia de la consideración no se parece, por lo tanto, a la *Ekstase* heideggeriana. La anticipación de la que es capaz el sujeto de la consideración no viene del sentimiento de urgencia que tendría por su miedo a que le faltara tiempo para llevar a cabo lo que más desea ni tampoco de la conciencia de su muerte. El horizonte de quien vive en la consideración es el infinito: Dios, para Bernardo de Claraval; el mundo común, «la ligazón de alguna manera umbilical de los vivientes»,[8] en nuestra ética. Esa relación con el infinito, que el sujeto no puede medir pero que da peso y sentido a su existencia lo ayuda a mantener la mesura en todo, a situarse y actuar de la mejor manera posible aquí y ahora. Esta relación con lo inconmensurable explica que sea capaz de juzgar las situaciones desde la altura y la perspectiva necesarias y lo invita a corregirse. No es una verdad relativa a sí mismo (o al *Dasein*) lo que funda su relación con el tiempo, sino que es la relación con el mundo común y el conjunto de las generaciones lo que confiere a su existencia una especie de inmortalidad terrestre, como dijo Hannah Arendt. Nuestra propia muerte no es el futuro a partir del cual podríamos recomponernos, sino que es el futuro del mundo común lo que se abre con esta relación con lo inconmensurable y hasta con la relación que tenemos con nuestra propia muerte, lo cual significa que la conciencia de nuestra mortalidad puede darnos el deseo de transmitir un mundo habitable.

---

8 Tomamos esta expresión de P. Ricœur, *Lo voluntario y lo involuntario, op. cit.*, II, p. 469.

La consideración como transdescendencia

Deliberar correctamente no nos permite mantener de forma duradera el sentido de la mesura en nuestra manera de consumir, de repartirnos la riqueza y los honores e interactuar con las otras especies. La moral, la economía y la política requieren discernimiento, que supone una ponderación de los afectos que va más allá del hecho de evitar el exceso y el defecto. Ese ojo interior gracias al cual el sujeto se escruta a sí mismo y toma en consideración el mundo lo lleva a examinar todo con prudencia, de manera justa y equitativa; lo enseña a apreciar el valor y a tratarlo de acuerdo con lo que significa.[9] El discernimiento exige que hagamos el esfuerzo de juntar y corregir nuestras representaciones purificando nuestro espíritu y nuestro corazón, pero lo que ayuda a una persona a poseer esta justa estimación *(aestimatio)* de sí misma y del mundo, y a evitar el abuso de poder, es su relación con lo inconmensurable.

Este es el sentido de la distinción que hace Bernardo de Claraval entre tres tipos de consideraciones:[10] la dispensativa *(dispensativa)*, que provee a las necesidades del cuerpo y de la comunidad política y utiliza los sentidos y las realidades materiales para bien de todos, cosa que corresponde a la vida familiar, social y política; la estimativa *(aestimativa)*, que se refiere al discernimiento y al sentido del límite; la especulativa *(speculativa)*, que él identifica con la contemplación de Dios, es decir, con el conocimiento de las verdades reveladas y el establecimiento de una relación personal con la transcendencia.

9 B. de Claraval, *Tratado sobre la consideración*, I, 8, *op. cit.*, p. 70s; III, 2, p. 121. Véase también Ignacio de Loyola, *Nueva edición del texto autógrafo de los Ejercicios Espirituales de san Ignacio de Loyola*, Bilbao, Sal Terrae, 2010. San Pablo, *Carta a los Corintios*, I, 12,10.

10 B. de Claraval, *Tratado sobre la consideración*, V, 4, p. 191.

La condición de una relación justa consigo mismo, con los otros y con la naturaleza es la consideración, que es «el íntimo dinamismo y el meollo de todas las virtudes»[11] y lo que determina la acción correcta en la vida personal, social o política.

Estas tres especies de consideración no designan tres esferas separadas de la existencia: la economía y la política, la reflexión moral, la espiritualidad o la relación con lo que nos supera. No solo es indispensable la consideración para la buena conducta en todos estos dominios, sino que, además, ninguno de ellos ha de descuidarse o despreciarse, a diferencia de lo que proponen las morales contemplativas que afirman la superioridad de la especulación sobre la acción y de la vida política sobre la familiar. No se trata de una dialéctica, como si se pasara sucesivamente de una etapa a otra y la última fuera una síntesis de las dos anteriores que las suprimiera superándolas, como en la *Aufhebung* hegeliana. Cada dominio tiene su propio valor y la consideración se ejerce plenamente en cada una de nuestras actividades, aunque sean las más humildes.

Sin embargo, la acción política y la economía están desreguladas y nuestro conocimiento del mundo y de nosotros mismos es erróneo cuando no vivimos la experiencia de lo inconmensurable, que es lo único que da la mesura.[12] Y así, la tercera especie de consideración es el horizonte y el fundamento de las otras dos. Ella es la que distingue a la consideración de las otras morales, sean antiguas, modernas o contemporáneas. Sin esta experiencia de una realidad que me trasciende y modifica interiormente la percepción de mí mismo y del mundo y mi conducta, no hay consideración.

---

11 *Ibid.*, I, 11, p. 75.
12 *Ibid.*, libro v, 2, p. 191: «La tercera es una consecuencia de las anteriores; si estas no hacen referencia a ella […] la primera sembraría a manos llenas, pero no cosecharía nada».

Bernardo de Claraval describe esta experiencia de lo inconmensurable como una ascensión hacia un Dios con el que mantiene un vínculo afectivo. Nosotros, por nuestra parte, pensamos la consideración como «transdescendencia».

En lugar de concebirla como «transascendencia», como un movimiento de abajo arriba gracias al cual el individuo establece una relación con lo que está por encima de él, la consideración, en este libro, pasa por la experiencia de nuestra vulnerabilidad y el conocimiento profundo de nosotros mismos, que es su resultado. Explorando el sentir en su dimensión pática, ligada a las disposiciones afectivas y a las capas arcaicas de nuestro psiquismo, y experimentando nuestra pasividad, tenemos acceso a lo que se oculta en el lenguaje y sentimos lo que tenemos en común con los otros vivientes, humanos y no humanos. La consideración no indica una ascensión ni una contemplación que nos dé acceso a la esencia de las cosas, sino una comprensión profunda de la solidaridad que nos una a los otros vivientes, iluminando nuestra relación con lo que nos rodea y con los que están con nosotros.

El vínculo entre la racionalidad y la afectividad no es, pues, el mismo en la ética de la consideración y en la espiritualidad de Bernardo de Claraval: la transascendencia implica que la razón se relaciona con lo que está más allá de ella, mientras que la transdescendencia explora lo que está más acá. Sin embargo, en ambos casos se trata de un conocimiento que es también un saber *(sapientia)*, es decir, tiene sabor *(sapor)*, que va unida a un afecto o deviene ella misma un estado afectivo. No solo permite conocer el bien, sino también tener el deseo de hacerlo.[13] En fin, la transdescendencia no

---

13   *Ibid.* Esto remite a la distinción que hace Bernardo de Claraval entre saber y comprender.

es un zambullirse en la noche o en la oscuridad del ser. Es la experiencia de nuestra comunidad de destino con los otros vivientes, humanos y no humanos, y es inseparable del deseo de cuidar de ellos y de transmitir un mundo habitable a las generaciones futuras.

Hay ciertamente, como en Bernardo de Claraval, un movimiento y una progresión; ambos están en relación con el proceso de individuación y la manera de configurar el tiempo de la que hemos hablado anteriormente. La noción de transdescendencia permite, no obstante, comprender el paso de tomar conciencia al saber vivido y a la acción. Corresponde al momento en que lo que sabemos de nuestra interdependencia con los otros humanos y con los animales nos transforma profundamente. Los conocimientos biológicos, la ecología y la etología pueden incitarnos a modificar nuestro estilo de vida, a preocuparnos por las generaciones futuras y a comprometernos en convencer a nuestros conciudadanos de que tener en cuenta la condición animal es una cuestión de justicia. Pero ese saber, que está presente en las dos primeras especies de la consideración, solo se convierte en sabiduría en la tercera, cuando ha modificado ya profundamente nuestra forma de sentirnos y de percibir el mundo. En ese momento, el futuro del planeta y del mundo común y la lucha contra el maltrato animal se convierten en preocupaciones que se instalan en el ánimo del individuo. A partir de entonces es imposible separar al sujeto de sus compromisos. El saber vivido lleva a la acción y esta se gira hacia la vida y el futuro.

Lo que nos da acceso a la comprensión del mundo común y de la «ligazón umbilical de los vivientes» es el ahondamiento en nosotros mismos como seres sensibles, hechos de carne y hueso. Al acceder a lo que está más acá de la racionalidad y se sitúa en el nivel del sentir, que es un ser-con-el-mundo-y-con-los-otros, captamos lo que nos conecta con el otro, con la vida y con la Tierra, y percibimos una cercanía con los animales que posibilita acogerlos verdaderamente como compañeros. Las sensaciones, pero también los afectos, la angustia, el pavor, la compasión, el placer, proyectan una sombra sobre lo real que forzosamente tiene poco que ver con las categorías que utilizamos en derecho y en la vida social. Esas sensaciones y esos afectos nos ayudan a experimentar lo que nos une a los otros y a la naturaleza, y a echar por tierra ciertas fronteras trazadas entre los humanos y los animales, los grupos sociales y los géneros. Todo lo que es infraverbal, sea la comunicación con nuestros semejantes y con los animales o sea la manera como nos sentimos, nos da acceso a una verdad que no está más allá de lo real, como en las religiones reveladas, sino que nos acerca a lo que también es parte de nuestra vida y que la racionalidad, muy a menudo, descuida o caricaturiza.

No hay nada irracional ni místico en esta exploración. Pero nos llega no obstante a las capas profundas del psiquismo, esas mismas que entran en juego en nuestra relación con los animales y cuando vivimos la experiencia del dolor, del sufrimiento, de la enfermedad o nos vemos enfrentados a la muerte. La transdescendencia designa el movimiento de profundización y transformación de sí característicos de la consideración y es en propia carne donde el sujeto tiene experiencia de lo inconmensurable. Por eso conviene examinar algunas situaciones en las que está expuesto, por su finitud y su pasividad, a esa experiencia mostrando en qué sentido pueden ponerlo sobre el camino de una comprensión más profunda del mundo común.

El sentido de la muerte y el mundo común

La ética o la travesía de lo imposible

Intentar comprender el papel que desempeña la muerte en nuestra relación con nosotros mismos y con los otros es preguntarnos por el sentido que confiere a la aventura humana: ¿es aniquilación y certeza o es una pregunta sin respuesta que conduce al don de sí y nos inicia al mundo común?

Para pensar el sentido de la muerte, debemos, en primer lugar, reconocer cuánto supone de abandono radical. Mi muerte y, en primer lugar, la única muerte que experimento indirectamente, a saber, la muerte del otro, de alguien que ya no atiende a mi llamada, expresan la brecha irremediable a la que todos estamos expuestos. Esta brecha es la marca de nuestra pasividad. Rehusar pacificar y banalizar la muerte impone tomar en serio la finitud de la que es prueba irrefutable: reconocernos mortales significa no instituirnos en origen único del sentido. Por supuesto, el nacimiento hace también evidentes mis límites: cada uno de nosotros, naciendo, recibe su ser de otras personas. Sin embargo, la relación con la muerte confronta al sujeto con lo que no solo escapa a su dominio y a su memoria, como el nacimiento, sino con lo que, poniendo término a nuestra vida, es a la vez cierto e irrepresentable. Conviene, pues, insistir en el hecho de que la muerte es una desposesión radical y una expropiación.[14]

La muerte es una certeza, pero ante todo es lo desconocido, incluso lo imposible.[15] Este término traduce aquí lo que, pudiendo y debiendo ocurrir, se vive como algo inoportuno:

---

14   J. Derrida, *Aporías. Morir-Esperarse en los límites de la verdad,* Barcelona, Paidós, 1998, p. 125.
15   *Ibid.,* p. 115.

en lugar de proporcionarme el horizonte a partir del cual podría recomponerme, la posibilidad de mi muerte se me aproxima como imposibilidad; rompe la trama de intencionalidad en la que el mundo, los otros y yo mismo estamos dados a una conciencia. La muerte, pensada en su crudeza, en su violencia o en su rotundidad, como lo que no puede entenderse ni realmente anticiparse, no es una posibilidad a la que pueda referirme. Nuestra relación con nuestra muerte, como con la del otro, es una relación con lo que no viene de nosotros, el no-objeto en relación con el cual «el sujeto ya no es sujeto».[16]

Incluso en la angustia, la muerte sigue siendo impensable. No aparece como una posibilidad, ni siquiera como posibilidad de la imposibilidad de la existencia, como la posibilidad de no estar ya aquí o la posibilidad de mi final, sino como una aporía: una pregunta sin repuesta y un límite infranqueable, que solo puede ser reconocido como tal, vivido pasivamente, soportado.[17] Esa idea de que la muerte no es tanto la posibilidad de la imposibilidad de mi existencia como una imposibilidad de posibilidad, algo que se resiste a mi experiencia y hasta a mi pensamiento, implica que la muerte no puede ser un principio de individuación.

Todo depende de la manera en que se responde a esta pregunta: ¿qué significa «poder morir»? Pensar la muerte como una certeza lleva a decir, como Heidegger, que la conciencia de nuestra mortalidad nos proyecta hacia nuestro poder ser más propio. En este caso, la muerte es una manera de ser que permite al *Dasein* recuperar en la angustia la singularidad y la

16   E. Lévinas, *El tiempo y el otro*, Paidós, Barcelona, 1993, p. 111.
17   *Ibid.*, pp. 111-115. E. Lévinas, *Dios, la muerte y el tiempo*, Madrid, Cátedra, 2005, p. 48s.

totalidad de su existencia.[18] Sin embargo, esta concepción solo tiene sentido si pensamos en la muerte como aniquilación y la subjetividad como preocupación por sí mismo, y no como una preocupación por los otros y por el mundo. Si, en lugar de pensar el tiempo a partir de nuestra muerte, concebimos la muerte partiendo del mundo común, es decir, partiendo también de los otros y de las obras naturales y culturales que componen este mundo común, la muerte no es aniquilación. La esperanza de realizar lo que todavía no es y de transmitir un mundo habitable no hará desaparecer la angustia y el escándalo de la muerte, pero mostrará que el sentido de la muerte se entiende a partir de un compromiso con el mundo y no a partir solo de uno mismo.

El sentido de la muerte depende del sentido dado a la subjetividad. A la inversa, la muerte, considerada en lo que, en ella, escapa a la intencionalidad, renueva la manera en que aprehendemos la subjetividad y el tiempo. La emoción ligada a la muerte, la inquietud o la aflicción no tienen como base la representación. La muerte es siempre una sorpresa; no se ofrece como tal a nuestra comprensión, ni siquiera en forma de una anticipación. Tomarse en serio la mortalidad del ser humano «mi mortalidad, mi condena a muerte, mi tiempo en el artículo de la muerte, mi muerte que no es la posibilidad de la imposibilidad, sino puro rapto»,[19] significa afrontar el carácter inoportuno de la muerte y su aporía. Este límite infranqueable no hace, sin embargo, de la aventura humana un puro sinsentido, una nada simplemente opuesta al ser. La aporía anuncia algo positivo, un sentido que solo puede serme accesible si, previamente, he renunciado a controlar lo no

18 M. Heidegger, *Ser y tiempo*, § 46, 47, 50, Santiago de Chile, Editorial Universitaria, 2002, pp. 257-272.

19 E. Lévinas, *Dios, la muerte y el tiempo, op. cit.*, p. 139.

controlable: como escribe Lévinas, mi muerte como aporía «permite la gratuidad de mi responsabilidad hacia el prójimo, la responsabilidad», que es siempre «la responsabilidad de un mortal por un mortal».[20] La muerte puede hacernos ver que el sentido de la existencia no es replegarse sobre sí, sino corresponder al otro, la responsabilidad. Sin embargo, esto supone que aceptamos atravesar este imposible e incluso, como veremos, que no tengamos miedo a nuestra propia vulnerabilidad.

Así, el no-saber de la muerte es la condición de la ética como exposición a un límite, como responsabilidad que no puede interpretarse simple o esencialmente como la imputabilidad de un sujeto libre. Confrontarse con la muerte como imposible enseña también al sujeto lo que es la eticidad de la ética, el sentido profundo de la responsabilidad. Tomar una decisión exige siempre atravesar lo imposible, saber zanjar un asunto, pero sin imaginarse que uno tiene en mano todas las cartas, ni pretender que no era posible obrar de otra manera. Si la humildad, indisociable del recuerdo de su condición de ser engendrado, prepara al sujeto para la consideración, la confrontación con la muerte como aporía le enseña a practicarla. Y así es, por ejemplo, en política y en medicina, donde el sujeto está obligado a decidir entre dilemas difíciles, a optar entre dos bienes igualmente importantes y a tomar decisiones que tendrán consecuencias irreversibles sobre los otros. La ética es siempre la vivencia de lo imposible; es la travesía de lo imposible.

Así, enfrentado a un límite infranqueable, que es mi muerte, me abro a un sentido de la existencia que no se define solo por la preocupación por mí mismo. No vivo ni muero solo para mí:[21] mi mortalidad hace que me sienta concernido por

20   *Ibid.*
21   San Pablo, Carta a los Romanos 14,7: «Ninguno de nosotros vive para sí mismo, y ninguno muere para sí mismo».

lo que le sucede al otro, por la inconclusión y la precariedad de su existencia. Mi muerte no es el fin del mundo y, al mismo tiempo, desde el fondo de mi finitud encuentro la muerte en el rostro de otro. Porque soy mortal y porque mi muerte es concebida en su violencia, puede ella adquirir sentido en el orden interpersonal. La relación con la muerte como aporía introduce a la vida, a un futuro siempre imprevisible que otros construirán.

La ligazón umbilical de los vivientes

El porvenir muestra el tiempo que me supera; está engastado en un tiempo más amplio, constituido por todos los hombres y por todos los vivientes. Así, la humanidad es «un inmenso ejército que galopa al lado, delante y detrás de cada uno de nosotros, en una carga arrolladora capaz de derribar todas las resistencias y de franquear numerosos obstáculos, incluso quizá la muerte».[22] Porque mi vida está desbordada por la de los otros, morir es morir por:[23] no sacrificarse ni «experimentar la muerte del otro»,[24] sino estar dispuesto a dar la vida por los otros, transmitir algo sin imponer una ideología que fije el futuro, dejarlo abierto, entregarlo a los otros. La muerte como paciencia y como aporía conduce a la ligazón umbilical de los vivientes que es el infinito desde cuya perspectiva se vive la finitud de un sujeto cuya preocupación

---

22   H. Bergson, *La evolución creadora,* Cactus, Buenos Aires, p. 275, citado por E. Lévinas, *Dios, la muerte y el tiempo, op. cit.,* p. 85.

23   E. Lévinas, *Entre nosotros. Ensayos para pensar en otro,* Pre-Textos, Valencia, 2001, p. 229.

24   M. Heidegger, *Ser y tiempo, op. cit.,* § 47, p. 259, «*dem Andern sein Sterben abnehmen*», citado par E. Lévinas, *Dios, la muerte y el tiempo, op. cit.,* p. 53.

por el mundo común es una forma de ser, un existencial. La inminencia de la muerte remite a la vida, al reconocimiento del valor de la vida. Le da profundidad, porque cada vida, incluso la más humilde, está ligada a la de los otros. Solo un mortal puede sentir esa turbación que es a la vez el deseo de vivir, el miedo a morir y el hecho de sentirse atravesado por otras vidas distintas de la propia, porque ha nacido, entrega su vida y no puede bastarse a sí mismo.

No es cierto que el hombre sea el único ser que sabe que ha de morir y, como hemos visto, esta certeza no resulta apropiada; no funda un saber acerca de uno mismo. Sin embargo, el ser humano es el único viviente que puede ser responsable de los otros en cuanto es capaz de pensar no solo en sus familiares o en sus semejantes, sino también en los humanos que viven lejos de él, en las generaciones futuras y en las otras especies. Para el sujeto de la consideración, vivir es vivir para, probar la propia fragilidad, valorar la importancia de los esfuerzos necesarios para sobrevivir y ser consciente de la rapidez con la que lo construido y mantenido durante años puede derrumbarse. La relación con la muerte como aporía y como angustia, es decir, como inquietud que no es solo miedo por uno mismo, sino por el mundo, se funda en un infinito que no tiene nada que ver con la nada de la que habla Heidegger. Hablar del mundo común y de la ligazón umbilical de los vivientes como del infinito con relación al cual nuestra finitud tiene sentido, como aquello que da una idea de nuestra existencia, no equivale a sacralizar la vida ni a adoptar un enfoque biocéntrico. Tampoco conduce a adoptar un punto de vista ecocéntrico, como si el todo fuera más importante que las partes. Se trata más bien, estimando el valor de cada cosa a la luz de ese infinito, de reconocer que hay algo peor que la muerte: «No conviene apresurarse a decidir que no hay nada tan temible como la nada [...] sin plantearse la cuestión de saber qué son lo temible y lo temido».[25]

Lo que más debe temerse es la disolución de todo sentido, la reducción de lo otro a lo mismo, la cosificación de los seres humanos y no humanos, la despersonalización, el horror de una existencia despojada de toda subjetividad y precipitada en una noche anónima. Es el horror del *hay* que no es ni la nada ni la muerte, sino una «noche en pleno día», en la que no se puede ni morir ni «encerrarse uno en su concha» y donde uno se ve marginado a una existencia sin salida.[26] El horror del *hay (il y a)* del que habla Lévinas en *De la existencia al existente,* obra publicada en 1947 tras su cautiverio en un *stammlager* en Fallingbostel, no es el miedo a la nada ni a mi propia muerte. Es esa «"consumación" impersonal, anónima, pero inextinguible del ser».[27] El horror del *hay* es puro pavor: la conciencia y la subjetividad han desaparecido y no habrá nadie para llorarlas. Los seres no son más que cosas y sus formas están disueltas. Nada responde, y ese silencio aterra. No hay sentido, no hay relato posible: «Lo que se llama el yo está, a su vez, sumergido bajo la noche, invadido, despersonalizado, ahogado por ella».[28] Nada está por llegar, nada viene, pero se vive en una inseguridad permanente e indeterminada. El *hay* significa la imposibilidad de evadirse de una existencia anónima y despersonalizadora.

El horror del *hay* no expresa el desamparo del estar arrojado a un mundo ni la facticidad originaria de la existencia, sino la negación de la subjetividad. La experiencia de los campos de concentración y, en distintos niveles, todos los intentos

25   E. Lévinas, *Dios, la muerte y el tiempo, op. cit.,* p. 21.
26   *Id.*, *De la existencia al existente*, Madrid, Arena Libros, 2000, pp. 79, 82-84.
27   *Ibid.*, p. 77.
28   *Ibid.*, p. 78.

de reducción de lo otro a lo mismo, como son los actos de barbarie y crímenes de guerra, ilustran ese horror del *hay*. Los animales soportan también ellos esa noche en pleno día, ese terror y ese calvario cuando se los estaciona en refugios inadecuados, condenados a una vida infernal en criaderos intensivos, encerrados en jaulas y retenidos en circos y delfinarios. El horror es la emoción dominante; los despoja de su individualidad y los aboca a una vigilancia impersonal y a un malestar permanente, a los que solo la muerte pone fin.

El *hay* es omnipresente en el mundo de hoy. Todo el mundo lo siente, aunque nadie puede decir exactamente qué está sucediendo. La memoria de los totalitarismos del último siglo proporciona algunas referencias. Estas no nos permiten representarnos lo que podría llegar, pero sí hacernos conscientes de lo que está en juego: el respeto a la alteridad, la acogida del desconocido, del recién llegado, de aquellas y aquellos que no estaban previstos, la libertad, la capacidad de sorprendernos, la ética, cuya condición es la apertura al otro. El nihilismo tal como se manifiesta hoy en el desprecio de los otros vivientes, en la desubjetivación y en la mercantilización de los seres, hace posibles la desaparición de todo aquello que apreciamos, el colapso de las democracias, la disolución de las culturas y la pérdida del sentido de la existencia.

El sentido de mi mortalidad me abre al mundo común y me insta a hacer todo lo posible para preservarlo, pero la consideración, al apoyarse en la experiencia carnal de lo inconmensurable, me muestra también cómo actuar para conseguirlo. Se trata de desarrollar el sentido de la alteridad, que es ante todo una alteridad en mí, porque la vivo en mi carne, porque es esta brecha de la que la mortalidad subraya su carácter irremediable y porque es el fundamento de mi responsabilidad con el otro. No hay consideración sin esta relación conmigo mismo que es una relación con la alteridad en mí, con mi vulnerabilidad como fragilidad (vulnerabilidad del sujeto considerado en su corporeidad y sus límites) y como responsabilidad (vulnerabilidad ante el otro). Por eso, la experiencia que el sujeto vive en sí mismo como sujeto vulnerable es una etapa fundamental que puede llevar a la consideración como transdescendencia. Lo hace sensible a lo que lo vincula a otros vivientes, humanos y no humanos. Y a la inversa, nuestra forma de habitar la Tierra, considerar a los otros vivientes y asignar límites a nuestro poder depende de la manera en que aceptamos nuestra vulnerabilidad.

LA SUBJETIVIDAD COMO VULNERABILIDAD

La pasividad y lo pático

La vivencia que el sujeto tiene de su vulnerabilidad es constitutiva de la consideración. En esta ética, la transformación del sujeto que se actúa progresivamente no emana de una meditación sobre la finitud. Nos desmarcamos así de toda forma de pensar que afirme que la relación de la persona con su propia muerte es el principio de la individuación y sugerimos que nuestra confrontación con la muerte como experiencia expropiadora que abre al otro depende de la manera en que estamos expuestos a la pasividad de nuestro cuerpo.

La vulnerabilidad, que designa el hecho de poder ser herido, refleja la pasividad del viviente. La brecha entre sí mismo y sí mismo, la imposibilidad de recomponerse o la dificultad de unir ambos extremos caracterizan esta experiencia de la pasividad que es la experiencia de un no-poder en el corazón del poder. Aunque no condena definitivamente a la impotencia al sujeto y no todas las enfermedades llevan necesariamente a la muerte, este trance lo sume en el desconcierto. Afligido por el dolor o la depresión, el individuo tiene la sensación de vivir algo absurdo. Este sentimiento de absurdo forma parte de la experiencia que tiene de su vulnerabilidad. Esto no significa que, en el dolor o en el sufrimiento, el sujeto no pueda expresarse. Al contrario, el viviente se expresa en la pasividad, en la fatiga, el cansancio, el insomnio, el dolor y el hastío, pero esta pasividad del decir, que es irreducible a la representación que el ser humano puede ofrecer de su estado, muestra un desgarro o una brecha entre sí mismo y sí mismo, que es la definición de la sensibilidad como susceptibilidad al dolor y al placer, como vulnerabilidad.

La experiencia de la propia vulnerabilidad, en especial cuando es negativa, que traduce un desgarro entre el sujeto y el mundo y no su acuerdo, es la única ocasión que tenemos de comprender el sufrimiento de los otros y sentirnos responsables de ellos.[29] Esto no implica que seamos capaces de vivir su sufrimiento. Por ejemplo, no podemos saber qué son el hambre y la sed, ni ponernos en lugar de quien está sufriendo esas privaciones extremas si jamás las hemos soportado nosotros. Por otra parte, el dolor es una experiencia de la que podemos acordarnos como si fuera una pesadilla, pero cuando ya no sufrimos toda va como si hubiéramos olvidado su mordedura. Estas experiencias no son, pues, conocimientos. No hay un saber sobre el dolor, o mejor dicho, estamos ante un saber que es un no-saber; solo reconocemos que puede ser una experiencia que nos clava a nuestro cuerpo y que, ante el dolor, no hay refugio posible.

29 Esto no significa que el dolor y la enfermedad ayuden al individuo a mejorar, como en los planteamientos de la moral sospechosos de masoquismo. Véase R. Ogien, *Mes mille et une nuits,* París, Albin Michel, 2017.

Sin embargo, el reconocimiento de nuestra vulnerabilidad es la clave para tener consideración con los otros seres sensibles. Aunque la consideración tiene sentido en todas nuestras actividades, grandes y pequeñas, toma una dimensión particular en nuestras relaciones con los vivientes, humanos y no humanos. Considerarlos implica girarse hacia ellos y verlos como seres vulnerables. La consideración, a diferencia del respeto, implica esencialmente esa aceptación del otro y de sí mismo como partícipes de una misma vulnerabilidad, aunque no sea posible sufrir en el lugar del otro. Este anclaje de la consideración en una filosofía que concibe al ser humano como un ser vulnerable, antes de pensarlo como una persona dotada de libertad, dispone a prestar atención a los fenómenos nocturnos que escapan a la intencionalidad y atestiguan que vivir no significa verse vivir ni preocuparse de sí mismo.

Esta profundización en el conocimiento de sí y de la condición humana es una característica de la transdescendencia; permite a la vez comprender a los otros acogiéndolos de verdad y comportarse con ellos sin dominarlos, pero acercándonos lo más posible a lo que tienen que decir, lo más cerca posible de su «cómo». La existencia no es un *Ekstase*, sino una relación del existente con su existencia, una forma de experimentar y de sentirse carnalmente, en un tiempo y un espacio, un lugar, un entorno. Esa mirada, que parte del sujeto que se conoce y se siente vulnerable y se dirige hacia otro ser vulnerable es la condición de una relación con el otro que nos ayuda a preocuparnos por él o a acompañarlo. Esta relación no supone que recluimos a la persona que sufre durante el cuidado, sino que nos disponemos a escucharla.

La consideración nos sitúa lo más cerca posible del decir del existente, de lo que él ofrece. Consiste en estar atentos al sufrimiento, al placer, pero también a todo lo que se expresa a través de fenómenos que traducen la manera de existir de un ser *antes* de toda proyección o de toda representación: la manera en que, al envejecer, lo afecta el tiempo como temporalización, el asedio del ser en el *hay*, el dolor que es puro déficit, un «contra sí en sí», el cansancio que lo hace abdicar de la existencia, la pereza, a la que retrocede antes de actuar, la fatiga, que es un entumecimiento, un retraso respecto del presente, donde yo quiero vivir, pero donde todo esfuerzo es dolor, «como una mano que suelta poco a poco aquello a lo que está sujeta».[30]

Asimismo, las cualidades sensibles, los colores, los sonidos, los olores y los sabores están siempre envueltos de significación. Esta no indica solo lo que conviene a los individuos o lo que necesitan, sino que sugiere que nuestra experiencia está determinada por las disposiciones afectivas. No basta decir que la sensibilidad es el punto de contacto entre el yo y el mundo, lo interior y lo exterior, ni insistir en la vulnerabilidad que apunta a una dialéctica entre la actividad y la pasividad. Es necesario también comprender que sentir es siempre apercibir que se siente y, en consecuencia, que una afectividad fundamental expresa la manera en que se vive una situación. Esta afectividad *(Befindlichkeit)*, que Heidegger convirtió en un existencial, prueba que no solo me siento afectado como individuo único por algo, sino que toda sensación es a la vez relación con el otro y consigo mismo.[31] La vida se padece *(erlitten)*.[32] Ese momento pático de la experiencia sensible, que corresponde al cómo, la manera de ser del sujeto en cuanto dado, se distingue del

30 E. Lévinas, *De la existencia al existente, op. cit.*, p. 36.

31 E. Straus, *Du sens des sens. Contribution à l'étude des fondements de la psychologie,* Grenoble, Million, 1989, p. 278.

32 V. von Weizsäcker, *Le cycle de la structure*, París, Desclée de Brouwer, 1958, p. 219.

momento gnósico, el qué del objeto dado.[33] Por eso sentir es siempre un sentir-se y duplica, por así decir, la pasividad del sujeto, acentuando su opacidad.

Que se repliegue sobre sí mismo o que cuide de otro, el sujeto de la consideración debe reconocer siempre que en el cuerpo viviente hay más de lo que se puede comprender a partir de lo que se ha hecho presente a la conciencia.[34] El cuerpo viviente no coincide con el cuerpo vivido; desborda la representación que uno tiene de sí y, por lo tanto, la identidad personal. Emociones y sensaciones internas permanecen inaccesibles a la conciencia, incorporadas y desactivadas, confrontando al individuo a estados involuntarios que son más o menos viables, más o menos soportables. No es seguro que estos estados puedan aparecer a la conciencia mediante un esfuerzo de concentración y atención ni que sea fácil traducirlos al discurso. Es mejor partir de los movimientos del cuerpo viviente, activar las sensaciones internas ocultas en él, si queremos eliminar ciertos bloqueos que provienen de emociones asociadas a una situación traumática, a un accidente o a una enfermedad.

El dolor y el sufrimiento

La consideración implica que sepamos que no podemos conocernos a nosotros mismos y que esta opacidad viene del cuerpo, como ya hemos visto al hablar de la humildad. Más concretamente, la relación que tenemos con nuestro cuerpo es un proceso, a veces espontáneo, a veces crítico, por el

---

33   E. Straus, *Les formes du spatial. Leur signification pour la motricité et la perception*, en J.F. Courtine (ed.), *Figures de la subjectivité. Approches phénoménologiques et psychiatriques*, París, CNRS, 1992, pp. 24-26.

34   B. Andrieu, *Sentir son corps vivant. Émersiologie 1*, París, Vrin, 2016.

que encontramos puntos de acceso a nosotros mismos. Esta paradoja que asocia la no-transparencia a sí mismo con la individuación es peculiarmente sorprendente en el caso del dolor y merece ser analizada si queremos comprender en qué puede consistir un cuidado prodigado con consideración.

La enfermedad, que ilustra la ruptura del pacto originario que nos une a nuestro cuerpo y el dolor, que hace de él una prisión, van siempre unidos a un sufrimiento, a un *páthos* que toma parte en la historia singular del sujeto: con la sensación corporal dolorosa se mezcla un sentimiento de malestar.[35] Su cuerpo lo encara consigo mismo, revelándole su soledad. Acompañar a un enfermo y, *a fortiori,* a alguien que es víctima de dolores persistentes, implica que uno no actúe como si aquella enfermedad y el dolor fueran los de cualquier otro individuo aquejado de la misma patología. Conviene no olvidar nunca la dimensión narrativa de la enfermedad, lo que esta trastorna cuando irrumpe en la vida de un individuo, y en qué sentido es un asalto ontológico vivido en primera persona.

En el caso de un dolor crónico, la soledad de la persona es tal que decirle que nos ponemos en su lugar resulta inconveniente. Considerar a esta persona supone aceptar esta situación, que la separa de los otros, como si estuviera en una isla desierta y el puente que debiera permitirle alcanzar el mundo se hubiese destruido. Esa actitud, que exige que no nos situemos en la prepotencia o en la negación, establece una relación de confianza con el enfermo; lo ayuda a describir su dolor y lleva a quienes lo cuidan a buscar con más eficacia soluciones adecuadas para atenuarlo o hacerlo

---

35 M. Gennart, *Corporéité et présence. Jalons pour une approche du corps dans la psychose,* Argenteuil, Le cercle herméneutique, 2011, pp. 194-195.

desaparecer. En el dolor, el contenido del sufrimiento se confunde con la imposibilidad de desprenderse del mismo. El cuerpo doloroso de la persona no le da acceso a nada; se ve arrinconada en la vida y en su ser. El dolor es una brecha entre sí mismo y sí mismo que refleja nuestra escisión, el hecho de que somos individuos en toda regla. El apego a sí es paradójicamente condición del dolor: solo un ser individuado puede sentirlo. Si dura, el sujeto es asediado, pero la vida no cede y la experiencia continúa. Cree haber alcanzado el límite de lo que puede soportar, pero es una creencia que no cesa de ser desmentida. Por eso el dolor es «una suerte de paroxismo, como si anunciase algo aún más desgarrador que el sufrimiento».[36]

Así, el sujeto continúa relacionándose consigo como sujeto, pero el vínculo con el mundo y con los otros se ha roto, porque el individuo está constantemente centrado en su dolor y vive temiendo que pueda ser aún más intenso. En el dolor, solo las lágrimas pueden ayudar moralmente a la persona porque, llorando, se abandona. Las lágrimas son a la vez una capitulación no consentida al dolor y una respuesta.[37] Cediendo al llanto, el sujeto cesa de querer alejar el dolor con gritos o recurriendo a la ira. Esa última experiencia no suprime la sensación dolorosa ni el sinsentido de la percepción dolorosa. Sin embargo, no solo enfrenta al sujeto a la impotencia. Aunque no es seguro que «solo un ser que haya alcanzado la exasperación de su soledad mediante el sufrimiento y la relación con la muerte puede situarse en el terreno en el que se hace posible la rela-

---

36 E. Lévinas, *El tiempo y el otro, op. cit.*, p. 110.

37 F.J.J. Buytendijk, *De la douleur,* París, PUF, 1951, p. 129 (trad. cast., *El dolor,* Madrid, Revista de Occidente, 1958). M. Gennart, *Corporéité et présence, op. cit.*, p. 175.

ción con otro», [38] el dolor nos abre a lo que, en el hombre y en los otros vivientes, es frágil.

La ipseidad está, por consiguiente, en juego en las enfermedades y en las crisis. Esto es particularmente cierto en el caso de una crisis existencial. El individuo no ve nada en el horizonte de su pensamiento y se siente física y moralmente agotado. Sin embargo, su ipseidad se mantiene, incluso cuando experimenta, como sucede con la depresión, una especie de disolución psíquica, un caos. Las disposiciones afectivas que hacen que el sujeto no se reencuentre en su vida amorosa o profesional tienen, en ese sentido, un valor positivo: le dan a entender que debe encontrar una puerta de salida, porque es él quien será aniquilado si no logra llevar a cabo lo que entonces le parece imposible. [39]

Si el sufrimiento no suprime la individuación, quiere decir que, en el término «pático», debemos ver el verbo «padecer», es decir, el hecho de soportar, de resistir a algo. Esta manera de experimentar el mundo y de experimentarse en él es dinámica, incluso cuando uno se siente impotente. Concebir la subjetividad como sensibilidad es pensarla como vulnerabilidad, pero eso implica también que el sujeto doliente puede estar emprendiendo un camino que lo ayuda a afirmar poco a poco su capacidad de actuar. Cuidar de una persona o acompañarla dando muestras de consideración no es encerrarla en la pasividad, sino permitirle, cuando esto sea posible, seguir el movimiento de la transdescendencia, para que encuentre en sí misma los recursos necesarios para reconstituirse, cosa que solo ocurrirá si la vida buena, y no únicamente la curación, es el horizonte del cuidado.

---

38 E. Lévinas, *El tiempo y el otro, op. cit.*, p. 129.
39 V. von Weizsäcker, *Le cycle de la structure, op. cit.*, p. 207.

Más allá del cuidado

Sentir es siempre un percibir que se siente, pero también es un decir. Es la manera en que una persona se relaciona con la existencia, su cómo. Incluso pasivamente, la persona se expresa. Sufrir es un ofrecerse. Es, pues, que estando lo más cerca posible de ese decir podremos acompañar a alguien que atraviesa una crisis existencial o presenta trastornos psíquicos. Ese decir debe ser el punto de partida del acompañamiento, cuyo objetivo es que el que sufre consiga expandirse encontrando sentido a su existencia. Considerar a una persona enferma lleva en primer lugar a prestar atención a su decir sin hacer de ella una simple beneficiaria del cuidado, concibiendo el acompañamiento como un medio y no como un fin.

Además, si reflexionamos sobre lo dicho anteriormente sobre la vida buena que supone valorar la distancia entre el sí mismo y el sí mismo para no dejarse invadir por los propios afectos o, como dice Descartes, no ceder inmediatamente a los juicios a que nos inclinan, entrevemos el objetivo de un proceso terapéutico centrado en la vulnerabilidad del sujeto. Se trata, sin duda, de abrir un espacio de libertad interior que permita a una persona corregirse y afirmar su autonormatividad, aunque esta no es la etapa final del cuidado. El individuo debe además liberarse de representaciones que lo fijan en sí mismo y lo condenan a pasar de un sentimiento de fracaso y de impotencia a la prepotencia, de la depresión a la ira, de la envidia y el resentimiento al odio y a la tentación de la destrucción o de la autodestrucción. Para ello, no solo necesita estar en paz, sino también interesarse por los otros, vivir sintiéndose concernido por lo que les ocurre y responsabilizarse de ellos.

Partiendo de sus emociones, liberándolas tal como son, el sujeto aprende a no estar colonizado por representaciones que proceden a menudo de las violencias que ha sufrido. Para dejar de tragar ese veneno, no basta con que la persona tome conciencia de las causas que pueden explicar su malestar vital o su incapacidad de integrarse en la sociedad, de encontrar su lugar en el mundo; necesita recuperar la confianza en sí y el gusto de vivir. Esto es especialmente evidente en los pacientes a los que en mala hora denominamos «discapacitados psíquicos», porque no padecen psicosis, sino trastornos de conducta heredados de experiencias traumáticas vividas durante la infancia. Las terapias que buscan la génesis de sus trastornos y las soluciones médicas a sus problemas no son más que soluciones parciales. Esas personas necesitan conectarse o reconectarse a emociones que les procuren un sentimiento de seguridad interior. El psicoanálisis y la transferencia no responden a esta necesidad, porque es necesario que la comunicación se sitúe en el plano del sentir, donde el vínculo entre el yo y el mundo ha quedado dañado, es decir, en el terreno del cuerpo y de las emociones arcaicas a él vinculadas. La relación con los animales y los cuidados corporales son, en este contexto, valiosos aliados que los ayudan progresivamente a sanar sus heridas devolviéndoles la vida.

Un enfoque terapéutico ciego a lo que va más allá del cuidado corre el riesgo de fracasar en una persona a la que, desde su más temprana edad, se la hirió en su intimidad, maltratada por aquellos que deberían haber cuidado de ella, hambrienta, golpeada o violada. No se trata solo de intentar liberarse del control psíquico de otro. Debe aprender también a no subordinar su autoestima al juicio de los otros y hacerla depender del uso que ella haga de su libertad. Esta autonomía y esta independencia de espíritu son especialmente importantes en un ser que debe desprenderse de la imagen que se le impuso y hasta romper determinados vínculos. El hecho de volver sin cesar a su pasado y de convencerlo de que su autoestima es relativa al juicio de los otros no puede ayudarlo a reconstruirse de una forma que perdure. Una vez recuperada su capacidad de actuar, quedará en el desamparo si no ha ido más lejos. No parará de querer recuperar el tiempo perdido adquiriendo bienes que puedan darle tranquilidad y se volverá rencoroso si esos bienes llegan a faltarle. Por el contrario, ganará estabilidad si se descentraliza e incorpora los intereses de los otros y el mundo común a su propio interés.

No nos reparamos realmente si no es más allá de nosotros mismos. Esta es la enseñanza que podemos sacar de la noción de vulnerabilidad cuando no la pensamos solo como fragilidad y cuando entendemos, bajo la palabra «pasividad», el verbo «padecer». Esto supone enfrentarse a los propios límites y acceder a una forma de ser que no se caracteriza por la crispación contra sí mismo, sino por la generosidad y la apertura a los otros. Así como la aporía es condición de la ética entendida como responsabilidad por el otro, también la vulnerabilidad aceptada y asumida es una abertura que permite expandir el yo haciéndolo participar en la reparación del mundo. El paciente, en particular el que sufre trastornos de conducta y de depresión, debe pasar de la preocupación por sí mismo a la preocupación por el mundo. Eso exige no temer las propias emociones, que son una vía de acceso al conocimiento de sí. Esa profundización de sí mismo puede reconciliarlo consigo dándole una cierta paz interior y el gusto por los otros.

Lo particularmente interesante, en el caso de una persona que sufre trastornos vinculados a traumatismos pasados, es que solo la abertura a los otros y al mundo puede realmente permitirle desarrollar su potencial y hasta salvarla. Una de las maneras que puede ponerla sobre el camino de la consideración es confiarle responsabilidades. En lugar de sentirse limitada por el cuidado y permanecer centrada en sus problemas, su pasado y sus fracasos, esa persona se sentirá puesta en valor. Es, pues, importante invitarla a participar en la construcción o la reconstrucción del mundo, aunque solo sea cumpliendo tareas aparentemente modestas, como el hecho de preparar la comida para otros, cuidar el jardín o de un animal. Su poder de actuar, orientado a los otros, se multiplicará por diez. El deseo de ayudar a los otros, muy a menudo, solo espera que se le despierte, sobre todo cuando arraiga en la exigencia de reparar el objeto. La empatía no es el único motor del altruismo y del compromiso. De ese modo se le hace posible al sujeto neutralizar sus pulsiones destructoras y movilizar sentimientos de amor y de solidaridad que constituyen potentes motivaciones para obrar y pueden darle la sensación de realizarse y de llevar una vida buena.[40]

No basta, pues, decir que el hecho de tener en cuenta la vulnerabilidad pone término al fantasma de un sujeto independiente y dueño de sí. Cuando no se la interpreta de forma meramente psicológica y deviene una de las nociones más importantes de una filosofía primera que tiene en cuenta la corporalidad, la vulnerabilidad impone un cambio en la manera en que pensamos al sujeto. No solo somos vulnerables porque somos frágiles y nos necesitamos los unos a los otros física, psicológica y socialmente. Somos vulnerables en cuanto existe en cada uno de nosotros la pulsación de otras vidas que no son la nuestra. El objetivo de la ética de la consideración es velar porque los seres humanos la perciban. Entonces la fragilidad puede ser una fuerza.

---

40   M. Klein, *Envidia y gratitud y otros trabajos,* Barcelona, Paidós, 2004, p. 240.

Responsabilidad y dominación

La consideración en ética médica

La confrontación con la vulnerabilidad del otro y la aceptación de la nuestra son condiciones de posibilidad de la consideración y lo que transforma el sentimiento que tenemos de estar concernidos por la suerte ajena en una acción destinada a conducir al otro a su propio bien. La consideración es la condición de la responsabilidad. Sin embargo, la relación con el otro, en especial cuando su vida está en nuestras manos, es también la ocasión de ejercer nuestro poder sobre él. De manera que la consideración exige que seamos conscientes de la tentación que representa la dominación.

Esta puede adoptar el rostro de la bondad, cuando nos otorgamos el derecho de decidir en lugar del otro lo que este necesita. Puede tratarse de paternalismo, como cuando interferimos en la voluntad de una persona porque la consideramos incapaz de saber lo que es bueno para ella. Sin embargo, la dominación va más allá del paternalismo. No traduce solo la falta de consideración que tenemos por alguien a quien creemos inferior a nosotros o incapaz, por razón de las circunstancias, de ejercer su juicio. Puede ejercerse también en contra de alguien cuyo valor reconocemos. Para entender lo que está en juego en la dominación, debemos situarnos no en el lado del dominado, sino en el de quien domina. Entonces será posible ver qué disposiciones morales permiten evitar el abuso de poder que los principios y las leyes no consiguen combatir.

La persona que practica la dominación se aprovecha de su autoridad o de la vulnerabilidad del otro para aplastarlo, porque necesita afirmar su superioridad y disfrutar de su poder, de forma consciente o inconsciente. Quien está dominado es solo un medio para este fin. Conviene distinguir aquí entre dominación y explotación: la primera supone forzosamente la necesidad de rebajar o incluso humillar al otro, mientras que la segunda tiene como objetivo aprovecharse de él. En el primer caso, se niega la dignidad del otro; en el segundo, este objetivo no es lo primero, aunque la búsqueda del provecho explica que se le impongan condiciones de vida miserables que afectan a su sentimiento de dignidad. La dominación es una transgresión más grave y el franqueamiento de un límite; es la voluntad de ejercer el poder sobre lo que escapa al propio poder y por eso lleva fatalmente a la violencia. Es lo contrario de la consideración, que implica que estemos oyendo al otro y lo sirvamos. La dominación arraiga en una relación consigo mismo que subraya el hecho de haberse instalado en la prepotencia.

Cada vez que tenemos la oportunidad de ser responsables de alguien, de tomarlo a nuestro cuidado, y que nuestra función o nuestro estatus nos dan autoridad sobre él, podemos estar tentados de abusar de nuestro poder. La responsabilidad sola no basta en medicina o en política: aunque implica un compromiso personal, que significa que me giro hacia el otro, en lugar de estar centrado en mí mismo, no ayuda a ver qué relación hacia mí mismo puede impedirme invadir al otro, franqueando los límites más allá de los cuales la responsabilidad cambia en dominación.

No hay que pensar que la práctica de la medicina se limita al respeto de los grandes principios de la ética médica, como la justicia, la autonomía, la no maleficencia y la beneficencia, ni creer que basta adquirir la virtud de la prudencia para ser un buen médico. La consideración señala a este último el camino a seguir para aplicar con discernimiento esos principios y evitar aprovecharse de la asimetría propia de la situación clínica abusando de su poder sobre el otro. Debiendo prodigar un cuidado adecuado y proponer tratamientos o terapias adaptadas al estado del enfermo y a sus necesidades específicas, el sanitario debe velar porque este último pueda expresarlas y estar atento a su decir, que no siempre coincide con las palabras que él emplea, sobre todo si sufre o está cansado o exasperado. Debe comprender lo que el paciente desea, escuchar lo que dice y apoyarse en lo que dice. Esto requiere que el clínico acepte su propia vulnerabilidad y haya profundizado en el conocimiento de sí mismo consultando sus propias emociones. Solo con esa condición los profesionales de la salud, cotidianamente confrontados a la violencia de la enfermedad y al desconocimiento de los cuerpos, comprenderán a los enfermos y evitarán cerrarse en comportamientos de fuga que traducen su miedo a la muerte o al fracaso.

La medicina requiere el arte de la mesura y todas las disposiciones morales que ayudan a adquirir el sentido del límite. La humildad, que purifica el espíritu y el corazón, prepara el terreno de la consideración recordando al personal sanitario su fragilidad y su falibilidad, previniéndolo del orgullo que es una tentación constante. El discernimiento, que descansa sobre la justa estimación de sí y de todas las cosas, lo lleva a ver qué hay que hacer en una situación siempre singular, prodigando el cuidado proporcionado al estado del enfermo en correspondencia con sus valores o su personalidad. La consideración implica esa mirada sobre cada paciente al que hay que aportar una ayuda concreta, aunque no conduzca necesariamente a su curación. La correcta presencia a sí que caracteriza la temporalidad propia de la consideración permite al médico recurrir a su experiencia adoptando una visión de conjunto de la situación actual y anticipándose al futuro. Debe conocerse a sí mismo para mantener la mesura, ayudar a la persona enferma o al final de su vida, respetando su autonomía y su dignidad, aconsejarla sobre los tratamientos propuestos sin imponérselos, intervenir sin definir en su lugar lo que es bueno para ella, saber cuándo interrumpir los tratamientos y reconocer los límites del acompañamiento. La prudencia supone, como hemos visto, que no se pierda nunca de vista el fin que se persigue y que se presente en la elección de los medios. Así, los sanitarios, si poseen la virtud de la prudencia, no reducen el arte médico a una técnica y se ocupan del paciente y no solo de su enfermedad. La prudencia es esencial a la no maleficencia y a la beneficencia. No obstante, lo que impide que la beneficencia se degrade en paternalismo o incluso en prepotencia es la consideración.

Al exigir del sanitario que reflexione sobre los bienes que él valora y que se examine a sí mismo, la práctica de la consideración lo lleva a identificar lo que, en sus propias reacciones y en sus consejos, está al servicio de su ego o halaga su autoestima. Y así, deberá preguntarse si la manera en que propone un tratamiento al enfermo expresa su preocupación por buscar lo que es beneficioso para este último o si su motivo principal es su ambición. Asimismo, si es magnánimo, no estará celoso del éxito de sus colegas ni se mostrará despectivo con sus subordinados y sabrá crear un ambiente propicio al trabajo de equipo donde todos se sientan respetados, reconocidos y estimulados. Siempre vigilante gracias a la humildad y magnánimo, aprenderá a dudar sin ser indeciso y sabrá tomarse el tiempo necesario para reflexionar o consultar con sus colegas cuando no se sienta capaz de resolver un dilema.

La consideración descansa sobre una racionalidad que no es instrumental y supone reflexionar sobre las propias emociones sin rechazar las que sean negativas. Porque la capacidad de cuidar a una persona yendo a buscarla allí donde está y no donde nos gustaría que estuviera, y de tocarla, despertarla o estimularla, sin agredirla ni activar sus mecanismos de defensa, exige algo más que prudencia. Esta ayuda a encontrar la mesura, pero no a mantenerla en todas las circunstancias. La deliberación correcta no asegura por sí sola mantener la presencia adecuada ni evaluar con tacto la proporción entre el alejamiento o la indiferencia y la interferencia o la invasión cuando la relación con el otro concierne al cuerpo y a la intimidad. Todo es frágil, todo está a flor de piel; la menor torpeza entraña una herida o agrava otras más antiguas. Hay que ser capaz de percibir las variaciones sutiles del humor del paciente y ser receptivo a todo lo infraverbal para acompañarlo, sobre todo cuando sufre de déficits cognitivos o de demencia, pero también siempre que los tratamientos o las minusvalías repercutan en la apariencia física, la vida social y la sexualidad.

Decidir acerca de un tratamiento somático o psiquiátrico es penetrar en la intimidad del otro. Este sufre ese tratamiento, incluso cuando él mismo ha tomado parte en la decisión. La manera en que se le proponen los tratamientos y como se le cuida le sugieren que él merece (o no) todos esos esfuerzos, esa utilización de recursos finitos. Considerarlo significa garantizarle su dignidad. Es también importante indicarle si tiene posibilidades de superar la situación. Esa consideración del médico hacia el enfermo, cuya suerte le ha sido confiada, condiciona la confianza que este último pueda tenerle. Esa confianza no pasa por el hecho de tranquilizarlo y, mucho menos aún, por el de mentirle u ocultarle la gravedad del mal que padece. Depende de la calidad de la relación que el sanitario es capaz de instituir con sus enfermos. Por todas esas razones, la consideración es indispensable en ética médica.

Los animales o la prueba de la consideración

La dominación no es exclusiva de las relaciones humanas; se ejerce a cada instante sobre los animales. Sea cual sea la fuerza física de algunos de ellos, los animales son especialmente vulnerables. Sensibles al dolor, al sufrimiento, al aburrimiento, a la desesperación, viven como nosotros su vida en primera persona. Tienen intereses que defender y preferencias individuales y, cuando se los maltrata, expresan su sufrimiento y dan muestras a veces de resistencia huyendo o atacando a sus domadores.[41] La realidad es que no pueden cerrar los mataderos ni desmantelar un sistema que no solo se caracteriza por la explotación, como a principios del Neolítico, sino también, como en el caso de la ganadería industrial, por la negación de su cualidad de seres sintientes, una negación que explica que se los trata sin tener en cuenta sus necesidades básicas ni su individualidad.

A pesar de la intensidad de su sufrimiento, los animales no presentarán nunca una denuncia contra nosotros pidiendo reparación por las increíbles violencias que hemos infligido a sus antepasados y continuamos infligiendo ahora a ellos por todo lo ancho del mundo. Por eso son, hoy, los seres más dominados del planeta. Eso no quiere decir que debamos olvidarnos de los niños martirizados, de los hambrientos, de los pobres y de todas las víctimas de las guerras étnicas, de la tiranía y del terrorismo. Sin embargo, si estos seres tienen una vida de miseria y mueren a veces en la indiferencia, es porque hay grupos y Estados que no respetan los derechos humanos. Hay una justicia para los humanos, aun cuando

---

41   J. Hribal, *Miedo al planeta animal: La historia oculta de la resistencia animal*, Madrid, Createspace, 2016.

puede ser burlada. En cambio, no la hay hasta la fecha para los animales. Están a merced de sus propietarios y de quienes los cazan, y el derecho animal, hecho para controlar su uso y nuestras interacciones con ellos, solo sirve para castigar abusos o sevicias que los humanos consideran graves.[42] En fin, muchas personas, entre las más dedicadas a la causa de los niños, de las minorías, de las mujeres y hasta del planeta, no se preocupan en absoluto por la condición animal.

Sin embargo, nuestras relaciones con los animales son la prueba de la consideración, y la promoción de una sociedad más justa con ellos es la prolongación necesaria de la ética que proponemos en este libro. Los animales comparten con nosotros el *oíkos* y todas nuestras actividades los afectan, ya sea directamente, como en la cría de animales, o indirectamente, como cuando sufren las consecuencias de la deforestación o la destrucción de su hábitat. Promover una sociedad justa significa tener en cuenta sus intereses y no determinar las normas de convivencia en beneficio exclusivo de los humanos. Además, su individuación y su agentividad, es decir, su capacidad de comunicar sus intereses y preferencias, los constituyen en agentes morales y hasta en sujetos políticos, y no en meros pacientes morales.[43] Las reglas de la justicia y las leyes, que solo nosotros podemos formular, deberían expresar en términos jurídicos aquello que tienen derecho a esperar de nosotros. Nosotros no somos la fuente absoluta de la legiti-

---

42   Es el sentido de la distinción entre el derecho animal, que es una disciplina del derecho humano que estudia el uso que hacemos de los animales, y el derecho de los animales que es un concepto filosófico vinculado a su estatus moral, incluso político. Sobre el derecho animal, véase el conjunto de los trabajos de Jean-Pierre Marguénaud. Para los derechos de los animales, véase S. Donaldson y W. Kymlicka, *Zoópolis. Una revolución animalista*, Madrid, Errata Naturae, 2018.

43   C. Pelluchon, *Manifiesto animalista. Politizar la causa animal*, Reservoir Books, Barcelona, 2017, pp. 60-67 y 86.

midad, pero los animales deben contar con los humanos para que su situación mejore de una manera concreta. La asimetría existente entre los animales y los humanos y los conflictos de intereses que nos oponen en nuestras interacciones con ellos exigen que, para defender sus intereses, nosotros nos pongamos de acuerdo para hacer evolucionar la legislación y modificar las prácticas.

Sin embargo, la ética de la consideración no se concentra en este aspecto de la cuestión animal.[44] Su especificidad es poner el acento en los rasgos morales y en las transformaciones interiores que pueden permitir a un número creciente de ciudadanos sentirse concernidos por la suerte reservada a los animales. El objetivo es intentar que los animales entren en la esfera de la consideración de un número cada vez más importante de seres humanos. Solo con esta condición estos últimos consentirán reducir su consumo de productos animales y promover «circunstancias de la justicia» que hagan que la matanza de animales sea cada vez más excepcional y pongan punto final a la violencia ejercida contra ellos.

La consideración arraiga en una relación consigo mismo que supone una expansión y una transformación del sujeto. Este incorpora en el corazón de su voluntad de vivir la preocupación por los vivientes, humanos y no humanos. Sabe que su existencia está desbordada por las de los demás. Para él, vivir es sentir, en su existencia carnal, la vulnerabilidad que lo une a los demás seres sensibles. De modo que no se puede hablar de consideración sin pensar también en los animales, sin prestar atención a lo que son, causándoles el menor daño posible e intentando promover su propio bien. Más aún, la

---

44 Ya hemos abordado este punto en el marco de una teoría política que haga de la justicia con los animales uno de los fines del Estado. Véase *Les nourritures, op. cit.*, pp. 129-143 y pp. 263-266, y *Manifiesto animalista, op. cit.*, pp. 57-74.

transdescendencia, que implica un conocimiento de nosotros mismos que requiere ahondar en nuestra condición carnal y explorar el sentir en su dimensión pática, nos acerca a ellos de manera inevitable. Se sigue de ahí un sentimiento de proximidad que el discurso no puede ni generar ni expresar.

Hoy es evidente que los conocimientos etológicos y todas las éticas animales que se apoyan en la argumentación no son suficientes para cambiar la relación que los individuos tienen con los animales. Esos conocimientos podrán incitar a una minoría de personas a optar por el veganismo, pero, si queremos que la cuestión animal se imponga tanto en moral como en política, que la mayor parte de los seres humanos modifiquen sus hábitos de consumo y sus estilos de vida, que el derecho sirva para defender los intereses de los animales y que la economía se reoriente para que no se los trate ya como recursos indefinidamente explotables, es necesario construir una ética que llegue hasta el fondo de lo que nos une a los otros vivientes.

Es importante continuar difundiendo vídeos que testifiquen la intensidad del sufrimiento animal y sacar a la luz la arbitrariedad de las representaciones que influyen en, o justifican, nuestros comportamientos especistas. Porque no podemos salirnos del universo especista en el que estamos inmersos casi todos desde la infancia si no es a consecuencia de un *shock* ligado al hecho de ser conscientes de la intensidad del sufrimiento animal y de las contraproductividades sociales y medioambientales de un sistema de producción que ha devenido aberrante. Sin embargo, esa transformación, que puede aislar a quienes la viven, no lo arregla todo. Los cambios esenciales, como los concernientes a la alimentación, pero también a la contemplación de los animales en los circos o en los delfinarios, la manera de entender la tauromaquia, no proceden de lo que se ve y se oye, sino de quien ve y oye. Las imágenes que muestran el horror de los mataderos y la angustia de los animales enloquecidos por la cautividad no modifican por sí mismas a la persona que las contempla. Esta debe ser ya receptiva a ese mensaje para que lo que ve y sabe la empuje a cambiar sus costumbres de una forma permanente. Para evitar que informaciones violentas activen los mecanismos de defensa con los que los individuos se protegen de lo que los hiere o los perturba, hay que tocar el punto de encuentro entre los humanos y los animales, es decir, la sensibilidad.

Compasión y empatía

El encuentro con un animal se efectúa en el ámbito del sentir y más precisamente en el de lo pático. Es lo que nos permite comunicar con él, como podemos comprobar con nuestro animal de compañía. Sabemos si le agrada la comida que le damos, si aprecia a las personas que acuden a nuestra casa, que también es la suya. Por su parte, percibe también nuestras emociones y a menudo las anticipa. Cuanto más capaces somos de comunicarnos en el aspecto del sentir tanto más sabemos cómo tratar a un animal sin hacerle daño, aunque sea de forma no intencionada. Sin embargo, la mayoría de las veces nos apartamos de nuestra sensibilidad. Esta fisura entre sí mismo y sí mismo, que es obra de la racionalización, se corrige con la consideración. Eso no significa que esta última sea irracional, porque se basa en un conjunto de disposiciones morales y de representaciones que determinan las emociones y requiere también elegir el bien. Sin embargo, no hay consideración sin esta reconciliación entre la racionalidad y las capas arcaicas del psiquismo que expresan, en el sentir, una realidad diferente de la que habitualmente aprehendemos: realidad que nos introduce no a la diferencia entre el yo y el no yo, sino a lo que los precede.

En ciertos individuos, la experiencia del sufrimiento y de la humillación que los expone a su vulnerabilidad los hace más sensibles a la angustia de los otros, en especial a la de los animales que no hablan y no pueden defenderse solos. Desarmado, el individuo se deshace de la mayoría de los atributos que le confieren su identidad social y hasta su pertenencia a una especie; no es más que hambre, dolor, pasividad. Sin embargo, es fácil encontrar ejemplos que invalidan esta tesis y sería insensato desear que los seres humanos soportaran las peores pruebas para poder acceder a la consideración y ser capaces de compasión. Lo que resulta importante comprender, en cambio, es que la compasión y la empatía pueden despertarse o, todo lo contrario, neutralizarse. Pero son formidables aliadas de la consideración. Sin ser virtudes, tenerlas en cuenta en los programas escolares, en la cultura y en el trabajo es una pista que seguir para poner a las personas sobre el camino de la consideración y conducirlas no solo a tratar mejor a los animales, sino también a tratar mejor a los otros humanos.

La compasión activa el vínculo existente entre cada uno de nosotros y los otros seres sensibles porque se sitúa en el nivel de la comunicación infraverbal y de las emociones arcaicas, que preceden a las identificaciones reflexivas, las representaciones de sí y del otro y las distinciones relativas al género, a la clase, a la etnia y a la especie. Como escribe Claude Lévi-Strauss, la compasión, que es anterior a la reflexión, es la repugnancia innata por ver sufrir inútilmente a cualquier ser sensible, una repugnancia y, por lo tanto, un sufrimiento por el otro que se me imponen independientemente de mi personaje social. La compasión proviene, por consiguiente, tanto de la identificación con el otro, incluido el más otro de todos los otros, el animal, como del rechazo a la identificación consigo mismo, es decir, de sus atributos sociales o de las representaciones vinculadas a la división entre humanos y no humanos.[45] La compasión atestigua un plus de vida y un excedente: no todo se ha entregado como pasto al ego si el sujeto puede sufrir por el otro, sobre todo por un ser que no pertenece a su especie.

Más aún, la compasión pertenece al dominio de transdescendencia y dispone al sujeto a la consideración. Siendo a un mismo tiempo natural y cultural, afectiva y racional, animal y humana, la compasión puede, siempre que sea consciente, pasar de un plano a otro.[46] Desempeña un papel análogo al de la humildad, al abrir al individuo, a poco que preste atención a lo que siente, a la comunidad de destino que lo une a todos los vivientes de carne y hueso. Al reflexionar sobre su experiencia de la compasión, se ve inducido a modificar su estado de conciencia. La compasión prepara así al individuo a tener sentido de la obligación y a considerar el valor propio de cada viviente sin abusar de los seres vulnerables cuya vida se le ha confiado. Y a la inversa, cuando los humanos no cultivan en su foro interno esta capacidad de compadecer, no puede haber, en la sociedad, ni ley ni costumbres ni virtud.[47]

Nuestras relaciones con los animales revelan lo que somos y, al situarse en el área del sentir, desempeñan un papel fundamental en una educación moral que no tiende solo a enseñarnos las reglas de un razonamiento lógico ni a trans-

---

45   C. Lévi-Strauss, *Antropología estructural*, Buenos Aires, Siglo XXI, 1979, p. 41, donde comenta la nota sobre la compasión de Rousseau, en el discurso *Sobre el origen y los fundamentos de la desigualdad entre los hombres*.
46   *Ibid.*, p. 41.
47   *Ibid.*, p. 44.

mitirnos conocimientos, sino también a cultivar en nosotros la compasión, que constituye el momento pático de la moral. Corresponde a la capa primitiva de la empatía que es la otra inclinación que conviene fomentar para aprender a vivir mejor con los otros.

La empatía es esencial en la ética, tanto si pensamos en el papel que desempeña en medicina, en los cuidados veterinarios, como también, de manera general, en la vida social y política. Posee varios estratos, que la imagen de la muñeca rusa ilustra bien.[48] En el corazón de la empatía, que corresponde a la muñeca más interior, se encuentra la propensión a responder al estado emocional del otro, es decir, en el fondo, la compasión. En torno a este núcleo mamífero, común a los humanos y a numerosos animales, está la capacidad de reconfortar al otro. Finalmente, el último estrato, que envuelve a los dos primeros, es la capacidad que tiene un ser de prestar a otro una ayuda específica. La mayoría de los animales no poseen este último estrato; no tienen la capacidad de ponerse en el lugar de otro con el objetivo de identificar sus necesidades específicas y responder a ellas de forma adecuada, ya que esto requiere la capacidad de imaginar lo que conviene a otra especie distinta de la suya. El humano, en cambio, tiene el poder de transportarse al mundo del otro, lo cual le permite aportar cuidados adecuados a seres que son distintos de él, aunque también manipular a sus semejantes.

Así, en sus capas superiores, la empatía es una modalidad del entendimiento que implica la distinción yo/no yo. Supone facultades de comprensión que explican también que los humanos puedan torturar física y psíquicamente a otro

---

48 F. de Waal, *La edad de la empatía. Lecciones de la naturaleza para una sociedad más justa y solidaria,* Barcelona, Tusquets, 2022, p. 256s.

individuo. La insensibilidad al dolor ajeno y la crueldad caracterizan a las personas que poseen las capacidades cognitivas correspondientes a la capa exterior de la empatía, pero carecen del núcleo primitivo de la empatía. Pueden adoptar el punto de vista del otro y comprender sus deseos, sus necesidades y sus debilidades, pero no tienen compasión alguna. La muñeca rusa es entonces un cuenco vacío: estas personas se desinteresan de los efectos de su comportamiento sobre el otro; solo les concierne lo suyo, lo cual no les impide prosperar en los sistemas económicos y políticos que fomentan la crueldad.

La transdescendencia es la vía que permite poseer los tres estratos de la empatía, sin que la capacidad que se tiene de saber lo que hace bien o mal a los otros se utilice para dominarlos. Ahora bien, la compasión y la relación que establecemos con los animales alimentan la transdescendencia. Al ayudarnos a conectarnos a nuestras emociones más profundas y a mantener a distancia las representaciones sociales que establecen la separación entre los seres, los animales nos ponen sobre el camino de la consideración.

4. Nacimiento, convivencia y política

El milagro que salva al mundo, a la esfera de los asuntos humanos, de su ruina moral y «natural» es en último término el hecho de la natalidad, en el que se enraíza ontológicamente la facultad de la acción. Dicho con otras palabras, el nacimiento de nuevos hombres y un nuevo comienzo es la acción que son capaces de emprender los humanos por el hecho de haber nacido. Solo la plena experiencia de esta capacidad puede conferir a los asuntos humanos fe y esperanza, dos esenciales características de la existencia humana que la Antigüedad griega ignoró por completo.

HANNAH ARENDT, *La condición humana*

POLÍTICA DE LA CONSIDERACIÓN

El horizonte político de la consideración

La consideración no concierne solamente a la ética; tiene también un sentido político. Ese horizonte político de la consideración se debe a que es esencialmente preocupación por el mundo y a que la transdescendencia es un saber vivido que empuja a la acción e implica el deseo de transferir un mundo habitable. Todo está en saber qué organización política puede permitir a los individuos practicar hoy la consideración e inscribirse individual y colectivamente en una trayectoria que lleve a un modelo de desarrollo ecológicamente sostenible y más justo con los seres humanos y los animales. Este interrogante conduce a la búsqueda de las disposiciones morales y amorales y de las capacidades que ayuden a los ciudadanos a crear esta organización política y a mantenerla. No obstante, primero hay que identificar lo que se opone a ello.

Sin duda hay obstáculos puntuales y dificultades que explican que la vida en sociedad es más o menos armoniosa y que las políticas públicas están más o menos adaptadas a los retos de nuestro tiempo. Pensar lo contrario de la consideración, qué hace incomprensible la preocupación por el mundo y hasta la preocupación por sí mismo significa pensar la dominación. Esta aplasta a los seres que se sienten superfluos y opone a unos contra otros, mientras el retraimiento sobre sí mismo genera la desconfianza y la eclosión de pasiones tristes que tienen un papel importante en la descomposición de la sociedad y favorecen la aparición de gobiernos autoritarios, incluso fascistas.

Por eso no hay que contentarse con analizar la política, es decir, el conjunto de las técnicas que sirven para conquistar y conservar el poder. No basta tampoco con reflexionar sobre las instituciones o sobre el Estado concibiéndolos como simples medios para administrar la vida en sociedad, la sanidad, la cultura, la economía. Es, en efecto, indispensable pensar lo político, que designa lo que funda la vida colectiva, con anterioridad a todo contrato, a toda jurisdicción o al problema de saber quién manda. La naturaleza de lo político tampoco puede definirse solo a la luz de las nociones de autoridad y de poder. Hay que comprender qué es lo que puede llevar a los individuos a optar por un sistema deshumanizador.

Es, pues, necesario estructurar el análisis que hacemos de los fenómenos políticos con un interrogante filosófico sobre la relación que los seres humanos mantienen consigo mismos, con los otros y con lo político. Esto último hace referencia al dominio público, que es el espacio donde los seres humanos se reúnen para decidir sobre el conjunto de los asuntos relacionados con sus objetivos y sus intereses comunes para construir el mundo en el que quieren vivir. No existe *a priori* o, al menos, no es nada sin la voluntad de los individuos y puede ser destruido si estos ya no tienen el deseo de vivir juntos y son víctimas de la desubjetivación que los priva de la fuerza necesaria para conducirse de manera libre y responsable.

De modo que, para entender cómo crear un espacio público que haga posible el proceso de subjetivación que explique que los individuos participan con su trabajo y su compromiso en la renovación del mundo, hay que pasar de la ciencia política y hasta de las teorías contemporáneas de la justicia a la filosofía política. Su especificidad consiste en apoyar la reflexión política en una filosofía que busque en la condición humana las estructuras de la existencia o sus invariantes. Estas dan profundidad a lo político y sacan a la luz lo que está en juego en el derribo de la democracia y la dominación totalitaria, pero también en el economismo. Por lo que el reto de una política de la consideración es mostrar cómo implementar y mantener la organización política correspondiente a la preocupación por sí mismo y por el mundo.

Por todas esas razones iremos tras los pasos de Hannah Arendt. Aunque sea en un contexto diferente, su filosofía política ofrece instrumentos particularmente adaptados a nuestro tiempo. Nos muestran, efectivamente, cómo reparar

lo político y sacan a la luz el vínculo existente entre el aislamiento y la tentación totalitaria, capaz de resurgir siempre
que los individuos son abandonados a la pura indigencia en
el terreno social, económico y cultural y cuando lo político
amenaza con colapsar.[1]

La tentación totalitaria y el economismo

A diferencia de la tiranía, el totalitarismo rige en todos los
dominios de la vida, priva a los individuos de libertad mediante
la coacción y la amenaza e impone una ideología extremista.
No se refiere a un reino despótico, sino a un proyecto de dominación total: lo que está en juego es la aniquilación del individuo y de la espontaneidad, la muerte de la persona moral y
jurídica y la destrucción premeditada de su dignidad.[2] Los seres
han de ser reducidos a un conjunto de reflejos condicionados,
incapaces de la mínima respuesta personal. Esta fábrica de lo
absurdo, que explica que las víctimas sean destruidas psíquicamente antes de ser ejecutadas y que su desaparición despoje a
la muerte de todo su significado, apareció con todo su horror
en los campos de concentración y exterminio. Destruyendo
el valor de la persona humana y persuadiendo a cada una de
ellas de su superfluidad, la aísla y la hace incapaz de resistir al
mal, generando incluso, en ciertas situaciones, una «fraternidad
en la abyección».[3] La conciencia entonces no sirve de nada,
porque el bien se vuelve imposible y se difumina la línea de
demarcación entre el verdugo y su víctima. En este aspecto,
los campos de concentración son también «los laboratorios en

1 H. Arendt, *Los orígenes del totalitarismo,* Madrid, Alianza, 2007, pp. 635-636.
2 *Ibid.*, p. 613.
3 *Ibid.*, p. 608s. .

los que se pone a prueba la creencia fundamental del totalitarismo de que todo es posible».[4]

La particularidad del totalitarismo es ser característico de las democracias de masas. Pues es en este tipo de sociedad donde los individuos pueden experimentar el aislamiento, es decir, una absoluta no-pertenencia al mundo que los empuja a someterse a un orden totalitario. Cuando se rompe la relación con el mundo como creación, escribe Hannah Arendt, la esfera pública, en la que los seres actúan juntos en la búsqueda de una empresa común, se destruye.[5] Solo queda el puro esfuerzo del trabajo, el esfuerzo por mantenerse en vida. Sobrevivir o escapar de la realidad, refugiarse en la distracción o la rutina, no pensar. No solo las personas pierden el sentido de lo que las une a las otras, sino que, además, se sienten de sobra; se ven a sí mismas como peones anónimos e inútiles y se comportan como autómatas. Justamente porque representa un sistema que persuade a todos de su superfluidad, el totalitarismo es una amenaza en el mundo actual. El número cada vez mayor de individuos sin lugar determinado, indeseables y considerados superfluos en una tierra superpoblada, hace que el riesgo de derivas totalitarias sea cada vez más apremiante.[6]

Lo que define el totalitarismo, más allá de la barbarie de la que se han hecho culpables los regímenes que le están históricamente asociados, es que no solo se trata de la explotación de los seres humanos, sino de su aniquilación. Este sistema de dominación total solo puede hacerse realidad porque los individuos se han vuelto vulnerables al mal político. Cabe denunciar la ausencia de ideal, la muerte de Dios y la pérdida de toda experiencia de la transcendencia para explicar este fe-

4   *Ibid.*, p. 589.
5   *Ibid.*, p. 635.
6   *Ibid.*, p. 616.

nómeno subrayando el estrecho vínculo entre desubjetivación y totalitarismo, pero estas explicaciones no son suficientes. El terrorismo islámico, que invoca la creencia en el más allá, es también una ideología extremista ligada a un proyecto de dominación total que transcurre por la aniquilación de los individuos y recurre a la violación, a la tortura, etc.

Por otra parte, es interesante comprender que el totalitarismo no podía existir en la época de Platón y de Aristóteles, que solo conocían la tiranía. Y en el caso de Bernardo de Claraval, este monje aceptó en 1146, a petición del papa Eugenio III, predicar la segunda cruzada contra los cátaros (aunque luego admitió, en cartas escritas al papa exiliado, el completo fracaso de esta empresa). Estos hechos dan prueba de la presencia de un fanatismo religioso y de una intolerancia que muestran que la consideración puede estar contaminada de relativismo si no se reconoce el valor moral de todos y cada uno de los seres. Como vemos, la consideración debe ser objeto de un examen crítico siempre renovado y necesita una organización política para mantenerse. No obstante, hay una diferencia de naturaleza entre las cruzadas de la Edad Media y el totalitarismo, especialmente el nazismo. Las cruzadas se emprendían contra humanos sospechosos de herejía a los que se imponía una religión, mientras que la ideología nazi implicaba la aniquilación de los individuos no por sus creencias, sino por el mero de ser lo que eran, negándoles el derecho de pertenecer a la humanidad.

La voluntad de negar la individualidad como tal pertenece al núcleo íntimo del totalitarismo. El nazismo es su emblema, porque impone odiar a la persona moral en nombre de una concepción esencialista de lo humano que lleva a separar el mundo en puros e impuros, en *Menschen* y *Untermenschen*. En la Antigüedad griega, incluso el esclavo tiene su individualidad, como vemos en Homero y en las tragedias griegas. En el totalitarismo, el ser humano no es más que un número y así se percibe él a sí mismo. Esto es, por lo demás, lo que explica que pueda adherirse a una visión del mundo en la que la individualidad, la libertad, la alteridad, la creación, la imprevisibilidad y todo lo que es producto de la espontaneidad humana carece de valor. Solo cuenta la pertenencia a una comunidad, definida, en el caso del nazismo, según criterios biológicos.

El totalitarismo extingue por naturaleza la fuente de toda creatividad y de toda espontaneidad, reduce toda iniciativa individual y homogeneiza lo real. Es inseparable del proyecto de transformar la naturaleza humana, utilizando la tecnología, la medicina, el trabajo y hasta el arte y la cultura para conseguir sus fines. Los individuos se ven como los engranajes de un proyecto colosal y miembros de una raza, etnia o nación concebidas como una entidad o una especie separada que solo puede sobrevivir sometiendo o exterminando a los otros pueblos. Esta ideología solo puede expandirse si los seres carecen de los recursos necesarios para creer en su propia capacidad de renovar el mundo inscribiéndose en un mundo más antiguo que ellos y aportándole creaciones nuevas e imprevisibles que son fruto de su libertad. La pérdida de esta capacidad puede también explicarse por un sistema económico que destroza a la persona, la priva de todo reconocimiento en su trabajo e instala, como sustituto del espacio público, el mercado desregulado. En este sentido, sin equiparar el economismo con el nazismo y tomando todas las precauciones necesarias para calificar las formas actuales de la tentación totalitaria, pensamos que la subordinación de lo político a la economía representa una amenaza tanto para los individuos como para la preservación de la democracia.

Un sistema de dominación puede aparecer en una sociedad como la nuestra y adaptarse a las nuevas tecnologías de la información o coexistir con el derecho internacional. El derecho de voto e incluso la afirmación de la soberanía de los Estados democráticos, que son en principio los garantes del respeto a los derechos subjetivos y a las normas en materia de protección social, derecho laboral y medioambiente, pueden subsistir sobre el papel mientras que, en la realidad, su funcionamiento es puesto en cuestión de una manera grave. Tampoco los derechos humanos y las legislaciones de los distintos países podrán oponerse a la utilización de las biotecnologías por individuos y grupos que desean modificar el genoma humano, y que, además, poseen enormes recursos financieros. El transhumanismo comparte con el totalitarismo esa misma voluntad de transformar la naturaleza del ser humano añadiéndole la perspectiva de crear una nueva especie. El economismo, por su parte, que se caracteriza por la destrucción progresiva del espacio público y por la mercantilización, puede preparar el terreno a soluciones totalitarias y explica, sin duda, la fascinación que las ideologías extremistas llegan a ejercer en personas que viven en un mundo en el que el trabajo y los intercambios se han vaciado de su sentido y en el que la soberanía de los Estados se parece a un espejismo.

Este proceso de destrucción de lo político se pone en marcha cuando la liberalización total del comercio se extiende a todos los bienes que, hasta ese momento, estaban sustraídos al mercado, porque responden a un servicio público o están vinculados a un interés general que justifica que no sean objetos de especulación. Se llega a la creación de monopolios por grupos privados cuya competitividad se basa en que producen a costes muy bajos porque las normas medioambientales y sanitarias que aplican no son exigentes, en que emplean a trabajadores temporeros procedentes de países pobres o a «desplazados» y no se preocupan del bienestar animal. Progresivamente, estas multinacionales constituidas en *lobbies* encuentran cada vez menos obstáculos y ejercen un verdadero control sobre la economía, pero también sobre los gobiernos que, incapaces de limitar su poder, ceden a sus presiones.

No son tanto esas multinacionales las responsables de esta situación como lo que hace posible su dominación, a saber, el economismo. Este último implica la subordinación de lo político y de todas las dimensiones de la existencia a la economía que ya no es concebida como la administración prudente de la casa y luego de los bienes del Estado y ya no está tampoco al servicio de los seres humanos y de la vida. El economismo representa una concepción errónea de la economía, porque lo que es un medio se considera un fin. En realidad, el economismo destruye lo político y pone la política a su servicio. En resumen, se caracteriza por la homogeneización de todos los ámbitos del bien asimilando la agricultura, la ganadería o los servicios a industrias o a la producción de objetos manufacturados. Esta homogeneización de lo real, que va de la mano de la mercantilización de lo viviente y de una deshumanización creciente, le permite pervivir. Como el economismo se extiende a todas las esferas de la vida y se impone en todos los niveles, de los individuos a las comunidades locales y a los gobiernos, la ideología en la que se sustenta deviene ideología dominante; esta parece ser la única compatible con el principio de realidad. Y así destruye las instituciones democráticas, erosiona los acuerdos que las sustentan y derriba los últimos bastiones de resistencia a la instalación de un orden economista del mundo. En este sentido puede hablarse de dominación total. No obstante, se trata de una ideología falaz inadaptada a los retos de nuestro tiempo.

En efecto, el economismo es un monismo ligado a la idea de que todas las esferas del bien tienen igual medida, que se puede pensar la eficacia y la producción de igual manera tanto si se trata de un coche como de un ser vivo. Esta idea, que ofende al sentido común, se impone en nombre del lucro. Este se concibe también de forma errónea: se lo identifica con el enriquecimiento de un grupo privado, y no se lo evalúa en función del lugar de la empresa en el seno de un ecosistema, por consiguiente sin tener en cuenta el impacto medioambiental de la producción ni sus consecuencias sobre los humanos y los no humanos y sobre las generaciones futuras. En el orden economista del mundo, los humanos, la naturaleza y los animales no son más que medios para enriquecer a grupos privados que se perciben como entidades separadas, y predominantes, del mundo. Esta ideología evidencia una triple negación: negación de la dimensión relacional de las empresas, que no son entidades exentas de un entorno geográfico y social;[7] negación del sentido de las actividades que deben organizarse en función de su valor para mantener la mesura y el sentido de los límites; negación del valor intrínseco de los seres, humanos y no humanos, implicados en esas actividades económicas. Cuando reflexionamos sobre el hecho de que la consideración supone que se estima el valor propio de cada cosa con la vista puesta en la preservación del mundo común, vemos que se opone fundamentalmente al economismo.

Si este sistema se mantiene, cuando de hecho descansa sobre una mentira y lleva a la explotación sin límites de la naturaleza, de los otros vivientes y de los humanos, así como

---

7 N. Luhmann, *Sistemas sociales. Lineamientos para una teoría general,* Barcelona, Anthropos, 1998.

a la negación de lo político, se debe también a que ha convencido a la mayoría de la gente de que la competitividad es la razón principal de la asociación y el poder la cima de lo agradable. Sin embargo, la cooperación, la solidaridad y la convivialidad desempeñan un papel al menos tan importante como la competencia en las sociedades humanas y animales.[8] Además, esas disposiciones morales pueden poner a individuos y colectividades sobre una trayectoria que los aproxime a un modelo de desarrollo a la vez más justo, más sostenible y más sensato, sobre todo en un momento en que el riesgo de catástrofes ecológicas es suficientemente importante como para hacer peligrar la economía.

El economismo es, así, un coloso con pies de barro, por más que el imperio del lucro, el aislamiento de los seres, el repliegue sobre sí, la exacerbación del miedo al otro y del deseo de dominación, así como la adicción al consumo, se refuercen mutuamente. Se nutre todo ello de una misma fuente: el individuo pensado de manera atomista, separado de los otros y sin arraigo, el sujeto al mismo tiempo vacío y total del aislamiento, que vive inmerso en la inseguridad y con la angustia de perder lo que tiene, el *homo œconomicus*, siempre ávido y jamás satisfecho, descontento de sí, envidioso de los otros y extraviado en un mundo donde las cosas parecen haber perdido su valor propio. Para mostrar cómo se puede remplazar progresivamente este sistema y refutar la antropología falsa en la que se apoya, es necesario destacar la importancia de las dos categorías principales que fundan la política de la consideración, a saber, la natalidad y la convivencia.

---

8   F. de Waal, *La edad de la empatía, op. cit.*, p. 251s.

El recién nacido, rostro de la consideración

La natalidad es la categoría principal de lo político.[9] Se refiere al significado simbólico y político del nacimiento que, por el vínculo que nos une a las otras generaciones y al mundo común, es el esquema de la condición humana. La natalidad funda una política de la consideración, es decir, una organización política en la que el ser humano, incorporándose a un mundo más antiguo que él, participa en los esfuerzos de las generaciones pasadas y presentes para hacerlo habitable y renovarlo.

El hecho de haber nacido significa que nos han precedido otros individuos. La incapacidad que tenemos de pensar nuestro nacimiento en primera persona ilustra esta verdad antropológica: solo podemos ser nosotros mismos porque otros nos han puesto en la existencia. Que el nacimiento nos sitúa de entrada en la intersubjetividad, subrayando la anterioridad del otro y del mundo respecto de nosotros y el hecho de que no somos nuestro propio origen, no es sin embargo lo único interesante de esta noción. En efecto, cada recién nacido es un ser imprevisible y totalmente nuevo que viene de bastante más lejos que de sus padres, de un número indefinido de seres humanos únicos. La unicidad de la persona depende de la pluralidad humana.

Su capacidad para iniciar algo nuevo, para innovar, para poner en práctica iniciativas no previstas, hace del recién nacido, de alguien a quien nadie había visto antes y que es un desconocido, un milagro que salva al mundo de su rutina. Cada recién nacido lleva en sí la esperanza de una renovación del mundo. El nacimiento, a diferencia de la reproducción, es

---

9   H. Arendt, *La condición humana, op. cit.*, pp. 36 y 265.

el símbolo de la libertad. Esta radica en la dimensión inter-subjetiva de nuestra existencia y es inseparable de la alteridad de cada uno de nosotros. Concebida como creatividad, como facultad de comenzar y mandar *(árkhein)* y luego de poner algo en movimiento *(agere)*, es categoría de la acción. El nacimiento de seres siempre otros y nuevos nos enseña que la pluralidad es la esencia de la política. Descansando sobre la condición humana, no se apoya en ningún esencialismo y pone de relieve la necesidad de tener en cuenta, en toda organización política digna de tal nombre, la alteridad y la diversidad, y de promover la capacidad de los individuos de renovar el mundo. De modo que se opone a toda concepción biologizante del humano, a la transformación de los individuos en autómatas, a su mercantilización y a su deshumanización.

Cuando celebramos el nacimiento de un niño, sosteniéndolo en brazos, mirando a este ser del que nadie puede adivinar qué hará ni qué será, admiramos esa capacidad que posee de renovar el mundo. Nos sentimos conmovidos por este recién nacido que no conoce el mundo al que se incorpora y al que el mundo no conoce todavía, y valoramos la indeterminación y la imprevisibilidad que están en el fondo de cada ser humano y condicionan también su libertad entendida como el poder de realizar un acto que rompe con el pasado. La natalidad significa que todo ser humano, por el hecho de haber nacido, no solo es capaz de llevar a cabo una acción nueva, sino más aún que debe hacerla. El recién nacido nos remite a todos al hecho de que debemos asumir nuestra libertad y actuar y comprometernos en el mundo, en lugar de encerrarnos en comportamientos estereotipados.

Dar con un recién nacido es, pues, recordar la propia libertad, reencontrar más allá de las propias costumbres el poder de ser osados. A pesar de todo lo que nos persuade de que nada es nuevo bajo el sol, nosotros tenemos también la capacidad de innovar y renovar el mundo. Este cara a cara con el recién nacido significa que hemos sido esa promesa y, ante el niño, nos preguntamos si la hemos mantenido. ¿Hemos desarrollado nuestro potencial o bien nuestra existencia no ha sido más que una secuencia de renuncias que nos han privado del sentimiento de tener una vida cumplida, privando igualmente al mundo de una riqueza que no hemos sabido expresar?

Cuando tratábamos de la magnanimidad en Descartes, insistimos en la importancia de la libertad y en el coraje que consiste en reconocer que no hay receta que pueda dictarnos nuestra conducta, sino que, hagamos lo que hagamos, nuestra ipseidad está siempre en juego. Lo interesante de esta filosofía de la natalidad inspirada en Hannah Arendt es que la libertad tiene aquí el rostro de otro: el recién nacido. Debemos asumir nuestra libertad no para cuidar de nosotros mismos, sino por amor al mundo. El recién nacido nos prescribe actuar de modo que el mundo acoja la alteridad y la pluralidad y que seres nuevos puedan continuar habitándolo. Tiene el rostro de la consideración.

En él, consideramos el linaje de los antepasados que lo trajeron hasta nosotros. Consideramos su alteridad, su misterio, su fragilidad y la necesidad que tiene de ser acogido en este mundo y de ser reconocido por los otros. Nos hacemos también conscientes de la responsabilidad que nos incumbe, que consiste en actuar siendo libres, pero también en cuidar del recién llegado y educarlo, enseñándole las reglas de la vida en común para que tenga los medios de proponer algo nuevo que pueda ser transmitido y durar. No se trata, pues, solo de legarle un mundo habitable y de promover una sociedad que dé cabida a la alteridad y a la pluralidad. También es importante cultivar su capacidad de pensar y de actuar como ser libre.

Sentimos inquietud, con razón, por el mundo que vamos a dejar a las generaciones futuras y por el futuro de los más jóvenes. La categoría de natalidad nos invita a preguntarnos qué hijos vamos a dar al mundo. ¿Sabrán preservarlo, para que siga siendo habitable y abierto a la pluralidad? Al hacer del recién nacido el emblema de la consideración, insistiendo en el potencial y en la imprevisibilidad ligados a la llegada al mundo de cada persona, pero también en su incorporación a un mundo que ya está ahí, con sus tradiciones y sus códigos, destacamos el hecho de que cada nacimiento es a la vez novedad y continuidad. Quienquiera que lleve en brazos a un recién nacido debería pensar inmediatamente en lo que este último necesita para alcanzar su pleno desarrollo. Esto significa reflexionar sobre el tipo de organización política que pueda permitirle realizarse y comprender que los recién llegados deben ser acogidos en un mundo estable que los ayude a situarse en relación con el pasado y a crear algo nuevo capaz de hacer evolucionar ese mundo. Es en ese sentido como el recién nacido puede ponernos sobre el camino de la consideración.

La acción política requerida implica un compromiso a favor de la transición hacia un modelo de desarrollo en el que la economía esté al servicio de la vida, y donde no se confundan las esferas del bien y la amenaza del colapso se haya superado gracias a políticas valientes. Exige también que los más jóvenes sepan que se incorporan a una tradición que pertenece al mundo común. Esta comprensión remite al proceso de individuación del que se ha tratado en los capítulos anteriores, pero requiere también instituciones. Porque la estabilidad que necesitamos para crecer depende de una organización política que no está dada de una vez para siempre. La coexistencia entre los seres debe organizarse de tal manera que la libertad y la pluralidad, la creatividad y la estabilidad sean posibles. Los más jóvenes, por lo tanto, deben disponer de puntos de referencia, conocer las obras, las palabras y los hechos que han contribuido a la construcción de una comunidad. Solo con esa condición podrán crear nuevas obras, decir palabras nuevas, emprender acciones que serán su contribución propia y que alimentarán a los otros humanos presentes y futuros. La comunidad que los acogió al nacer podrá de esa manera renovarse por lo que ellos habrán realizado. Esta dialéctica entre lo viejo y lo nuevo requiere que lo político no sea destruido, contrariamente a lo que pasa en la dominación totalitaria que exige que todo sea renovado, destruyendo obras y fomentando el rechazo o el desconocimiento de la tradición. Explica asimismo la misión y la dificultad de la educación, que debe crear las condiciones de la renovación del mundo enseñando el conocimiento del pasado, así como el amor al mundo.[10]

Sin eso último, los que nacen hoy y los que son jóvenes no podrán mantener su promesa y no podrán aportar ninguna respuesta al nihilismo. Apoyándose en el principio de que todo está permitido y engendrando seres sin raíces, el nihilismo es una de las condiciones de la eclosión del totalitarismo. No ofrece, por supuesto, ningún remedio contra la tentación totalitaria. Al contrario, el sistema de dominación total propia del totalitarismo se alimenta con el descorazonamiento y la pérdida de puntos de referencia y con la experiencia de no pertenecer al mundo común, que es la consecuencia. El nihilismo conduce a los individuos a adherirse a ideologías que les hacen perder toda su humanidad y creer que «todo es

---

10   Id., «La crisis en la educación», en *Entre el pasado y el futuro, op. cit.*, pp. 185, 197–204, 206s.

posible», porque ninguna representación de sí y del mundo y ninguna emoción positiva sustituyen su rechazo inarticulado de la civilización.

Hannah Arendt piensa el amor al mundo *(amor mundi)* según el modelo del amor al prójimo porque el amor al mundo implica la voluntad de participar en el esfuerzo común para poder salvaguardarlo. Su principio puede expresarse así: quiero que vivas. Se trata del compromiso de un ser que ha comprendido de dónde viene y sabe que el mundo común da sentido y peso a la existencia. Su deseo es que este mundo común dure y sea siempre habitable para hacer sitio a aquellas y aquellos que vendrán después y que, a su vez, deberán transmitirlo y asegurar su salud. Nace así la conciencia política, el hecho de sentirse responsable del mundo y de hacer todo lo posible para luchar contra la deshumanización. Sin embargo, sin un trabajo de comprensión tanto de sí mismo como del mundo común al que llegamos naciendo, esto es, también de la sociedad particular que nos acoge, y sin el coraje de soportar la realidad, ninguna reconciliación con lo real y ningún compromiso a favor del mundo son posibles. Por eso es difícil ejercer la propia libertad política si no se ejerce la consideración, sea cual sea el grado al que se haya llegado. Para practicarla, los humanos necesitan una buena organización política que la haga posible y esté anclada en la natalidad, pero solo practicando la consideración conseguirán preservar esta organización política y tener amor al mundo, que es un remedio contra el nihilismo.

Sin embargo, no todo el mundo llega a ese amor al mundo o no puede expresarlo como Hannah Arendt lo hace tras la redacción de los tres volúmenes de *Los orígenes del totalitarismo,* cuando escribía a Karl Jaspers que se sentía agradecida al comprobar esa capacidad nueva que tenía de amar al mundo:

«Me gustaría traeros esta vez el ancho mundo. Empecé tan tarde a amar de verdad a este mundo [...] y debería ser capaz de amarlo de verdad. En reconocimiento, titularía mi libro sobre las teorías políticas *Amor mundi*».[11] La inteligencia de lo real, que es el fruto de un trabajo de comprensión que requiere tanto la razón y el ejercicio del juicio como el corazón y los afectos, generó en Hannah Arendt el amor al mundo, que es amor al mundo presente, y no una construcción intelectual que sirva de refugio. La filosofía política ha sido, para ella, el ejercicio de la consideración. La profundidad de su análisis de los fenómenos políticos, que ella vincula a una filosofía de la existencia, le ha permitido ofrecer a sus contemporáneos y a las generaciones futuras puntos de referencia que ayudan a seguir siendo humanos en un mundo inhumano. Es importante valorar la importancia de este proyecto dedicado a la reconstrucción del mundo e inspirarse en él, mientras nos preguntamos qué es lo que puede poner sobre el camino de la consideración a aquellas y aquellos que no tienen esa profunda inteligencia de lo real o no quieren emprender esa dura labor. ¿Qué caminos ofrece una política de la consideración a la mayoría de los individuos? ¿Qué se requiere para que los seres humanos no se abandonen al aislamiento, sino que participen en la obra común de preservación o de reconstrucción de la democracia y qué papel desempeña el ser reconocido en el proceso de subjetivación que puede conducir al amor al mundo?

---

11   H. Arendt y K. Jaspers, *Correspondance, 1926-1969,* París, Payot/Rivages, 1996. Véase la carta de Hannah Arendt del 6 de agosto de 1955. El libro del que habla no verá la luz del día, pero el tema del amor al mundo, así como el paso del resentimiento al agradecimiento, no cesarán de imponerse a Arendt. Véase V. Albanel, *Amour du monde. Christianisme et politique chez Hannah Arendt,* París, Cerf, 2010, p. 319.

LA CONVIVENCIA

Coexistencia, convivialidad, convivencia

La convivencia[12] expresa el deseo de vivir juntos. Precede al contrato social y hace posible, desarrollando en los ciudadanos los sentimientos, los afectos y las capacidades que les dan el sentido de la obligación y disponiéndolos a obedecer las leyes, deliberar y participar en la vida de la ciudad. La convivencia puede evitar la destrucción de lo político. Se trata, con la natalidad, de una categoría emblemática de la política de la consideración, y su particularidad es explicar cómo es posible esa política, aun cuando los individuos no lleguen a alcanzar los grados más elevados de la consideración. Aunque la convivencia consiste en pasar de «vivir de» a «vivir con» y, en un plano ideal, a «vivir para», no exige que todos los ciudadanos se remitan a un horizonte tan amplio como el mundo común tal como lo hemos definido, incluyendo a todos los seres vivos y a todas las generaciones.

La convivencia es, pues, la noción central de lo político en cuanto este se refiere a la organización de una comunidad particular. Este objetivo es modesto solo en apariencia, porque las democracias son frágiles, la armonía social a menudo superficial y porque la convivencia requiere un conjunto de capacidades morales y amorales que no son ciertamente innatas. En fin, aunque la consideración culmine en el amor al mundo, que

---

12   Robert Maggiori fue el primero en emplear este término, que introdujo en el idioma francés, convirtiéndolo en una noción filosófica, en *De la convivance. Philosophie de la liberté ou philosophie de l'amour?*, París, Fayard, 1985. Nos adherimos a sus análisis, pero damos un sentido algo diferente y plenamente político a esa noción esencial que, por otra parte, une la teoría política y la filosofía de la corporeidad tratada en *Les nourritures, op. cit.*

da una manera de ver a aquel o aquella que se compromete a la acción política, la convivencia es necesaria para que los individuos se comporten como ciudadanos y participen en la creación de un espacio público indispensable para el mantenimiento de una democracia sana.

El término de *convivance*, que entró en 2004 en el *Dictionnaire de la langue française*, no solo se refiere al período en el que judíos, musulmanes y cristianos convivían en España en relativa armonía entre 711 y 1492. El término occitano *convivencia* implica sin duda la idea de una coexistencia pacífica, que supone el respeto a las diferencias y a la igualdad, así como tolerancia religiosa. No obstante, la convivencia va más allá de la simple coexistencia y hasta de la cohabitación, que no excluyen la indiferencia. La convivencia traduce no solo el deseo, sino también el placer que hay en vivir juntos, los unos *con* los otros, y no solo unos al lado de otros. Esa dicha, que encontramos igualmente en la convivialidad, sugiere la existencia de lazos de sociabilidad y complicidad entre individuos diferentes que no forman una masa homogénea y fija. La convivencia se aplica a una comunidad concebida como un todo dinámico cuya armonía no excluye la pluralidad.

Como en el modelo aristotélico del *synoikismós*,[13] donde la ciudad reúne a individuos procedentes de tribus familiares diversas con lealtades diferentes, la convivencia es el principio de una organización política que se caracteriza por la pluralidad. Es el arte de considerar esta diversidad como una riqueza. Eso significa entender que la armonía de una ciudad es comparable a la de una sinfonía, en la que muchas voces distintas armonizan y se responden. La armonía está ligada al hecho de que percibimos el conjunto, pero es igualmente posible, si se

---

13   Aristóteles, *La política, op. cit.,* II, 2, 1261ª, en p. 28.

presta atención, oír cada voz o cada instrumento y captar sus interacciones. Este resultado es el fruto de una técnica y de un arte; exige el respeto a reglas a fin de evitar las discordancias.

Esta importancia de las reglas, que significa que la convivencia no puede ser asimilada a la amistad, se encuentra en menor medida en la convivialidad. Con ocasión de una comida, cada comensal debe mostrar urbanidad y comportarse con tacto, discreción y bonhomía, respetando el espacio entre los diferentes comensales que no son forzosamente parientes. Asimismo, la convivencia significa que los esfuerzos aceptados por los individuos, incluidas las renuncias que son necesarias para vivir juntos, serán compensados por cierto número de gratificaciones, que son resultado de la satisfacción de sus necesidades, del reconocimiento de su valor y que conducen al sentimiento de que su vida tiene sentido y que ellos están bien allí donde están.

La convivencia comparte con la convivialidad la misma raíz etimológica *(vivere)* que subraya el anclaje de ese placer de existir en la materialidad. El comensal es, por definición, la persona con la que comparto una comida, es decir, alimentos. En la convivencia, la manera en que dependemos tanto de los alimentos como de los otros es también manifiesta. El prefijo *con*, *cum*, expresa esta conexión. Compartir alimentos genera un sentimiento de plenitud que, en la convivencia, no se asocia únicamente al placer, a la buena mesa y a la sociabilidad, como sucede con la convivialidad, sino que expresa además el sentimiento de bien vivir en una comunidad justa.

Esta estrecha relación entre los alimentos, la dependencia recíproca y la justicia es característica de una filosofía política que descansa en una concepción relacional del sujeto que nada tiene que ver con la ontología subyacente a las teorías políticas que fundamentan la asociación en el agregado de individuos aislados. La convivencia articula una reflexión sobre lo político con una fenomenología de la corporeidad y de la existencia. Su punto de partida no es el agente moral autónomo y racional o el individuo definido por la libertad de tomar decisiones y poder cambiarlas; sino que se trata del sujeto encarnado, que tiene hambre y sed y necesita alimentos terrestres y espirituales para realizarse plenamente. La convivencia no apunta solo a procurar que el otro no sufra privaciones; su objetivo es hacer que las situaciones en las que come, alterna o actúa, nutran también su vida, dando sentido y sabor a su existencia. Cuando no experimenta este sentimiento en el seno de la comunidad, siente que sobra, y esto puede desembocar en una ruptura del vínculo social.

No podemos compartir nuestras comidas con los humanos del mundo entero ni tener como comensal a un animal, aunque sea nuestro animal de compañía, porque no entiende el arte de la mesa y no puede someterse a las reglas, al ritmo y a los ritos que, tanto como la calidad de los platos y la virtud de la *gourmandise*, celebrada por Brillat-Savarin, constituyen el corazón de la fiesta o del festín.[14] Asimismo, una comunidad política es una comunidad particular. La convivencia mundial no tiene sentido. Eso no quiere decir que la noción de cosmopolitismo no sea pertinente, pero el punto de vista cosmopolita, y no solo nacional, y la idea de una humanidad única que supone, no generan el placer y el arte de vivir juntos propios de la convivencia.

14   Jean Anthelme Brillat-Savarin da al término convivialidad su sentido actual, que se refiere al placer de compartir una comida y tener invitados: *Physiologie du goût,* París, Flammarion, 2009 (trad. cast., *Fisiología del gusto,* Barcelona, Óptima, 2001). La palabra convivialidad procede de *convivum* (festín), que aparece en el siglo XIII. A partir de 1541, encontramos el adjetivo «convivial» forjado sobre el latín *convivalis* o *convivialis* (lo relativo a la comida, al banquete).

Convivere es, pues, a la vez, comer juntos y vivir juntos. Eso implica compartir alimentos entre personas que se conocen y establecen por ello vínculos privilegiados de sociabilidad entre sí. La emulación, el intercambio y el placer en principio atemperan las rivalidades y permiten que las diferencias y las discrepancias se expresen sin que el vínculo se rompa. De modo que no debemos circunscribirnos a la noción de «convivialidad», porque el arte de vivir juntos no se basa solo en el civismo, sino en una organización política justa que hay que implementar y mantener. La convivencia exige la creación de un espacio público que permita la formulación de un bien común que será el horizonte de todos. Esta exigencia no la requiere la convivialidad: puedo sentirme indiferente a mi comensal, sin por ello faltar a la educación y a la cortesía.

En la coexistencia, el motor del vínculo social no es otro que el interés que cada uno saca del Estado concebido como simple administración. El bien público se percibe como un pastel del que los individuos tienen la impresión de no recibir más que una ínfima parte: imaginan que no hay para todos y que cuantos más indigentes y poseedores de derechos haya, más reducida será la parte que repartir. Al mismo tiempo, todos estimamos que recibimos menos que los otros y, por supuesto, menos de lo que se nos debe. En la convivencia, el interés personal se junta con el deseo y el placer de vivir juntos: cuanto más intercambiamos y cooperamos, renunciando a guardárnoslo todo para nosotros, más ricos somos individual y colectivamente. El bien común tampoco es comparable a un pastel sobre el que hay que velar celosamente y del que cada cual intentaría picotear las partes más sabrosas, porque la justicia, como la verdad, no disminuye en nada cuando se comparte. De modo que la convivencia es el arte de crear un espacio común en el que los individuos encuentran sentido a sus vidas puesto que sus necesidades están satisfechas y ellos se sienten considerados. Esta consideración los incita a cooperar contribuyendo al interés colectivo.

Un método para reconfigurar lo político

El problema político puede enunciarse de la siguiente manera: ¿cómo pueden los individuos vivir juntos expresando sus diferencias y sus discrepancias y, por lo tanto, oponiéndose sin caer en el odio, sino encontrando en la vida en común la ocasión de enriquecerse mutuamente?[15] En lugar de postular que existe una armonía social que la historia, la religión, la lengua y la cultura se bastarían para crearla, o de agitar el espectro del nacionalismo, se trata de buscar las reglas con las que los ciudadanos pueden vivir juntos y de determinar las prioridades de lo político. También la convivencia es a la vez un principio organizador y un método.

Toda política de la consideración se apoya en la convivencia y comienza por reconocer que la democracia es frágil. Esto es especialmente verdadero en el contexto actual porque la prosperidad económica, en la que se apoyaban las democracias liberales, no es accesible a todos, debido al carácter insostenible en el terreno ecológico de nuestro modelo de desarrollo y a que el crecimiento es limitado. Se añaden a ello los conflictos de valores que dividen a los ciudadanos que no comparten las mismas concepciones sustanciales del bien ni la misma religión. La convivencia invita a reflexionar sobre las capacidades dialógicas y el conjunto de virtudes que hay que adquirir, pero

---

15 Encontramos una fórmula bastante cercana en A. Caillé, *Pour un manifeste de convivialisme*, París, Le Bord de l'eau, 2011, p. 19. (trad. cast., *Manifesto convivialista. Declaración de interdependencia,* Granada, eug, 2016).

también sobre los espacios de discusión que conviene crear para que esas divisiones puedan expresarse y se manifiesten en el terreno simbólico, en lugar de ser recuperadas por discursos que apelan al odio.

La convivencia, por consiguiente, no tiene nada que ver con un quietismo que propone la no-intervención en los asuntos públicos ni con la ilusión de una sociedad que reagrupa a humanos que viven, como dice Kant, «una arcádica vida de pastores», unidos por «el completo acuerdo, la satisfacción y el amor mutuo», tan «dulces como las ovejas que ellos pastorean», pero sin ambición y como si hubieran dejado sus talentos «ocultos por la eternidad en sus gérmenes».[16] Los conflictos pueden ser incluso fuente de progreso en el ámbito civilizacional, si es cierto que nuestras mayores virtudes nacen de corregir nuestros defectos y arraigan en tendencias que atestiguan nuestra ambivalencia y nuestra «insociable sociabilidad».[17] Una política de la consideración no implica, pues, que se deba esperar a que los seres humanos se reformen interiormente para organizar la comunidad política. El problema está en crear las condiciones que garanticen que la consideración es posible y que, aunque no todo el mundo alcance su nivel más elevado, sepamos ponernos sobre el buen camino y efectuar la transición a otro modelo de desarrollo sin el que la democracia y la economía colapsarán por efecto de múltiples crisis.

Aunque no habla de convivencia, Richard Sennett utiliza metáforas que ilustran lo que podría ser un proceso de reparación de lo político.[18] La primera manera de proceder

---

16 I. Kant, «Idea de una historia universal desde el punto de vista cosmopolita», en *Filosofía de la historia*, Buenos Aires, Editorial Nova, 1964, pp. 44-45.

17 *Ibid.*, p. 43.

18 R. Sennett, *Juntos. Rituales, placeres y políticas de cooperación*, Barcelona, Anagrama, 2012, pp. 281s, 300-302.

consiste en restaurar un orden antiguo, a la manera en que los artesanos reparan una pieza de porcelana para que se parezca a lo que era antes de haberse agrietado o roto. También se pueden utilizar materiales nuevos como hacen los restauradores de violines antiguos, que utilizan, para las clavijas y las almas, maderas distintas a las usadas en la época de Stradivarius. Sustituyen así ciertas partes para mejorar el funcionamiento del instrumento, cuya forma y uso siguen siendo los mismos que en el pasado. Sin copiar de manera servil, permanecen fieles al espíritu original. Por último, se puede modificar el objeto y cambiar su forma y su uso, lo cual quiere decir que la reparación es una reconfiguración.

En el terreno de la arquitectura, esta última manera de proceder corresponde al trabajo emprendido por Chipperfield, que fue encargado de reconstruir el Museo Arqueológico de Berlín destruido por las bombas en 1943.[19] Intentó integrar su pasado en las remodelaciones y las metamorfosis del edificio, pero sin reconstruirlo idénticamente. No lo bloqueó a las interpretaciones y a los usos del presente. Dejó ver, en algunas salas, los daños de los bombardeos, mientras que en otras los objetos se exponían de manera poco habitual. Creando nuevas salas, abrió también el espacio a actividades que no habían sido imaginadas cuando se construyó el museo, como espectáculos de danza moderna. Su pasado turbulento es evidente, pero acoge significados relacionados con el presente y puede todavía abrirse a nuevas creaciones.

Sin dejar de tener en cuenta lo que distingue a un monumento, siempre fijo, de un cuerpo político, siempre en devenir, puede decirse que la reconfiguración de este museo nos aporta elementos para entender cómo procede la convivencia. La

19   *Ibid.*, pp. 303-308.

integración de los tres tiempos, pasado, presente y futuro, y el carácter experimental del proceso de transformación forman parte de la reconfiguración. Así como Chipperfield tuvo en cuenta el valor simbólico del edificio y utilizó técnicas modernas de construcción y de análisis de las obras inscribiendo el museo en un contexto social dinámico, nosotros debemos reconfigurar lo político sin imaginar que la restauración de algo esplendoroso perteneciente al pasado sea la solución para recrear lazos sociales y devolver el prestigio a una nación. Eso no significa que debamos lanzarnos de cabeza a la globalización o a proyectos cuyas consecuencias no somos capaces de evaluar y controlar, como la producción de energía a partir del átomo. Al contrario, debemos ser conscientes de lo que nos importa y de lo que queremos ser para pensar las condiciones de una firme regulación de la economía y una sabia evolución de las instituciones.

La improvisación desempeña un papel esencial en la reconfiguración. Lo vemos igualmente en la labor de Chipperfield, que tuvo en cuenta el punto de vista de los visitantes del museo. Así, la convivencia no es simple o esencialmente la ejecución de un plan *a priori*, concebido por un líder, un arquitecto o un dirigente político, sino una elaboración colectiva que ese líder debe hacer posible. Si este último practica la consideración, no subordinará sus decisiones a los sondeos y deberá comprender las aspiraciones del público. Sobre todo, se interesará por las diferentes experiencias realizadas aquí y allá por los ciudadanos; son especialmente útiles en la agricultura, la ganadería, la distribución y en todo lo que concierne a la economía social y solidaria. La reorganización de la sociedad y de lo político no puede, por lo tanto, provenir exclusivamente de decisiones verticales. Requiere el conocimiento de alternativas y de innovaciones que muestran, en el ámbito local, la capacidad de los individuos de encontrar soluciones a las dificultades con que se encuentran. El objetivo es, entonces, formular lo que estas iniciativas tienen en común y saber inspirarse en ellas para planificar la acción.

Parece evidente, teniendo en cuenta lo dicho antes a propósito del peligro que representa el economismo y de los estragos a la vez existenciales, sociales y políticos que implica, que lo primero que hay que hacer es redefinir hoy el lugar de la economía. En la medida en que nuestro modelo de desarrollo depende de una definición del crecimiento que no integra el coste ecológico de la producción y del comercio ni su impacto en los animales, es incompatible con la reducción de nuestra huella ecológica y con la voluntad de promover más justicia en las relaciones con los humanos y los no humanos. Más aún, la idea de un crecimiento continuo e indefinido no es ya el soporte de las esperanzas en las sociedades liberales como lo era cuando la aspiración al enriquecimiento personal y al ascenso social reforzaba la adhesión de la gente a la democracia.

Al convertirse en la esfera dominante y al subordinar todos los otros órdenes, político, cultural y social, a una norma generalizada de eficacia mercantil y financiera, el economismo ha acarreado la destrucción de lo político y ha hecho imposible la convivencia. El economismo y la destrucción de lo político que este engendra explican el individualismo y no a la inversa. El aislamiento que lo caracteriza no es la marca de un natural poco cordial o poco convivial de los ciudadanos ni la simple consecuencia de una democracia representativa que aleja a los representantes de los representados, sino el resultado de un conjunto de concepciones, emociones y afectos que impiden que el individuo se sienta vinculado a los otros y tenga deseos de cooperar con ellos.

En una sociedad que ha erigido el dinero en bien supremo, la única vía de acceso al reconocimiento es el enriquecimiento material.[20] Ninguna llamada a la sobriedad, que supondría que la estima y la realización personal toman otros caminos, puede ser oída en este contexto. Las únicas personas que experimentan un sentimiento de realización cuando limitan su tendencia a la desmesura y su sed de prepotencia son las que se han liberado intelectual, psicológica y socialmente del modelo dominante y disponen de los medios económicos y culturales para hacerlo. Inmersos en una lógica mercantil, la mayoría de los individuos se sienten como si sobraran y tienen la impresión de ser rechazados por la sociedad cuando no andan tras el estandarte del éxito material.

La convivencia está en peligro cuando una parte de la población ya no cree que la sociedad pueda estar organizada de manera que garantice una distribución justa de los alimentos, la riqueza económica y los reconocimientos, y cuando los individuos sufren de falta de reconocimiento. Porque ya no alcanzan a concebir ni imaginar el bien común. La confianza que permite a todos sentirse satisfechos con el lugar que se ocupa y la parte que se recibe y participar en el esfuerzo colectivo es reemplazada por el miedo y la desconfianza. Los rasgos morales que aseguran la convivencia pacífica y generan progreso, como el respeto a las diferencias, la aceptación de la igualdad moral de los seres humanos, la sociabilidad, pero también el sentido del esfuerzo y la voluntad de cultivar el propio talento, desaparecen. La miseria social y la ausencia de perspectiva y esperanza generan el resentimiento, la envidia y el odio, que explican el incivismo, la violencia y el fanatismo, el triunfo del nosotros-contra-ellos, que es lo contrario de la convivencia.

20   A. Caillé, *Pour un manifeste du convivialisme, op. cit.*, p. 63.

Esta supone que se rehabiliten otras fuentes de gratificación que no sean el dinero[21] y exige ante todo la reafirmación de lo político, es decir, la articulación de todas las esferas de la existencia orientándolas al bien vivir juntos. Es, pues, indispensable empezar restringiendo el lugar que ocupa la economía y asignar a cada esfera de existencia el papel que le corresponde. Para hacer frente a este objetivo, conviene subordinar la gestión de la economía a la promoción de un modelo de desarrollo ecológicamente sostenible y más justo y distinguir entre riqueza y riqueza monetaria.[22] Concretamente, esto puede lograrse mediante «un proteccionismo razonado y justo»[23] que fomente las empresas virtuosas en lugar de favorecer a las que no respetan las normas medioambientales y sociales y no tienen en cuenta los intereses de los animales. La definición de un nivel de desigualdad tolerable, así como la determinación de una renta mínima y máxima son también alternativas que deben contemplarse.[24]

Reconfigurando así la política, nos damos cuenta de la gravedad de los actuales desafíos. Los principales objetivos son la preservación del planeta, la afirmación de la dignidad de las personas y de los pueblos, el reconocimiento del valor propio de los otros vivientes, la lucha contra la corrupción

21   Este punto que remite, por ejemplo, a las aspiraciones vinculadas a la ecosofía y a una autorrealización que no pasan necesariamente por el consumo, sino por la búsqueda de la calidad y el establecimiento de relaciones sanas con los otros humanos y no humanos, se abordará sobre todo en la parte siguiente, concretamente en el capítulo 5, y cuando hablemos de la estética medioambiental, en el capítulo 6.

22   A. Caillé, *Pour un manifeste du convivialisme, op. cit.,* p. 51s.

23   *Ibid.,* p. 86. La adopción de tratados que conducen como la CETA *(Comprehensive Economic and Trade Agreement)* a la liberalización total del comercio va en contra de todo lo que se propone en este capítulo.

24   *Ibid.,* p. 80.

que está ligada a la mezcla de las diferentes esferas de justicia, el acceso a la vida buena para todos, con el bien entendido de que no puede haber convivencia si las desigualdades entre los individuos son demasiado importantes.

Vivir de, vivir con, vivir para

La convivencia conduce a otra organización política, económica y social distinta de la que conocemos actualmente, pero la decisión política no es la única manera de alcanzarla. La convivencia supone igualmente la creación de lugares de convivialidad y de espacios que permitan compartir provisiones y alimentos y den a los individuos un horizonte común que incluya su preocupación por su vida y su seguridad, pero también va más allá.

El objetivo es enseñar a los individuos a pasar del «vivir de» al «vivir con» y al «vivir para». Las dos primeras dimensiones constitutivas de la convivencia tienen sentido en la vida individual, puesto que, desde el momento que comemos, ejercemos un impacto sobre el otro y somos siempre corresponsables de los daños infligidos a otros seres, humanos y no humanos, con nuestras decisiones sobre el consumo. Sin embargo, los individuos no son siempre conscientes de que «vivir de» es siempre «vivir con». Por eso es importante que, en cafeterías y restaurantes, y en todo lo relacionado con el consumo de carne, pescado, leche, con el uso de la energía, la compra de ropa y de medicamentos, se indique claramente el origen de los productos y se fomenten innovaciones en materia de cocina, de moda, de alternativas a la experimentación animal y de energía. Así, la gente se acostumbrará progresivamente a hacer compras que tengan un impacto positivo sobre la economía y la sociedad y hasta sobre el futuro del planeta. Comprenderá asimismo la dimensión ética y política de sus actos cotidianos. Porque la consideración empieza con el examen de lo que tenemos en nuestro plato y siendo conscientes de que los alimentos establecen un estrecho vínculo entre las tres dimensiones del vivir.

En la acción política, cuando se la concibe en el sentido noble del término como preocupación por el mundo común y amor al mundo, estas tres dimensiones se funden en una sola. Sin embargo, esta relación consigo mismo y con el mundo común, que hace que la entrega a una causa universal sea a la vez un objetivo, en una razón para vivir y en el motivo de la superación de sí mismo y hasta del sacrificio de la propia felicidad inmediata, no puede erigirse en modelo de las virtudes cívicas. No puede exigirse que todos los ciudadanos hagan expresamente del amor al mundo el horizonte de sus actos. Por otra parte, es normal que cada individuo conserve, en determinados momentos, la posibilidad de refugiarse en la intimidad donde el «vivir de» y el «vivir con» permanecen confinados a la familia o a los allegados, sin expresarse a través del compromiso público. Conviene, pues, buscar maneras de vivir juntos que sean accesibles a la mayoría de los individuos, que necesitan, para participar en el esfuerzo colectivo y en la construcción de un bien común, que sus intereses personales, egoístas o narcisistas sean tomados en cuenta.

Por eso el trabajo ocupa un lugar central en la convivencia. Contrariamente a lo que piensa Hannah Arendt, el trabajo, que ella contrapone a la acción *(praxis)*, no se reduce a la producción *(poíesis)*. Si queremos ver en qué sentido el trabajo es una etapa fundamental en el proceso de subjetivación que puede llevar a la convivencia, hay que abandonar por completo la idea aristotélica de que el ejercicio de la libertad política supone liberarse de la necesidad.[25] Si pensamos el trabajo a la vez como producción y como un vivir juntos, podemos comprender en qué sentido enseña a los individuos a cooperar. Podemos también medir las consecuencias de una organización del trabajo que desestructure la identidad y el vínculo social, echando a perder el «vivir de» y el «vivir con» y haciendo imposible el «vivir para».

TRAYECTORIA DEL RECONOCIMIENTO

Trabajo, subjetivación y cooperación

Cuando el trabajo causa sufrimientos identitarios, las personas pierden la estima de sí mismas y toda confianza en el otro. Por miedo a la soledad o para ser bien vistas, pueden verse inducidas a instrumentalizar a las otras, a mostrar ruindad, sumisión ciega, doblez y crueldad. Las defensas puestas en marcha por el individuo dañan el poder del pensamiento y tienen un papel no desdeñable en la formación de la violencia de masas.[26] Sin embargo, el trabajo también puede ser la vía hacia la emancipación, es decir, hacia la afirmación de la propia autonomía en un mundo sometido a la coacción y jerarquizado. Las competencias adquiridas y la ingeniosidad necesaria en la actividad de producción, el servicio y la socialización transforman al individuo. Cuando este se ve reconocido en su trabajo, se siente realizado y modifica también su relación con la autoridad.[27]

---

25   C. Dejours, *Le travail vivant, 2. Travail et émancipation,* París, Payot, 2009, pp.106-107 (trad. cast., *Trabajo vivo. Tomo II. Trabajo y emancipación,* Buenos Aires, Topía, 2012).
26   *Ibid.,* p. 60.
27   *Ibid.,* pp. 159-160.

La obediencia a la autoridad y a las reglas ya no pasa entonces por la dominación y el sometimiento, sino por la coordinación de las inteligencias y la constitución de un colectivo en el que cada cual participa libremente, haciendo posible la cooperación.

Para evaluar el vínculo entre el trabajo y la subjetivación y darse cuenta de la importancia de los recursos que ofrece al individuo y a la colectividad, es necesario verlo como un trabajo vivo.[28] Más que centrarse en el empleo o reducirlo a una actividad de producción, reconocemos que, para el sujeto, es una forma de experimentar la resistencia de lo real. Comprendemos cuáles pueden ser las virtudes del trabajo si pensamos en los esfuerzos que el individuo debe hacer para dominar una técnica, mantener la disciplina y para que la cooperación con otros, movidos también ellos por intereses egocéntricos, sea posible y conduzca a un resultado tangible. El trabajo requiere y fomenta esas disposiciones, igualmente valiosas para la realización personal, las relaciones sociales y la vida política.

Si el trabajo como mediación entre sí mismo y sí mismo, y luego entre sí mismo y los otros, tiene tanta importancia en el proceso de subjetivación que es capaz de llevar a la consideración es porque el individuo no nace libre. La autonomía y, con mayor razón, la emancipación requerida para un compromiso político al servicio de una causa universal son el resultado de un largo caminar que implica que el individuo ya no actúa para agradar (o desagradar) a sus padres, a sus profesores o a sus jefes y que ha adquirido cierta confianza en sí mismo. Sin embargo, esta autonomía y esta emancipación que recuerdan la generosidad cartesiana son también producto de la sublimación, de la transformación de las pulsiones, de la libido o de

---

28   Este es el interés del enfoque de Christophe Dejours.

la agresividad.[29] Igualmente, las virtudes cívicas que permiten a una democracia llegar a ser más deliberativa no son innatas, sino que han de cultivarse. Como el trabajo es la experiencia de la resistencia de lo real y nos enseña la obediencia a las reglas jerárquicas y nos exige reajustes psíquicos importantes, puede contribuir a la formación de virtudes indispensables para la ciudadanía.

Esas no proceden solamente de una reflexión intelectual que ayude a reconciliarse con lo real y a sentir amor al mundo. Las disposiciones morales que garantizan la convivencia, tanto si se trata de la cooperación como del compromiso en favor de la vida, están igualmente atravesadas por lo pulsional. La antropología sobre la que descansa la consideración debe, pues, tener en cuenta la economía libidinal, a diferencia de la que funda la teoría política de Hannah Arendt. Esto no significa que las virtudes que constituyen la consideración sean pulsiones travestidas, lo que privaría de sentido a la idea de virtud, sino que es indispensable completar la ética y la política de la consideración con una pregunta sobre el papel de las pulsiones en el proceso de subjetivación, en particular en el trabajo y —lo veremos en el capítulo siguiente— en la educación.

Asimismo, es necesario examinar el papel que desempeña la actividad profesional en el aprendizaje de la autonomía y de la emancipación. Porque, a despecho de su relevancia y de su actualidad, la generosidad no basta para la práctica de la consideración: todos los individuos que han de trabajar para ganarse la vida están obligados a demostrar su valía ante sus superiores y se encuentran en situaciones competitivas que

---

29   *Ibid.*, pp. 217-219. La cuestión del papel de las pulsiones y del inconsciente se tratará en el capítulo 5.

ejercen un impacto en la percepción de sí mismos y en sus relaciones. Añadida a las constantes solicitudes de las redes sociales y a la influencia de los medios de comunicación, esta presión explica que nuestra identidad sea particularmente frágil y que nuestra autoestima dependa en gran parte de la mirada ajena. En el trabajo, esto cobra mucha más importancia dado que los retos vinculados al reconocimiento y a la relación con la autoridad pueden reactivar emociones y afectos vividos en la infancia.

En el trabajo tenemos experiencia de lo que se resiste al saber, al querer y al control. Esta confrontación con lo real es un desafío para el individuo que aprende a renunciar a la ilusión de la prepotencia. Una cierta limitación de sí es necesaria para entenderse con los colegas. Además, el trabajo enseña a ser paciente. Como dice Hegel, en el famoso pasaje de la dialéctica entre el amo y el esclavo de la *Fenomenología del espíritu*, el sujeto debe reprimir su deseo o diferirlo. No puede consumir inmediatamente aquello que produce. Esta brecha entre sí mismo y sí mismo es, al principio, fuente de frustraciones. Sin embargo, el trabajo permite a la persona expresarse, confiriendo contornos más definidos a su voluntad y haciéndola pasar de la conciencia a la conciencia de sí.

La posibilidad de que el trabajo sea una mediación entre sí mismo y sí mismo solo es concebible en determinadas condiciones, que no se juntan cuando debemos repetir los mismos gestos o realizar tareas agotadoras física y psicológicamente. Sin embargo, esta tesis sigue siendo clarificadora si intentamos comprender las virtudes del trabajo. Estas no solo benefician al sujeto individual; tienen de inmediato un sentido colectivo. En efecto, el trabajo construye puentes entre el orden individual de la *praxis* y el orden colectivo de la acción pública. La concentración, la capacidad de autolimitarse y de desarrollar la propia inventiva sin atropellar a los otros, y la búsqueda de formas de actuar que puedan ser ventajosas para la empresa o la colectividad ayudan al sujeto a vivir con los otros.

Las personas esperan indudablemente gratificaciones y el reconocimiento de su valor personal, pero, en el seno de un grupo o de una empresa, no pueden comportarse como si solo existieran ellas. Más aún, la búsqueda del reconocimiento se ve atemperada por la voluntad de cooperar para contribuir al éxito del equipo y participar en una obra común. Este equilibrio favorece el desarrollo de virtudes cívicas, como la cortesía, la educación, la discreción y la capacidad de dejar al otro expresarse. Favorece también la cooperación, que enseña las virtudes cívicas indispensables para el ejercicio de la deliberación en una democracia. Es, no obstante, necesario que existan espacios de convivialidad que permitan a las personas deliberar y elaborar compromisos. Cuando esos espacios desaparecen, la burocracia impone las reglas de la coordinación, generando miedo, rivalidad y desconfianza.

El trabajo es un mediador irremplazable en la lucha por la realización de uno mismo y la producción de obras culturales. Incluso puede ser la ocasión de que ciertas personas se hagan más autónomas y menos dependientes de la mirada del otro. En efecto, si han recibido ese reconocimiento, el objetivo ya no es trabajar para mostrar lo que valen, sino para «honrar la vida».[30] En estas condiciones, no aceptan hacer vaya a saber qué cosas o llevar a cabo tareas que contradigan su sentido moral y se resisten a la propagación del mal. Esta emancipación es el fruto de un largo caminar que va de la dependencia a la afirmación de una autonomía ética vinculada a los valores de los que uno se siente garante y que constituyen su ipseidad. Es entonces

30 C. Dejours, *Le travail vivant, op. cit.*, pp. 30-31.

cuando los individuos pueden convivir y comprometerse verdaderamente en el terreno político porque se habrán liberado de la dominación. Su necesidad de reconocimiento habrá sido satisfecha o sublimada y ya no será ni obsesiva ni patológica.

En estas condiciones, los individuos no se someten servilmente al juicio de otro, saben cooperar y los que ejercen responsabilidades saben guiar a los otros dando un paso al lado para que esos últimos puedan expresar lo mejor de sí mismos. El trabajo conduce entonces a la afirmación de una identidad generosa. Realizándose en su trabajo, el individuo sabe estar en el justo medio sin confundir las distintas esferas de la existencia, pero tampoco sin escindirse por dentro. En el trabajo uno aprende a emanciparse, a estar con los otros sin exigirles todo ni verlos como enemigos. Es uno de los lugares privilegiados del aprendizaje de la cooperación y permite desarrollar la sociabilidad y las virtudes dialógicas indispensables para la convivencia.

Las virtudes de la deliberación y la sociabilidad

Vemos en el trabajo cómo se hacen y deshacen las condiciones de la convivencia, que es la práctica de la consideración en la vida social y política. Una de las capacidades que el trabajo puede desarrollar es la deliberación. Pero no es cosa esta que se fomente forzosamente en las empresas, hospitales, universidades, etc. Y, sin embargo, no es seguro que sea posible que los ciudadanos aprendan a deliberar y, por lo tanto, a ejercer su plena autonomía política, si no se les permite hacerlo en su actividad profesional, porque la deliberación es exigente y tiene sobre todo sentido cuando los actores no tienen las mismas visiones del mundo ni los mismos intereses.

Los individuos deben poder estar en situación de negociar ellos mismos las reglas de la cooperación. Es preciso que dispongan del tiempo necesario para hacer inteligible lo que todavía no haya sido hecho explícito. La deliberación implica que el bien común no existe *a priori*, pero confrontando sus puntos de vista y argumentando las personas acabarán definiéndolo. Así, deben estar dispuestas a escuchar a los otros y a aceptar el riesgo de ver que sus certezas vacilan. Lo que puede ser reconocido como algo dotado de sentido en el ámbito colectivo no siempre se impone desde el inicio de una manera clara y segura. Hay que construir, por lo tanto, condiciones propicias para un discurso incierto e inacabado. Este «oír arriesgado»[31] va más allá de la tolerancia, porque supone que se hacen esfuerzos por comprender el punto de vista de los otros y que se está dispuesto a cuestionarse a uno mismo.

Las virtudes que permiten hacer un uso público de su autonomía, como la aceptación de la igualdad moral de los individuos, la revocabilidad, la publicidad y la transparencia son indispensables, como ha demostrado John Rawls. De todos modos, cuando se argumenta, es importante no dejar de lado los propios intereses, sino transformarlos en argumentos. Esta actitud que consiste en explicitar el propio punto de vista ante otro empuja a adoptar un método crítico y a ampliar la propia visión preguntándose qué normas pueden ser válidas para la comunidad. Esta aportación, que debemos a Jürgen Habermas y que alumbra el contenido de las virtudes dialógicas no es, con todo, suficiente. Es también importante que todos se apoyen en sus emociones, que pueden arrojar luz tanto sobre su situación personal como sobre el clima existente en el seno de la colectividad.

31   *Ibid.*, p. 194.

Las virtudes dialógicas requeridas para la ética de la discusión no nos instruyen sobre lo que puede dar a los individuos el gusto por la deliberación disponiéndolos a escuchar al otro y a emplear argumentos y no insultos. Para comprender qué hace posibles estas cualidades dialógicas, hay que tener en cuenta la dimensión infraverbal y corporal de la comunicación. El lenguaje es, por supuesto, el catalizador de la elaboración de las reglas comunes y hasta de la perlaboración, es decir, del trabajo sobre sí mismo que necesitan la confrontación con los otros y la búsqueda del bien común. Sin embargo, puede decirse que la deliberación está medio acabada cuando los individuos se prestan a esa perlaboración y expresan de manera articulada sus acuerdos y sus desacuerdos. Cuando las cosas van mal, los conflictos no pasan por el lenguaje y, la mayoría de las veces, todo el mundo calla, enterrando interiormente las propias frustraciones e intentando, mal que bien, salvar la piel obedeciendo reglas cuya pertinencia no se comprende, pero que se imponen de forma burocrática o tiránica. La deliberación no excluye ni el respeto a reglas exigentes ni la autoridad; supone un clima de confianza que no hay que dar por sentado, pero que la convivencia, que es el arte de estar con los otros, debe permitir crear.

Reflexionando sobre qué explica que, en una comida, una fiesta o una reunión de invitados, la sociabilidad y el placer de estar juntos, es decir, la convivialidad, hagan acto de presencia, podemos manejar la manera de crear un clima de confianza propicio para la deliberación y la cooperación. Dos elementos merecen nuestra atención. El primero se refiere a la *sprezzatura* de la que habla Castiglione.[32] Esta palabra del italiano antiguo que puede traducirse como «delicadeza» o

32   B. Castiglione, *El cortesano,* Madrid, Alianza, 2020.

«suavidad» designa una manera de comportarse y hablar sin ofender al otro. La experiencia de la fuerza mínima en las relaciones sociales reduce la ansiedad y distiende a los individuos. Supone el repliegue parcial del individuo que no buscando imponerse ni hacer valer su punto de vista llega de ese modo a relacionarse de una forma más sensible con los otros. Al abstenerse de insistir y al acoger con benevolencia el punto de vista de los otros, hace desaparecer la agresividad. La consideración implica que, en las relaciones de trabajo o en las deliberaciones públicas, uno se esfuerce por tener ese arte de interactuar con los otros.

Esta manera de centrarse en el objeto y no en uno mismo no deja de recordar la forma en que Sócrates reformula el punto de vista de sus interlocutores al introducir nuevos elementos que los acercan a su preguntar filosófico. En lugar de denunciar sus prejuicios o de mostrarles los fallos de su razonamiento, los lleva a prestar atención a una palabra capaz de desplazar sus certezas. Ese proceder no siempre consigue extirpar los prejuicios. Es, no obstante, valioso cuando se quiere iniciar una conversación dialógica, que exige que las discusiones se nutran de argumentos y de puntos de vista opuestos.

Esta delicadeza no solo tiene que ver con la retórica; nos compromete física y espacialmente. Así como la consideración se manifiesta por una manera de ser con los otros y una actitud global, la *sprezzatura* se expresa con el porte, los gestos y la voz. Está igualmente relacionada con «la distancia entre los sujetos», que es, como escribe Barthes, «el problema fundamental del vivir-juntos».[33] Este aspecto debe ser entendido si queremos saber cómo practicar la consideración en nuestras relaciones

---

33   R. Barthes, *Cómo vivir juntos. Notas de cursos y seminarios en el Côllege de France 1976-1977*, Buenos Aires, Siglo XXI, 2005, p.124.

profesionales, políticas y familiares y procurar que la deliberación y la cooperación sean posibles. Se trata de encontrar
y regular la distancia crítica por debajo o más allá de la cual
hay malestar o incluso una crisis. Este arte de dejar espacio al
otro, sin que la distancia suprima el afecto, pero procurando
que exprese cierta ternura, se llama finura.[34]

Esta crea un ambiente cálido y distendido con el otro,
mientras se logra mantener una distancia que evita a la vez
la intrusión y la indiferencia, la familiaridad y la frialdad, y
permite a todos estar presentes. Quien es delicado no solo se
muestra respetuoso con el otro; renuncia a la manipulación
y a la vanidad, alejándose de los juegos de espejos que hacen
que todo el mundo se pregunte qué imagen reenvía al otro.
Un intercambio real es posible, como en la *paideía* (cultura) o
en el arte de conversar encomiado por Montaigne.[35] Por eso
la delicadeza es una de las virtudes cardinales de la sociabilidad que pone de manifiesto, junto con el tacto y el humor,
nuestra consideración.

Ese espacio entre las personas y esa delicadeza que hacen que todos encuentren su sitio se fundan también en el
ritmo. Desde el momento en que hablamos del vivir-juntos,
del espacio entre las personas, que constituye el meollo de la
convivialidad y de la convivencia, estamos hablando de ritmo.
En efecto, el poder, tanto si se ejerce en el contexto del trabajo como en el de la política, impone siempre un ritmo de
vida, de tiempo, de pensamiento y de discursos que son más
o menos alienantes.[36] El sufrimiento identitario y el agotamiento psíquico o el *burnout* van acompañados también de la
impresión de estar siempre bajo presión y tener que plegarse

---

34   *Ibid.*, p. 189.
35   M. de Montaigne, *Ensayos completos, op. cit.*, p. 891s.
36   R. Barthes, *Cómo vivir juntos, op. cit.*, p. 81.

al ritmo de los otros. A la inversa, la exigencia de idiorritmia, que es por definición un ritmo propio, es decir, un ritmo flexible, que permite al individuo trabajar bien, bien vivir, pensar y expresarse sin temor a ser siempre interrumpido, es una exigencia hecha en nombre de la libertad. Trabajar en la consideración y vivir juntos implica poder participar en una empresa colectiva siguiendo el ritmo propio.

El respeto a la idiorritmia lleva a una organización del espacio cuyo objetivo es que cada cual tenga su sitio y que los límites, las fronteras entre lo interior y lo exterior, yo y los otros, la vida privada y la vida pública, la familia y el trabajo, no se decidan desde el exterior o de manera arbitraria. El ritmo de cada cual debe «formarse en su interior», lo que remite a la virtud benedictina de la *discretio*, que puede traducirse como «reserva» o «discreción».[37] Respetando el temperamento de cada uno, en lugar de obligarlo a adaptarse a las presiones de una producción cuya rentabilidad se determina abstractamente, con independencia del valor de los seres implicados y del sentido de su actividad, es posible dejar que humanos y no humanos vivan y trabajen dando lo mejor de sí mismos. De manera que no debería haber trabajo ni cooperación sin consideración y esta supone respetar el ritmo y el temperamento de cada uno. En cambio, la dominación es siempre dominación del cuerpo del otro, al que se le asigna una tarea específica obligándolo a seguir una cadencia que resulta violenta.

Este vínculo entre la consideración y la sociabilidad que se basa en el respeto por el lugar y por el ritmo de cada persona implica también estar atentos a las fronteras entre la vida privada y la vida pública, la familia y el trabajo. Esto no significa que la separación, muy del gusto del liberalismo, entre la esfera

37 *Id.*, *Cómo vivir juntos, op cit.*, p. iii, nota 16.

doméstica y la esfera pública sea siempre real y pertinente. En efecto, no puede negarse que los sufrimientos causados por una organización injusta del trabajo explican en gran parte el resentimiento de los individuos, la explosión del incivismo y el clima de odio que fragiliza a las democracias liberales y que esta violencia repercute también en la vida afectiva y familiar. Las fronteras entre la esfera pública y la esfera doméstica no son, pues, estancas. Además, las feministas han mostrado que era inútil hablar de justicia en la vida social y política mientras existan desigualdades salariales y profesionales ligadas al género, acrecentadas, además, por lo que a ellas se refiere, por un reparto desigual de las tareas domésticas.

Es esencial reflexionar sobre la articulación entre la vida privada y la vida pública porque las virtudes civiles y cívicas indispensables para la cooperación se desarrollan también en la familia. Además, ciertos problemas propios de la vida cotidiana deben ser trasladados a la escena pública, en especial los que atañen a la alimentación, la sanidad y la contaminación. Brevemente, una política de la consideración exige que revaloricemos la esfera doméstica y anclemos la política en la vida cotidiana.

CONSIDERACIÓN Y FEMINISMO

Inspirarse en el ecofeminismo

La ética de la consideración está estrechamente ligada al feminismo en cuanto insiste en la corporeidad del sujeto, en particular en la vulnerabilidad, y en el papel que desempeña la relación con el otro en la constitución de la identidad. Asimismo, la importancia de la autonomía en el proceso de subjetivación propio de la consideración conduce a todos a no determinarse por criterios esencialistas. Las mujeres pueden así definir sus proyectos de vida sin tener necesariamente en cuenta el lugar que se les ha asignado por tradición ni los roles sociales asociados al género. La superación de los dualismos razón/emociones, espíritu/cuerpo, individual/colectivo, privado/público y el deseo de sustituir una relación con el otro fundada en la dominación por otra manera de vivir juntos son igualmente comunes a esos dos planteamientos de la moral y de la política.

Sin embargo, esos planteamientos no tienen las mismas fuentes. En efecto, la consideración descansa sobre una fenomenología del cuerpo y de los alimentos y las estructuras de la existencia en las que se apoya tienen un carácter universalizante poco presente en las morales particularistas, más frecuentes entre las feministas. Además, la consideración incluye necesariamente la ecología y la cuestión animal, porque el hecho de tener en cuenta a los otros vivientes y la biosfera se sigue de su concepción acerca del sujeto relacional y encarnado, mientras que las feministas conciben esas temáticas como ilustraciones suplementarias de la dominación y hasta del falocentrismo.

Otro aspecto esencial distingue la ética de la consideración de las corrientes principales del feminismo y la acerca al ecofeminismo. Se trata del significado filosófico del nacimiento. En la consideración, la reconfiguración de lo político se lleva a cabo a partir de retos ligados a la llegada de nuevos seres, cuya salud y condiciones de vida pasan a ser preocupaciones públicas, no solo privadas. Asimismo, a diferencia de sus predecesoras, las ecofeministas no rechazan los roles clásicamente asignados a las mujeres, como la maternidad y la crianza de los hijos, sino que convierten estas responsabilidades y las emociones que generan en el punto de partida de su compromiso político. Las tareas domésticas devienen no en símbolo de la opresión de las mujeres, sino en un medio de hacer oír su voz, de afirmar su capacidad de actuar y hasta de redefinir las finalidades de lo político. Este vuelco del feminismo, cuyas implicaciones sociales y políticas son importantes, es también una de las características de la consideración.

Mientras las feministas de la década de 1970 denuncian la dominación reinante en el seno de la familia exigiendo que la justicia y la igualdad entren en la vida privada, las ecofeministas sacan los problemas tradicionalmente asociados a la vida doméstica a la plaza pública.[38] Se trata, en un principio, de movimientos populares *(grassroots)*; agrupan mujeres que expresan su cólera frente a los Estados que no se preocupan por el impacto de los residuos radiactivos en la salud de los habitantes, en particular de las poblaciones más vulnerables. Estas mujeres que tienen hijos, los alimentan y los cuidan, sufren las consecuencias directas de una economía centrada en el beneficio e indiferente a los efectos del productivismo en la vida de los individuos.[39]

Como sucedió en las movilizaciones antinucleares del 17 de noviembre de 1980, conocidas con el nombre de *Women's Pentagon Action*, estos movimientos medioambientales, que poco a poco pasaron a llamarse ecofeministas, reúnen activistas procedentes de diversos horizontes que comparten su

38   A. Salleh, «Pour un éco-féminisme international», en E. Hache (ed.), *Reclaim. Recueil de textes éco-féministes,* París, Cambourakis, 2016, pp. 350-354.
39   La gestión por la administración Bush del huracán Katrina en Nueva Orleans en octubre de 2005 ilustra esta indiferencia que se mezcla con el desprecio social y el racismo: se cortaron los fondos que debían utilizarse para el control de las inundaciones, la reparación y el refuerzo de los diques y el dinero se utilizó para financiar la guerra en Iraq. Véase Starhawk, «Une réponse néopaïenne après le passage de l'ouragan Katrina», en *Reclaim, op. cit,* p. 273.

temor por la vida de sus hijos y por el planeta.[40] Ese miedo nutre su rechazo a continuar «estando en manos de hombres a los que el poder y la riqueza han distanciado no solo de la realidad cotidiana, sino también de la imaginación».[41] Por eso se organizan, juntando la particularidad de su experiencia cotidiana con una crítica del poder. Su originalidad, respecto de sus predecesoras, reside en el hecho de que la preocupación por la salud de sus hijos y por el planeta y su diversidad social y étnica las llevan a tener un enfoque holístico de todas las formas de dominación, ligadas al género, a la raza o a la clase, y englobando las otras especies y la naturaleza.

En lugar de centrar su atención en la emancipación de la mujer reclamando la igualdad de derechos y salarios, las ecofeministas muestran que la vida familiar puede ser el ángulo desde el cual medir realmente los límites de la acción del Estado:[42] este es a menudo incapaz de administrar la economía y la vida social de manera justa y adaptada a las tecnologías actuales. En efecto, incluso cuando es redistributivo, como en el caso del Estado del bienestar, se apoya en la distinción entre esfera familiar y vida pública, alentando una gestión parcial de los problemas y pasando por alto los retos sanitarios y medioambientales.

Aunque las preocupaciones ecológicas transforman profundamente el feminismo, la inversa también es cierta: el feminismo transforma la ecología llevándola a casa.[43] Así, las ecofeministas

40 Declaración de unidad (*Unity Statement*) de la *Women's Pentagon Action*, citada por Y. King, «Si je ne peux pas danser, je ne veux pas prendre part à votre révolution», en *Reclaim, op. cit.*, p. 115.
41 Extractos de la *Unity Statement*, citados por E. Hache, «Introduction», en *Reclaim, op. cit.*, pp. 13-14.
42 C. Krauss, «Des bonnes femmes hystériques: mobilisations environnementales populaires féminines», en *Reclaim, op. cit.*, p. 224.
43 Esta expresión es de G. di Gioro, «Ramener l'écologie à la maison», en E. Hache (ed.), *De l'univers clos au monde infini*, Marsella, Dehors, 2014, pp. 191-220.

muestran que la protección de la biosfera no es separable de los retos humanos, de la sanidad y de la justicia social. Articulan las tres dimensiones de la ecología: la ecología medioambiental, ligada a la degradación del medioambiente, la ecología social, que levanta el problema de la repartición de los costes de la contaminación y la ecología mental, que concierne a lo vivido, la experiencia subjetiva que uno tiene de su propio entorno.[44]

Más aún, las ecofeministas convierten la acusación que se les hace de ser «histéricas»[45] en capacidad de actuar *(empowerment)*, subrayando la importancia de las emociones, incluidas las negativas, en la vida social y política. En lugar de callarse sus angustias para evitar sufrir o causar malestar en su entorno, o porque el temor al holocausto nuclear genera un sentimiento de impotencia, ellas las comparten, lo cual refuerza su responsabilidad y les da ganas de actuar organizándose.[46] Esa sensibilidad, que ordinariamente se juzga como un signo de debilidad que atestigua su incapacidad para hacer política, deviene «el punto de inflexión a través del cual se propagan nuevas formas de comportamiento».[47]

Por todas estas razones, el ecofeminismo es una práctica de la consideración. El punto de partida es la vida, las necesidades del cuerpo y el temor por la salud y el futuro de los más jóvenes.

44 F. Guattari, *Las tres ecologías,* Valencia, Pre-Textos, 2005.

45 Las mujeres que se comprometieron activa y políticamente contra los residuos tóxicos fueron tratadas «de amas de casa histéricas». Celene Krauss cita la respuesta de Cora Tucker: «Cuando es cuestión de vida o de muerte [...], me pongo histérica. [...] Si los hombres no se vuelven histéricos, es que algo anda mal en ellos». R.L. Zeff, M. Love y K. Stults (eds.), *Empowering Ourselves. Women and Toxics Organizing*, Citizens' Clearinghouse for Hazardous Wastes, 1989, p. 4. Extractos reproducidos en Celene Krauss, «Des bonnes femmes hystériques…», en *Reclaim, op. cit.*, pág. 222.

46 J. Macy, «Agir avec le désespoir environnemental», en *Reclaim, op. cit.,* pp. 164-711.

47 *Ibid.*, p. 182.

Ese miedo es también miedo por el planeta. No se trata solo del coraje de tener miedo, sino de la inteligencia del miedo, porque la preocupación por los otros y por su descendencia impide que sean víctimas de discursos que minimicen los riesgos; ayuda a tener el discernimiento necesario para apreciar las disfunciones del Estado y reconectar lo que se ha separado, a saber, la producción y la reproducción, la economía y la familia. Lleva además a la reconfiguración de lo político que implica también presionar a los gobiernos para que pongan la economía al servicio de la vida. Como en la ética de la consideración, el hecho de estar atentos a lo que vemos a nuestro alrededor y a lo que sentimos y de reflexionar sobre la propia experiencia personal del mundo es el motor de los cambios, tanto en el ámbito individual como en el social y político.

Acercando la ecología a casa, que es la esfera doméstica, pero también el hogar de los terrícolas, el *oikos,* las ecofeministas no se limitan a redefinir lo político incluyendo la sanidad, el medioambiente y la educación de los hijos. Lo enriquecen transmitiendo su experiencia, que es la de un compromiso cotidiano en actividades que sostienen el mundo y en la práctica de la convivencia. Reafirmando el sentido de lo político, muestran que es posible ejercer su autonomía política y compartir el poder, que ya no es poder sobre los otros, sino *con* los otros, una sinergia.

Una de las consecuencias de la transformación del feminismo por la ecología y de la política por el ecofeminismo es que las ecofeministas no tienen como objetivo ocupar los puestos tradicionalmente ocupados por los hombres, sino cambiar la manera que estos tienen de hacer política. No aspiran esencialmente a conseguir la igualdad con los hombres y no desean tomar en préstamo sus métodos ni imitar sus maneras de actuar. Se pueden extraer muchas enseñanzas de su experiencia que muestra que la política no consiste en gestionar los asuntos públicos apoyándose en datos parciales, supeditados solo a las cifras del crecimiento, ni en aplicar normas.

En efecto, gobernar un país, realizar las reformas que se imponen y conducir a los individuos a aceptar los esfuerzos necesarios implica convencer a los ciudadanos de que las decisiones que se toman están orientadas al bien común. Para conseguirlo, es necesario formular los deberes y las prioridades del Estado y solicitar la inteligencia de las personas, así como su capacidad de comprender interiormente las razones que fundan la oportunidad de una política. Esas razones no son un cálculo, como cuando se identifica la justicia con la suma de los intereses o con la maximización del bienestar, y no entran en conflicto con las emociones. La manera en que las ecofeministas renuevan el método de lo político reafirmando sus objetivos, vinculados con la vida, y la experiencia de las mujeres en general son fuente de inspiración para la consideración.

Y es así porque el carácter subversivo del ecofeminismo pasa por la rehabilitación y la reapropiación *(reclaim)* del cuerpo y hasta de la naturaleza, es decir, de aquello con lo que históricamente se ha identificado a las mujeres. Como no es esencialista, esta rehabilitación del cuerpo y de la naturaleza nos ayuda a superar los dualismos que impiden concebir una relación con los otros, humanos y no humanos, que no tenga nada que ver con la dominación.

La superación de los dualismos

El dualismo supone dicotomía y jerarquización. En lugar de subrayar lo que diferencia a los humanos de los animales, a estos últimos se los infravalora. Es como si, para afirmar el valor y la esencia del primer término, fuera necesario rebajar el segundo, que se convertirá en un medio al servicio del primero o tendrá que someterse a él.[48] Así, el cuestionamiento de los dualismos, que siempre ha sido objetivo de las feministas, no conduce solamente a una reevaluación de los segundos términos (el animal, la naturaleza, el cuerpo, lo femenino, la emoción). Impone también repensar los primeros (lo humano, la cultura, el espíritu, el hombre, la razón).

Hay dos tipos de dualismo: el separatismo, en el que se representa la libertad como un desgarro de la naturaleza imaginando una cultura sin localización concreta o independiente del medioambiente, y el continuismo o la indistinción, que borra las diferencias entre lo humano y la naturaleza y prorroga en suma al dualismo, porque en lugar de partir de las relaciones que establecemos con los otros vivientes, nos proyectamos egoístamente en ellos, sin poder realmente tomar en consideración su propio bien.[49]

La primera forma de dualismo, que es la más clásica, participa de los fundamentos del pensamiento racionalista. Avala una relación de dominación de la cultura sobre la naturaleza, del

---

48   V .Plumwood, «Nature, Self, and Gender. Feminism, Environmental Philosophy, and the Critique of Rationalism», en *Hypatia* 6 (1), 1991, pp. 3-27.

49   Este es el reproche que Val Plumwood dirige en el artículo recién citado a Arne Næss, a quien acusa de mantener el dualismo de la teoría racionalista por ser insuficientemente sensible a la diferencia entre los humanos y las otras formas de vida. En el capítulo 2, p. 103, hemos sugerido que esta crítica no se aplica a Arne Næss: la identificación con los otros vivientes de la que este habla no implica que nos proyectemos egoístamente en ellos ni que olvidemos lo que de ellos nos distingue, sino que tiende a hacernos sentir nuestra interdependencia respecto al medio ambiente y las otras formas de vida. En esto nos desmarcamos de Val Plumwood. En cambio, esta última tiene razón al decir que la ecología profunda, centrándose en el estatus moral de las diferentes entidades, no parte de las relaciones particulares existentes entre los seres humanos y los otros vivientes, lo cual es, no obstante, la mejor manera de respetar su alteridad.

espíritu sobre el cuerpo, de lo humano sobre lo animal, del hombre sobre la mujer, y está conectada a una concepción instrumentalista de la razón. Las feministas, al sacar a la luz el mecanismo de bipolarización y de infravaloración en funcionamiento en el racionalismo que sirve de soporte a las teorías liberales, subrayan su falta de neutralidad. Ninguna de las instituciones liberales, en el terreno de la educación, del poder, de la organización del trabajo, es neutra en lo que se refiere al género. Además, estas instituciones privilegian una forma de pensar que gira en torno del rendimiento, el control, la represión de las emociones y la aplicación de principios que no tienen en cuenta los diferentes contextos. Las feministas proponen, a su vez, pensar los dilemas morales y darles respuesta prestando atención a los casos particulares y a las necesidades específicas de los individuos que siempre están comprometidos en relaciones y viven en un determinado medio geográfico, social, cultural y afectivo.[50] El esquema separatista alienta la competitividad y el control ejercido desde el exterior sobre las cosas y los individuos y resulta inadecuado para el cuidado, la agricultura y la relación con los animales, pero también para la economía y a la política.

La crítica a la segunda forma de dualismo se funda en el rechazo de las normas abstractas y en la importancia acordada a las relaciones concretas que establecemos con los otros, humanos y no humanos, en los lazos privilegiados que nos unen a ellos y nos permiten conocer mejor sus necesidades. La protección de los entornos en que vivimos supone que tomamos conciencia de lo que representan para nosotros, también en el terreno emocional y afectivo.[51] Asimismo, tratando

---

50 C. Gilligan, *La ética del cuidado*, Barcelona, Fundació Víctor Grífols i Lucas, 2013. Recurso electrónico.
51 T.C. McLuhan (ed.), *Touch the Earth,* Londres, Abacus, 1973, p. 28.

a los animales y aprendiendo a escucharlos, podemos entender mejor cómo convivir con ellos. Esta ética de la relación es una práctica de la consideración. En nuestra opinión, no debe excluir la formulación de reglas y normas que serán la generalización de esas enseñanzas empíricas, sino conducir a ellas.[52]

Como en la ética de la consideración, la superación de los dualismos implica la rehabilitación del lugar de la naturaleza y de los otros vivientes en nuestra vida y el conocimiento en profundidad de nuestra condición corporal. Para las ecofeministas, se trata de una reapropiación del cuerpo, en la que se debe insistir tanto más cuanto que requiere asumir la identificación con el cuerpo que las feministas, tradicionalmente, habían rechazado como una prueba de esencialismo de las morales tradicionales y de un patriarcado que pretendía alejarlas del poder. Pero, aunque sea cierto que las ecofeministas convierten en una fuerza política el poder de dar la vida —mientras que sus predecesoras denunciaban la asignación de las mujeres a la reproducción, al cuidado y a la crianza de los hijos—, sería erróneo identificar la rehabilitación del cuerpo y de la naturaleza que preconizan con el naturalismo. Así como hemos destacado el papel que desempeña la propia vulnerabilidad en la relación consigo mismo y con lo inconmensurable, las ecofeministas siguen un camino ético y político que pasa por la explicitación de lo que su experiencia subjetiva, como mujer, amante y madre, les revela sobre su condición corporal y sobre sus responsabilidades individuales, sociales y políticas. No se trata de una relegación al género, sino de reconocer el carácter subjetivo, tanto biológico como social, sexuado y cultural, de nuestra experiencia del mundo y de los otros.

52   Es lo que hacen Sue Donaldson y Will Kymlicka en *Zoópolis*.

Recuperar el propio cuerpo sin tener necesidad de oponer feminismo y feminidad, haciendo del acto de dar la vida, o incluso de la sexualidad femenina, punto de partida de una crítica del poder y de la sociedad y de una reconceptualización de lo político, no significa ni que haya un género entregado al cuidado ni que sea necesario ser madre para comprender los actuales retos medioambientales y sanitarios. Como hemos visto, la reapropiación del cuerpo por las ecofeministas es un *tour de force* que les permite transformar el poder de dar a luz a seres y cuidar de ellos en reivindicaciones que impulsen la política a honrar la vida. No se trata de decir que las mujeres, por su naturaleza y su constitución, puedan ser más benévolas o cariñosas que los hombres y menos dominadoras que estos: la estrategia de las ecofeministas consiste en utilizar la experiencia que han adquirido por sus roles sociales: en lugar de soportarlos, han hecho de ellos un recurso y una fuerza política.

Este método que consiste en partir de la propia experiencia subjetiva y carnal del mundo para ahondar la relación con los otros y con la naturaleza y comprender cómo conducirse en el plan personal y en el colectivo comporta una dimensión universal y no esencialista que hemos intentado sacar a la luz hablando de la transdescendencia. Como el amor, esta manera de pasar de la preocupación por sí mismo y por el mundo a la acción política es accesible a todos, hombres y mujeres. Se trata de prestar atención a lo que nos enseña nuestra condición carnal, sin pensar en las características del cuerpo ni en hacer de él un instrumento. Sin duda las mujeres están más acostumbradas que los hombres a considerar su cuerpo en todas sus dimensiones, a soportarlo en lugar de intentar controlarlo. Sin embargo, esta experiencia es universal, en la medida en que cada uno la vive en primera persona y está asimismo determinada por la cultura, la época y el entorno social.

Una vez más, el recién nacido o el niño que hay en cada uno de nosotros nos pone sobre el camino de la consideración; nos ayuda a tener el discernimiento necesario para comprender cuáles son las prioridades que hay que afirmar y nos da el coraje de denunciar una organización social, económica y política que solo puede desembocar en la destrucción del mundo común. No es obligatorio dar a luz para tener esta experiencia, que llega en el momento en que tomamos en brazos a un recién nacido y percibimos su vulnerabilidad sintiéndonos también nosotros tan frágiles como él o cuando vemos al más alto dignatario del Estado como un ser que, también él, un día nació.

No solo contra el economismo, la desregulación y la locura de la guerra nuclear nos permite el recién nacido luchar dentro y fuera de nosotros. Este ser minúsculo es un gigante, porque es el único que puede contrarrestar al transhumanismo que, hoy, es capaz destruir todos los valores y todos los principios sobre los que se han construido las civilizaciones. Y a la inversa, él es a quien quiere suprimir esta ideología. Amenaza con degradar al humano, simplificarlo al extremo y reducir su conducta y sus relaciones a automatismos. Porque el transhumanismo no se basa solo en la voluntad de hacer la guerra a la muerte; se caracteriza sobre todo por la aversión al nacimiento y por el deseo de transformar la reproducción en producción.

La obsesión por el control y la dominación no expresa específicamente el deseo de superar los límites impuestos a los seres por la muerte, el envejecimiento y la enfermedad. Ese deseo es propio de la condición humana y ha sido el origen de muchos progresos. Lo que distingue específicamente al transhumanismo, y lo opone a toda idea de progreso de lo humano que tienda a mejorar las condiciones de vida de los individuos y a su emancipación, se expresa principalmente en su esfuerzo por programar al viviente y suprimir el azar y la indeterminación que rigen en la concepción y en el nacimiento. El objetivo de los transhumanistas es la abolición del nacimiento y la producción de seres ahormados por la ingeniería genética y las biotecnologías.

Para entender sus desafíos, debemos recordar que el genoma de un ser vivo es la expresión de una indeterminación total. Todo acontecimiento anterior a la concepción de un ser contribuye a lo que este es. Esa indeterminación hace único a cada ser viviente, lo envuelve de misterio y le da a la vez una amplitud y una potencialidad inmensas. Todo recién nacido es un milagro. Cada nacimiento nos obliga a respetar esta indeterminación inicial que funda nuestra imprevisibilidad y nuestra libertad. Porque esta emerge de este fondo sin fondo, de esa indeterminación primera, tan vasta y también tan oscura como el mundo común compuesto de nuestros ancestros y de sus obras. Suprimir la reproducción para fabricar seres, *diseñarlos* según ideas *a priori* concernientes a los rasgos físicos y cognitivos que deberían poseer para funcionar de la manera más eficaz posible es suprimir el nacimiento, promover un mundo sin profundidad, despiadado, donde las personas parezcan robots, donde estas se intercambien señales en vez de palabras, donde no piensen sino que calculen, donde el amor, que necesita lenguaje e imaginación, tampoco sea posible, donde el sexo haya remplazado a Eros.

Esta sociedad deshumanizada de la que se ha desterrado la transdescendencia vuelve caducas todas las disposiciones morales y afectivas que se desarrollan cuando cuidamos de otros seres recibiéndolos tal como son, es decir, como no los esperábamos. La dinámica del control hecha posible por los avances tecnológicos en el campo de la informática, de la biología, de la robótica y del armamento, cuya convergencia anticipa el transhumanismo, ya está en marcha en nuestra sociedad. Ahora bien, nada hay para combatir esta tendencia, excepto el recién nacido: él es el emblema de un movimiento que es exactamente su contrario, y que ya mencionamos al hablar de la edad de lo viviente.

Solo una filosofía capaz de reflotar el amor a la vida y a los vivientes en el seno de lo político está en condiciones de resistir a esta ideología y a sus variantes, que no dejarán de aparecer. La ética de la consideración tiene la ambición de proporcionar una armadura conceptual para esta edad de lo viviente que emerge y posee su coherencia y su solidez, ligadas al conjunto de las fuerzas vivas que defienden el respeto a la dignidad de cada ser humano, la ecología y la causa animal. La ética de la consideración, cuyo corazón palpitante es la filosofía de la corporeidad y del nacimiento, no es solo una ética y una política. Es también una manera de pensar, de sentir, de vivir y de ver el mundo, y una estética. El recién nacido es su rostro. Lo sublime está en lo pequeño, no en lo grande; está en lo que es más frágil y lo más humilde. Lo importante es haber nacido.

TERCERA PARTE

Caminos de la consideración

5. Inconsciente.
Eros y educación moral

Ahora el sentido de la evolución de la civilización deja de
ser oscuro en mi opinión: debe mostrarnos la lucha entre
Eros y la muerte, entre la pulsión de vida y la pulsión de
destrucción, tal como se desarrolla en la especie humana.

SIGMUND FREUD, *El malestar en la cultura*

INCONSCIENTE, PULSIONES Y MORAL

Tomarse en serio las pulsiones y la destructividad

En los dos capítulos anteriores hemos hablado de cómo poner en práctica la consideración. Se trata ahora de identificar
los obstáculos que podemos encontrar en ello. Provienen
tanto de nosotros mismos como del contexto, es decir, de las
situaciones sociales, económicas y tecnológicas que condicionan nuestra relación con nosotros mismos y con los otros.
Podemos entonces preguntarnos en qué puede consistir una
educación moral que permita emanciparse a los individuos
y darles el deseo de promover una sociedad ecológicamente
sostenible y más justa.

La mayoría de las teorías morales no se toman suficientemente en serio la agresividad y las pulsiones destructivas presentes en el ser humano. Ese defecto, que fragiliza también las éticas de las virtudes contemporáneas, las lleva a idealizar la moral, que designa entonces el comportamiento de individuos que han superado heroicamente los obstáculos que se oponen al bien. Eso es seductor en teoría, pero en la práctica no conocemos a nadie que se haya elevado a tanta perfección. La realidad es que no podemos identificar correctamente los obstáculos a la virtud ni ofrecer verdaderos puntos de referencia que guíen a las personas en su transformación interior si no acordamos ningún papel al inconsciente.

Para elaborar una ética de las virtudes capaz de inspirar una educación moral que sea algo más que un conjunto de prescripciones imposibles de observar no basta con pensar la génesis de las pasiones ni preconizar la expansión del sujeto como hacen Spinoza o Arne Næss. Es necesario reconocer el carácter indomable de las pulsiones, en particular de la pulsión de muerte, si queremos entender nuestras dificultades para ser sobrios y vivir en armonía con los otros y de acuerdo con nuestros valores o nuestros preceptos morales

A diferencia de los deseos que nacen de la reacción a estímulos externos, las pulsiones provienen del organismo mismo.[1] No podemos ni evitarlas ni sustraernos a ellas. Además, la energía o la excitación que las caracteriza es constante, no momentánea. Las pulsiones *(Triebe)* son empujes, porque su objetivo es la satisfacción.[2] Pero si no pueden ser eliminadas, podemos modificar su objeto. Desde Freud se acepta que este desplazamiento de la pulsión es posible porque son varios los

---

1 S. Freud, «Los instintos y sus destinos», en *Metapsicología, Obras completas,* vol., 1, Madrid, Biblioteca Nueva, 1967, p. 1035.
2 *Ibid.*

objetos que pueden servir como satisfacción y un mismo objeto puede servir para satisfacer a varias pulsiones. La fijación de la pulsión sobre un objeto no es, por consiguiente, inevitable. Ese desplazamiento de nuestras pulsiones no es en todo caso su único destino posible. Podemos también reprimirlas.[3]

En este caso, su acceso a la conciencia se bloquea, pero la pulsión persiste en el inconsciente. Lo reprimido ejerce presión sobre lo consciente, lo cual significa que el mantenimiento de la represión requiere un dispendio de energía psíquica. La pulsión puede ser reprimida por completo; no queda entonces rastro de ella. Puede también desprenderse de la representación y expresarse en forma de afectos. Cuando la represión no consigue impedir el nacimiento de sensaciones de displacer, el individuo siente angustia. Por último, las pulsiones, en especial las pulsiones sexuales, pueden ser inhibidas en lo que se refiere a su objeto. No se las reprime, pero su naturaleza se transforma. Es lo que ocurre con la sublimación: a las pulsiones se les «ofrece un empleo en un terreno diferente», como el trabajo o la creación artística.[4]

Así que la razón es impotente para controlar las pulsiones que no pueden ser suprimidas, sino solo desplazadas, reprimidas o sublimadas. Eso no quiere decir que la represión de algunos de nuestros instintos pierda todo significado moral. No hay moral sin la renuncia del individuo a sus pulsiones, sean estas pulsiones sexuales o pulsiones de agresividad. La vida en común sería imposible sin esos límites impuestos a los individuos. Además, el sujeto está desde su infancia sometido a restricciones. Hay incluso semejanzas entre el proceso cultural que permite la vida en común y el desarrollo del individuo;[5]

3   S. Freud, «La represión», en *Obras completas*, vol. I, *op. cit.*, pp. 1045-1051.
4   *Id.*, «Una teoría sexual», en *Obras completas*, vol. I, *op, cit.*, p. 820.
5   *Id.*, *El malestar en la cultura, op. cit.*, p. 61.

en ambos casos, hablamos de procesos vitales ligados a las pulsiones de los individuos. La aportación específica de Freud para entender el papel de las pulsiones en el desarrollo individual y en el proceso de civilización consiste en mostrar que el conflicto existente entre el yo y las normas morales corresponde a una discordancia interna debida al conflicto entre la pulsión de vida, o Eros, y la pulsión de muerte.[6]

Fue en 1920, en *Más allá del principio del placer,* cuando Freud introdujo la noción de pulsión de muerte, que es la tendencia de la vida psíquica a querer restablecer un estado anterior a la estimulación interna, un estado que se caracteriza por la ausencia de vida.[7] Esa pulsión funciona en todo ser humano, incluso en todo viviente, y lo empuja a su desintegración. Cuando se dirige hacia el exterior, hacia los objetos, deviene una pulsión de destrucción. Es obligado intentar canalizarla y desviarla para que encuentre otras formas de expresión que no sean la guerra.[8] Pero es ilusorio creer que podemos desembarazarnos de esta agresividad. El recurso a argumentos racionales para luchar contra estos instintos agresivos y evitar los conflictos es comparable, dice Freud, a pensar gratuitamente «en molinos de tan lenta molienda que uno podría morirse de hambre antes de recibir la harina».[9] En consecuencia, la teoría freudiana de las pulsiones promueve un medio *indirecto* de combatir la irrupción de la violencia apelando a la pulsión contraria, es decir, a Eros, que está ligado a los sentimientos de afinidades y a lo que lleva a los seres

---

6   *Ibid.*, p. 59s

7   S. Freud, «Más allá del principio de placer», en *Obras completas,* vol. I, *op. cit.,* p. 1115.

8   A. Einstein y S. Freud, *¿Por qué la guerra?,* en *Obras completas,* vol. XXII, Buenos Aires, Amorrortu, 1991, pp. 194-195.

9   *Ibid.,* p. 196.

humanos a asociarse. El proceso de civilización es la expresión de la pulsión de vida y descansa sobre la activación de mecanismos que luchan contra la destrucción. Sin embargo, aunque le debemos lo mejor de lo que hemos llegado a ser, las renuncias pulsionales que este proceso impone al individuo le causan malestar.

El éxito de la civilización depende en gran medida del desplazamiento de las pulsiones sexuales o de las pulsiones agresivas a objetos ficticios, que no acarrean la destrucción de seres vivientes, como vemos con los videojuegos, por ejemplo, o con el deporte. Estos éxitos están también relacionados con la sublimación, gracias a la cual los individuos orientan su libido, definida por un *quantum* de energía, hacia objetivos socialmente útiles o valiosos. Pero esto no basta para entender el «malestar en la cultura», es decir, el rechazo que esta suscita en los individuos que encuentran que el precio a pagar por vivir en sociedad es demasiado elevado.[10]

El análisis del mecanismo de represión que está en el origen de la renuncia de los sujetos a algunas de sus pulsiones y, por lo tanto, de la conciencia moral, es la clave para comprender la insatisfacción que sienten los individuos. Esta renuncia es la causa del rechazo que puede sufrir la civilización, sobre todo cuando los individuos ya no tienen, como en el contrato social ideal, el sentimiento de ganar lo equivalente a lo que pierden. Si no se les compensa «de una manera económica», es decir, encontrando, más allá de las prescripciones morales y de las leyes, los medios para que los individuos encuentren una cierta satisfacción, «habrá que atenerse a graves trastornos».[11]

---

10 S. Freud, *El malestar en la cultura, op. cit.*, p. 55.
11 *Ibid.*, p. 27.

Conciencia moral y superyó

Freud muestra que la conciencia moral no es originaria y que es la consecuencia de la represión de sus pulsiones. No es, como en Kant, la expresión, en la esfera del sentimiento, del deber que estaría inscrito en nuestra razón práctica, sino el producto de una renuncia, causada, también ella, por un sentimiento de angustia. El individuo se priva de ciertas satisfacciones para no perder el amor de aquellas y aquellos de quienes depende. Desde la infancia, es decir, en un tiempo en que el sujeto experimenta un sentimiento de impotencia (*Hilflosigkeit*) porque otros seres aseguran su supervivencia, siente esta angustia de abandono. La renuncia a ciertas satisfacciones está generada por esta angustia ante la autoridad externa, representada inicialmente por los progenitores. Sin embargo, a pesar de este sacrificio, el sentimiento de culpa subsiste, porque el deseo persiste.[12] Esa es la razón de que el desarrollo de la conciencia sea inseparable del sentimiento de culpabilidad, que es el otro nombre de la conciencia moral.

Esta es siempre, por consiguiente, una mala conciencia. Aunque sea el producto de una represión de los instintos, exige nuevas renuncias en los individuos y se vuelve en consecuencia cada vez más severa. Para apreciar la fuerza del sentimiento de culpabilidad, que es inevitable y explica la ambivalencia del humano, hay que comprender que el amor contribuye también al nacimiento de la conciencia moral, porque esta es, en origen, la consecuencia de las renuncias causadas por el temor a perder el afecto y la protección de sus padres. Poco a poco esta angustia deviene una angustia ante el superyó: la autoridad no es ya solo externa, es también

12   *Ibid.*, p. 48s.

interna. El sujeto percibe entonces la necesidad de castigarse, porque cada una de sus renuncias refuerza también su sentimiento de culpabilidad.[13]

Esta doble génesis del sentimiento de culpabilidad, que pone de manifiesto una semejanza entre el desarrollo cultural de la humanidad y la evolución de la libido, sugiere que el proceso civilizacional es posible gracias a una primera renuncia que da origen a la conciencia moral. El superyó colectivo, que es también sensible a la influencia de personalidades notables en una sociedad determinada,[14] impone sus ideales a fin de descartar la agresividad. Estos dos procesos, que producen respectivamente la conciencia moral (o el superyó ligado a la historia de cada uno) y el superyó colectivo expresan el amor a la vida o Eros: la represión por el sujeto de sus pulsiones instintivas deriva de su deseo de vivir y luego de las necesidades de la vida en común. El hecho de que la instancia moral o la autoridad sea interna, que se asemeje a una autocensura y no a simples mandamientos provenientes de una autoridad externa, explica que la civilización llegue, la mayoría de las veces, a domar la agresividad de los sujetos. Sin embargo, las exigencias ligadas a la comunidad y el progreso de la conciencia moral se pagan con una pérdida de felicidad debida al aumento del sentimiento de culpabilidad.[15]

Los individuos culpan a la sociedad de imponerles exigencias éticas que son verdaderos sacrificios y los dividen interiormente. Por eso les cuesta tanto someterse a las prescripciones de la moral. El desfase entre las normas morales y la manera en que los individuos se comportan en la práctica,

---

13   *Ibid.*, pp. 50-52.
14   *Ibid.*, p. 61.
15   *Ibid.*, 55.

pero también el conflicto constante entre la felicidad y el deber, el individuo y la sociedad, se deben en gran parte al hecho de que las prescripciones morales se dictan sin que nadie se preocupe de la constitución psíquica humana.[16] No solo la mayoría de las éticas desconocen la agresividad humana o pretenden dominarla, sino que ignoran también el rol que desempeña el superyó en las manifestaciones del proceso cultural así como el precio que el sujeto paga por adaptarse a la vida en sociedad. Ese desconocimiento les impide buscar los medios que permitirían orientar hacia otros fines las pulsiones de agresión y autodestrucción que amenazan la vida en común, así como el equilibrio psíquico de los individuos.

Hay siempre un conflicto entre el individuo y la sociedad, por razón de la tensión existente entre las reivindicaciones individuales y las exigencias sociales, y ese conflicto reproduce el que hay en el individuo y corresponde a la economía de su libido. Así la eterna lucha entre la pulsión de vida y la pulsión de muerte se ha trasladado a la vida en comunidad. Si la tarea de la civilización consiste, como dice Freud, en encontrar un equilibrio o «un compromiso efectivo, es decir, feliz» entre las reivindicaciones individuales y las exigencias de la sociedad,[17] hay que reconocer que este equilibrio, forzosamente frágil, requiere primero el reconocimiento de esta discordia interna al sujeto.

En esas condiciones, la educación moral, que debe conducir a los individuos a domesticar su agresividad, a refrenar algunas de sus pulsiones sexuales y a adaptarse a las exigencias de la vida en sociedad no puede contentarse con prescrip-

---

16 *Ibid.*, p. 62.
17 *Ibid.*, 26.

ciones morales que prohíban ciertas acciones («No matarás»), condenen ciertas intenciones («No desearás la mujer del otro»), o hasta recomienden desarrollar ciertas disposiciones («Ama a tu prójimo como a ti mismo»).[18] Para salvar la distancia entre la teoría y la práctica, es indispensable no resumir la moral a mandatos o a normas, sean estas mandamientos bíblicos y principios racionales o convenciones sociales. Sin una psicología moral que tenga en cuenta las motivaciones conscientes e inconscientes de los agentes y sin el reconocimiento de la destructividad humana y del lugar del sentimiento de culpabilidad en el proceso civilizacional, la ética de las virtudes caerá bajo la crítica que Freud dirige a la educación de los jóvenes de su tiempo:

> El hecho de que se oculte a los jóvenes el papel que la sexualidad habrá de desempeñar en su vida no es el único reproche que se puede aducir contra la educación actual. Además, peca por no prepararlos para las agresiones cuyo objeto están destinadas a ser. Al entrar en la juventud a la vida con tan errónea orientación psicológica, la educación se conduce como si se enviara a una expedición polar a gente vestida con ropa de verano y equipada con mapas de los lagos italianos. En esto se manifiesta claramente cierto abuso de los preceptos éticos.[19]

18 Esto no quiere decir que esos mandamientos no tengan ningún sentido, incluso fuera de una moral teológica. C. Pelluchon, *Tu ne tueras point. Réflexions sur l'actualité de l'interdit du meurtre*, París, Cerf, 2013; «Aime ton prochain comme toi-même», en *L'amour*, Mónaco, Éditions Les Rencontres philosophiques de Monaco, 2016, pp. 175-189.
19 S. Freud, *El malestar en la cultura, op. cit.*, III, p. 55, nota 2.

Los obstáculos a la civilización

Es importante tener en cuenta las pulsiones y la agresividad en la educación y la vida social porque los individuos descubren que nadie respeta las prescripciones morales y esto tiene un efecto destructor en la esfera psíquica y colectiva. Al habituarse a que siempre hay un desfase entre el pensamiento y la acción, los seres humanos se tornan cínicos. No evitan obrar mal excepto si tienen la seguridad de que no les van a pillar en flagrante delito o bien desprecian la civilización occidental que está asociada al ideal del gobierno de sí mismo y de los otros a través de la razón.

Ese rechazo de la razón los predispone a adherirse a representaciones del mundo fundadas en la negación de lo real. Las religiones, escribe Freud, nacen de la necesidad de corregir las imperfecciones de la civilización ahorrando al sujeto el sufrimiento ligado a la angustia ante la muerte y al desajuste entre su ideal de justicia y la realidad.[20] Descritas como un conjunto de creencias en el más allá, en la justicia divina y en la providencia, sirven para proteger a los individuos contra el riesgo de ciertas afecciones neuróticas y responden a los deseos más antiguos de la humanidad, como el deseo de eternidad. Desde el punto de vista del psicoanalista, son fruto de la represión e impiden la mayoría de las veces que los creyentes hagan el trabajo necesario para buscar maneras más seguras y realistas de vivir en paz consigo mismos y con los otros.[21]

Las religiones están estructuradas por una organización multisecular que protege a la mayoría de los creyentes de los desbordamientos propios de los movimientos de masas. Sin

---

20 *Id.*, *El porvenir de una ilusión*, en *Obras completas, op. cit.*, vol. ii, p. 76s.
21 *Ibid.*, p. 90s.

embargo, ciertas formas contemporáneas de religiosidad se caracterizan por fenómenos inconscientes y regresivos que Le Bon había analizado comparándolos con los comportamientos de hordas salvajes.[22] La prevalencia de lo irreal sobre lo real, la sed de obedecer a un líder semejante al temido padre primitivo, el sentimiento de prepotencia generado por la pertenencia a un grupo, la exacerbación de la afectividad, la asfixia del espíritu crítico, la ausencia de dudas, la suspensión del sentido de la responsabilidad, la propensión a pensar mediante asociaciones e imágenes, la desinhibición y el despertar de instintos brutales y destructores son características de esos movimientos de masas. Esos fenómenos explican que individuos en otro tiempo razonables puedan caer en la superstición y el fanatismo hasta, a veces, cometer actos bárbaros.[23]

Una de las causas de la adhesión a esos movimientos de masas es el vacío sentido por individuos a los que el ideal de la civilización de la racionalidad occidental ya no les hace soñar. Como no tienen acceso a lo simbólico, colman ese vacío con creencias irracionales. Lo simbólico remite a ese trabajo del espíritu del que habla Freud con la terapia psicoanalítica, pero es también el horizonte de una educación moral que tiende a emancipar al sujeto, como veremos. Cuando los individuos carecen de pautas de interpretación de lo real, los textos religiosos no tienen para ellos más que un sentido literal. Percibiendo el mundo sin ningún tipo de distancia crítica, se dejan seducir por las ideologías más extremas que les parece que responden a su desconcierto; están sumidos en «sideración» *(siderus)*, es decir, sufren literalmente los aconte-

---

22   G. Le Bon, *Psicología de las multitudes,* Granada, Comares, 2012.
23   S. Freud, *Psicología de las masas,* en *Obras completas,* vol. I, *op. cit.,* pp. 1128-1133 y 1142. Para Freud, las religiones son «masas artificiales» (p. 1139s) que no se distinguen de los movimientos de masas.

cimientos como si se tratara de la acción funesta de los astros y no pueden tener la menor consideración para nadie.

Idealizando la moral y refiriéndose a principios morales y a valores que casi nadie respeta en la práctica, las éticas normativas no están capacitadas para comprender o prevenir la irrupción de la violencia que se manifiesta hoy en la adhesión de individuos a veces muy jóvenes a corrientes extremistas y al terrorismo. El carácter extremo de esta violencia no debe hacer olvidar que la civilización se enfrenta siempre a dos grandes obstáculos: la destructividad humana y la hostilidad que suscita debido a las renuncias pulsionales que ella impone. Esta agresividad se transforma en odio en aquellos individuos que carecen de la capacidad de simbolizar, que es uno de los objetivos de la educación y una de las condiciones de la consideración.

Eros y educación moral

Rousseau, maestro de lo sublime

El proyecto que Jean-Jacques Rousseau persigue en *Emilio* nos proporciona algunos puntos de referencia para imaginar lo que podría ser una educación moral que respondiera a los desafíos enunciados en la *Ética de la consideración*. Porque se trata de un proyecto que pretende ahormar al sujeto y crear en él nuevos deseos. No basta procurar que se dé a luz a sí mismo, a lo que lo invitan Sócrates y, en general, los antiguos, sino que hay que educar sus pulsiones y enseñarle a desear lo deseable en un mundo gobernado por la autoestima y dividido por las desigualdades sociales, económicas y culturales. Es preciso que acceda a sus deseos para escapar de la alienación y tener relaciones ricas y sinceras con los otros, y orientar sus pulsiones haciéndolas depender de un ideal. En otras palabras, debe hacer posible a Eros y hasta debe construirlo,[24] porque el amor y la amistad lo necesitan y, sin Eros, no hay convivencia, sino una simple coexistencia que se caracteriza a la vez por la indiferencia y por la agresividad.

El reto de la educación moral no consiste únicamente, por lo tanto, en procurar que el individuo sufra menos teniendo deseos seguros, como en Epicuro, ni en que controle sus pulsiones destructivas, sino en que sea capaz de amar y convivir con los otros y sus nuevos deseos ahuyenten o sublimen su agresividad. ¿Cómo humanizar a los individuos, cuyas necesidades se transforman en deseos a través de la imaginación y la mirada del otro, evitando que no instrumentalicen a los otros y no se sientan eternamente insatisfechos, envidiosos, sordos al interés general e incapaces de ser sobrios? Esta educación moral debe ser al mismo tiempo una educación erótica, porque los resortes del vínculo social no son solo el interés, el miedo y el odio, sino también la compasión, el amor y la amistad. Para que los individuos incorporen su propio bien al bien común y adquieran así el sentido de la obligación, sus relaciones con los otros no deben fundarse únicamente en la competitividad o la rivalidad, sino que hay que despertar en ellos el deseo de la solidaridad. Más aún, si el objetivo es que Eros remplace la guerra de todos contra todos, entonces hay que empezar por el amor y la sexualidad para educar moralmente a los individuos. Hay que hacerlos capaces de amar para hacer de ellos buenos ciudadanos.

Si Rousseau es, como dice Allan Bloom, «un maestro de lo sublime»,[25] que quiere dar al alma grandes deseos, es

---

24   A. Bloom, *Amor y amistad*, Santiago de Chile, Andrés Bello, 1996, p. 67.
25   *Id.*, *Amor y amistad, op. cit.*, p. 67.

porque entendió que la educación moral debe ser al mismo tiempo una educación sentimental y sexual. A diferencia de las teorías morales, como la de Locke, que no le ceden sitio a la sexualidad en la educación, Rousseau muestra el vínculo existente entre Eros y la ciudad, pero también entre el sexo y la moral. En efecto, «el progreso de la civilización está íntimamente relacionado con la elaboración de la sensibilidad erótica».[26] Ahora bien, siendo esta inseparable del lenguaje y de la imaginación, solo cultivando esta última y desarrollando la sensibilidad literaria de los individuos y su capacidad de simbolizar es posible pulir sus juicios morales y darles deseos más elevados que los que los atan al consumo o los enfrentan constantemente unos contra otros:

> Pero hoy todo conspira contra la imaginación [...]. El diálogo sobre el amor ha sido la víctima más perjudicada. Eros requiere del lenguaje, y de un lenguaje bello, para comunicar sus sentimientos y necesidades. [...] La riqueza del vocabulario forma parte de la riqueza de la experiencia. Así como hay una calamitosa decadencia en la retórica política, la retórica necesaria para explicar la causa de la justicia y conformar una comunidad, hay una decadencia aún más calamitosa en la retórica del amor. Pero para amar humanamente, los amantes deben hablarse.[27]

La educación erótica persigue, pues, dos objetivos íntimamente vinculados: conseguir que el individuo sea capaz de amar a otra persona y hacer que se comporte como un ciudadano responsable en una sociedad fundada en la cooperación mu-

26   *Ibid.*, p. 24.
27   *Ibid.*, pp. 24-25.

tua. Esta educación no debe conducir al *homo œconomicus*. Se trata de despertar en las personas el amor por los bienes que se comparten en lugar de fomentar la búsqueda de productos a los que se les atribuye artificialmente un cierto prestigio y que llevan a consumir cada vez más sin llegar nunca a la satisfacción, reavivando la competitividad y la envidia. La educación erótica debe también darse cuenta de la importancia del paso del amor a sí mismo a la autoestima, inducida por la vida en sociedad y que explica que los individuos tengan dificultades en probar la dulzura de la existencia y en tener relaciones sociales satisfactorias, libres de rivalidad y odio.

Todo este trabajo exige la transformación de su imaginación, pues así es como sus preferencias irán hacia objetos que les permitan llevar una vida buena y podrán superar sus resistencias. La educación es ante todo sentimental y erótica más que moral y política. Si queremos emprender otro camino que el que va, según Hobbes, del individualismo al Leviatán, y reconciliar el corazón y la razón, hay que pensar en una educación que no divida a los seres unos de otros, que no induzca a más fracturas en el interior de ellos mismos y no fomente la sumisión, sea a las antiguas tiranías o sea al orden economista actual. Además, solo consiguiendo que Emilio ame a otra persona aprenderá a tener relaciones con el otro no fundadas en la dominación. La educación lo es del deseo y, sin ella, no puede haber consideración. Se empieza, sin embargo, por la educación de las necesidades. También el hecho de alimentarse bien, la compasión y el amor son etapas de esta educación a la vez corporal, sentimental y sexual, que debe emancipar a las personas, hacerlas autónomas y capaces de constituir un cuerpo político cuya finalidad sea proteger la vida y promover la justicia.

Deseo y consideración

Pese a los siglos que nos separan, podemos hacer nuestra la protesta de Rousseau contra la educación burguesa: recurriendo a reprimendas o a reconocimientos, ese tipo de educación no fomenta buscar lo que es bueno para uno mismo ni a considerar el conocimiento y la virtud como fines en sí, sino a desearlos para obtener la estima de los otros. Fundada en la autoestima, siembra en las almas miedo y produce individuos ansiosos y proclives al servilismo y a la lisonja hacia la autoridad. No permitiéndoles acceder a sus verdaderas aspiraciones, es a menudo el origen de las contradicciones que existen, en ellos, entre el deseo y el deber. Cae así también bajo la crítica que Nietzsche hace de la moral surgida del cristianismo, al menos del que conoció en su infancia: «dio de beber veneno a Eros, no murió, pero degeneró convirtiéndose en vicio».[28]

En cambio, la educación erótica que propone Rousseau consiste en dar a Emilio los medios para reconocer y amar lo que es bueno para él. Comienza, pues, por ampliar la sensibilidad del joven más allá de sí, enseñándole la compasión a través de actos de la imaginación que no corrompa la rivalidad. Construye así un puente entre Emilio y los otros.[29] Porque una relación humana solo comienza cuando el individuo es capaz de sentir, más allá de las sensaciones vinculadas a la conservación de sí mismo, nuevas sensaciones ligadas a la comunidad de destino que lo conecta con los otros seres vulnerables. Aunque la compasión no es la justicia, prepara no obstante para comprenderla y practicarla y para abrirse al otro por encima de las fronteras de la nación y de la especie.

28   F. Nietzsche, *Más allá del bien y del mal*, § 168, citado por A. Bloom, *Amor y amistad, op. cit.*, p. 68.
29   A. Bloom, *Amor y amistad, op. cit.*, pp. 72s.

Anclada en la corporeidad, atraviesa también las barreras de las clases sociales evitando que Emilio se deje desbordar por una indignación moral que estaría suscitada por la envidia. Porque aprendió, cuando era niño, a preferir una comida sencilla y frugal al festín de los ricos, Emilio sabe estar contento de ser como es y con lo que tiene. El desarrollo del gusto en materia culinaria dispone al individuo a desear lo que le conviene, a la vez que lo socializa y le permite escapar de lo que tienen de alienante las representaciones sociales. Su educación debe llevarlo a mirar a los otros como seres que merecen su consideración, tanto porque son diferentes de él como porque comparten su vulnerabilidad, sea cual sea su posición social. La compasión lo impulsará a desear que la sociedad se organice en torno a la necesidad de ayudarse mutuamente y no en torno a la competitividad y la dominación.

La educación de las necesidades conduce a una educación de los deseos y a la construcción de un nuevo orden del alma, fundado en la compasión, pero también en la autosuficiencia del individuo. Esta es indispensable para evitar que las pasiones tristes nacidas de la dependencia, como la envidia, invadan al sujeto. El individuo solo puede convertirse en un ciudadano autónomo y responsable si, desde niño, acepta su vulnerabilidad. Pero eso solo es posible si se le obliga a adquirir precozmente competencias que lo hagan autónomo ahorrándole el miedo a estar a merced de los otros. Este aprendizaje lo reconcilia con su fragilidad, mientras que el temor a la dependencia conlleva la negación de su fragilidad y prepotencia.

Si, desde su infancia, sabe enfrentarse a su entorno de manera autónoma, estará menos tentado de utilizar y avasallar a los otros. No se avergonzará de su incompletud ni de su incapacidad para controlar su cuerpo. Al contrario, esa vergüenza, que está fomentada por la educación burguesa contra la que Rousseau arremete, puede impulsar a los individuos, a medida que crecen, a proyectar su desprecio moral sobre los seres cuya identidad se asocia a las funciones del cuerpo, como las mujeres, o incluso los animales.[30] El reconocimiento por el niño de la debilidad propia de la condición humana lo hará sociable y le impedirá desarrollar el sentimiento de invulnerabilidad, que genera la desmesura. Además, si no se le enseña que el éxito pasa por el desprecio del cuerpo, no sentirá la necesidad de dominar a sus parejas sexuales. La educación moral de Rousseau que se opone al culto al rendimiento inculcado en numerosas sociedades actuales es, pues, de gran valor para luchar contra las normas sociales y familiares que son principio de perniciosas pautas de dominación.

La afirmación de que no hay educación moral sin una educación sexual implica que hay que prestar la mayor atención posible a la pubertad, durante la cual el individuo descubre la potencia de sus pulsiones y puede verse sobrepasado por sus deseos sexuales. Para Rousseau, no se debería abandonar a un joven en esta etapa de su desarrollo ni dejar que las imágenes lo atontaran colonizando su imaginación y comprometiendo su acceso a lo imaginario y a lo simbólico, que transforman el sexo en erotismo. Para comprender lo que hace posible este último, es útil recordar que la palabra «deseo» viene de *desiderare, desiderium*, que designa el hecho de añorar las estrellas, de sentir nostalgia de ellas.[31] El deseo

---

30 M.C. Nussbaum, *Les émotions démocratiques. Comment former le citoyen du XXI siècle?*, París, Climats, 2011, pp. 47-48.

31 En la mayoría de los diccionarios, la palabra «deseo» va unida a *desiderare*, como en Horacio o Cicerón, para quienes *desiderium* significa a la vez deseo, pesadumbre y hambre. Por tanto, no se ha derivado de *desidere, desido* («desplomarse»), que sugeriría que la fascinación inherente al nacimiento del deseo estaría condenada a decaer.

implica la inquietud y el miedo a perder a aquel o aquella que suscita esta emoción y la mantiene gracias al misterio que los envuelve y a la promesa de felicidad que él o ella cristalizan. Desear es, pues, sufrir siempre abstinencia y no estar nunca saciado de ese otro, que no es una estrella aislada *(astrum)* que pudiera conducir al desastre *(disastrato* en italiano, «mala estrella»), sino una constelación de estrellas *(sidus)*, es decir, un universo que hechiza a aquel o aquella que siente el deseo.

El deseo se nutre de imaginación y de sueños; se intensifica o se atenúa en función de la idea que uno se hace del otro y de sí. Hobbes describió perfectamente lo que distingue los apetitos de los humanos de los propios de los animales al mostrar el papel de la representación y hasta de la vanidad en nuestros deseos. Estos nos dan información sobre nosotros mismos. La mayoría de las veces, los seres humanos desean algo o a alguien que les devuelve una imagen positiva de sí mismos. Siendo su identidad una especie de espejo, desean sobre todo lo que los otros desean. Así, el deseo, en particular el deseo sexual, nos enfrenta con un problema que está en relación directa con la educación moral y erótica: necesita mantenerse con representaciones, pero estas pueden ser facticias y conducir al sujeto a buscar lo que no le conviene, lo aliena y lo hace infeliz. Es, pues, necesario ser libre y estar en paz consigo mismo para reconocer el propio deseo, no sentirse desgarrado entre este último y el deber ni zarandeado entre la propia felicidad y un deseo que sería el deseo de lo que otros quieren que deseemos. La autonomía es el horizonte de la educación moral y erótica.

La capacidad de ser sí mismo soltándose de la heteronomía no solo es la etapa indispensable para volverse hacia el otro y amarlo, sino que es también la condición de una ética intersubjetiva que garantiza el reconocimiento de las diferencias y, así, la construcción de un consenso. Este no tiene nada que ver con un compromiso insatisfactorio ni con la búsqueda de un mínimo común denominador; se construye con los intercambios con los que, como hemos visto con la convivencia, se expresan las diferencias. Cada uno debe ser capaz de explicitar en qué funda sus opiniones para que surja el deseo de construir algo común.

El amor es, pues, una capacidad, aunque nazca de una pulsión. Asimismo, solo al término de una relación consigo mismo que permita apropiarse del propio deseo podemos encontrar al otro y reconocerlo. En fin, si el amor y la amistad no se restringen a la esfera privada, si Eros y la ciudad no son indiferentes uno respecto de la otra, es porque el ser humano solo puede interrogarse y saber quién es relacionándose con otro que lo interroga y lo interpela en primera persona: ¿Qué quieres decir?, pregunta sin cesar Sócrates a sus interlocutores. ¿Estás seguro de que sabes de lo que hablas? Y tú, que me hablas y me miras, ¿eres realmente quien pretendes ser?, pide el amado al amante en un diálogo donde la verdad es ante todo exigencia de sinceridad y donde la confianza permite a todos situarse, tener su propio *éthos* y poder ir hacia el otro.

«Ética» deriva de *éthos*, que, antes de aplicarse a la costumbre, a las maneras de ser y luego a lo moral, designaba la residencia, incluso el establo. La etimología nos recuerda que el sujeto, tras haber sido arrastrado por las pasiones, regresa a casa, como el ganado que salió por la mañana a pastar campos y vuelve por la tarde al establo. No obstante, la función de estabilización que corresponde a la metáfora de la estabulación hoy ya no es tan segura ni por la tradición ni por el cosmos, como lo era en el mundo de Homero y de los antiguos. Tampoco se trata de la identidad personal constituida por una relación reflexiva consigo mismo y representada por el *kharaktér* que hace referencia a las tablillas de cera en las que se grababan signos que simbolizaban la identidad de alguien. Este criterio de la ética, que corresponde al período moderno, se ha sustituido actualmente por la intersubjetividad, que subraya el hecho de que la relación consigo mismo pasa por la relación con los otros y por el lenguaje. Mi identidad se constituye en el encuentro con el otro, pero no tengo acceso directo a su mundo. La ética supone una cierta distancia entre nosotros y esta distancia hace posibles el deseo y la consideración. Explica también que Eros sea locuaz y que necesite palabras. La estabilización del deseo que entra en juego en la consideración no equivale a la extinción del deseo, sino a su transformación en amor al otro y a los otros y al mundo. El amor, en la consideración, es una constelación; es amor al mundo y compromiso en favor de los otros.

Eros es, pues, una etapa. Esto no significa que se deba retirar cuando el individuo alcanza la consideración, sino que el crecimiento del sujeto transforma profundamente sus sentimientos. Recíprocamente, la consideración supone un trabajo anterior que no puede ahorrarse una educación sentimental y erótica. Pocos filósofos han llevado tan lejos como Rousseau esa reflexión sobre el vínculo entre educación moral y educación erótica ni afirmado con igual insistencia que su reto era ahormar al sujeto para emanciparlo, para que su vida privada y su pertenencia a una comunidad política no lindaran con la alienación.

También Rousseau muestra en *Emilio* cómo es posible que un ser humano aprenda a desear lo deseable, es decir, aquello que puede hacerlo feliz, y cómo emanciparlo de los modelos socialmente impuestos para ayudarlo a encontrar una unidad, evitando así la división entre su razón y su corazón. Su objetivo es que Emilio acepte los sacrificios ligados a la vida con Sofía trabajando en ello por cuenta propia, y que se sienta realizado en el matrimonio que es, para Rousseau, el modelo de un contrato que concilia el deseo y el deber, al hombre natural y al hombre social. No debe hacerse de ese objetivo una norma ni reducir el interés de la educación erótica de Rousseau al examen de las condiciones que hacen posible ese desenlace, que debe mucho a la suerte, como sugieren los dos héroes decepcionados de *La nueva Eloísa*. El objetivo no es prohibir a Emilio la satisfacción, sino procurar convencerlo de que sublime sus deseos, para que sea capaz de distinguir el sexo del amor y tener deseos que hagan de él un ser humano libre, benévolo y con sentido de la justicia.

Por todas esas razones, la educación debe acompañar a la construcción de Eros. Ahora bien, los placeres y las penas, las necesidades y los deseos, las emociones morales y amorales no se modifican solo en función de los bienes que uno honra y que se valoran socialmente; la imaginación y el lenguaje también los configuran. La educación erótica, por lo tanto, necesita relatos y textos. Nos hace falta fabricar a Eros con la materia de la que están hechos nuestros sueños, es decir, con la poesía y la literatura que nos permiten vivir otras vidas distintas a la nuestra y transforman nuestra experiencia del mundo gracias a las palabras.

La imaginación moral y la formación del espíritu

La literatura como aventura moral

La lectura de novelas impone una revisión de la manera en que pensamos la ética al fundarla en normas o en principios porque desarrolla la identificación con individuos únicos y nos hace sensibles al contexto.[32] Este interés por lo particular, del que el juicio moral no puede prescindir, implica que la lectura es, para empezar, un proceso moral, que nos conduce a darnos cuenta de la importancia de la fragilidad del bien.[33] En las tragedias, vemos a personajes desgarrados entre diferentes bienes, presos entre dilemas que muestran la conflictividad de los deberes. La felicidad y la virtud son precarias y su alianza incierta, porque nosotros dependemos también de la fortuna o del *daímon* y nuestra condición es la de los seres de carne y hueso, no la de espíritus puros siempre dispuestos a hacer el bien que reconocemos. Esa fragilidad del bien es también la fragilidad de nuestro juicio moral. Este ha de tener en cuenta un conjunto de elementos morales y no morales que no nublan necesariamente la distinción entre el bien y el mal, pero nos vuelven más perplejos, manifestando la reversibilidad de las situaciones y la ambivalencia de los sentimientos humanos.

Las obras literarias nos inducen a ejercer nuestro juicio moral con mayor finura y desarrollan también nuestra imaginación moral. El lector, al ponerse en el lugar de los personajes, aprende a ver el mundo como estos lo ven. Así, la literatura no solo nos ayuda a apreciar la diversidad de las situaciones morales y de las experiencias vitales, sino también a considerar otras vidas distintas de la nuestra accediendo a ellas desde el interior, en lugar de conocerlas a través de juicios establecidos. En este sentido, la literatura es una aventura moral. Porque las emociones que sentimos leyendo son una vía de acceso a una renovada y más amplia comprensión del mundo y hasta

---

32   Este capítulo se centra exclusivamente en el papel de la literatura en la educación moral. Con todo, no hablamos de la poesía, que no obstante juega un papel importante en la construcción de Eros.

33   M.C. Nussbaum, *La fragilidad del bien, op. cit.*, sobre todo caps. 1, 2 y 3.

de la comunidad política a la que pertenecemos, de la que la mayoría de las veces solo tenemos una experiencia limitada.

Además, nuestro juicio puede hacerse más seguro gracias a la práctica narrativa. En efecto, el descubrimiento de personajes a los que nos aficionamos leyendo nos permite sentirnos concernidos por lo que les ocurre, guardando las distancias. Este equilibrio entre el compromiso y la distancia es ideal para ponerse en el lugar de otro y evaluar correctamente una situación, como dice Adam Smith, que compara al espectador imparcial con el lector y sugiere que la ausencia de emociones no es, contrariamente a lo que se ha creído durante mucho tiempo, condición de la objetividad ni nada que pueda derivar en una decisión justa y equitativa.[34]

Que la literatura ocupe un lugar privilegiado en la educación moral que puede llevar a la consideración se debe, sobre todo, a que la lectura es una experimentación y una improvisación. El arte del escritor consiste en crear una emoción sin ser didáctico ni imponer una tesis. El lector descubre la historia según pasa las páginas; evoluciona en su manera de apreciar las situaciones y no hay imágenes que fijen en su lugar los rostros de los personajes o el escenario, como ocurre, por ejemplo, en el cine. Así, el encuentro inédito y sorprendente con los personajes es un encuentro con uno mismo. Se produce a un nivel profundo que remite a su imaginación y a su inconsciente. Las palabras le permiten explorar sus emociones alcanzando capas de lo vivido que a menudo permanecen inaccesibles a la conciencia. No necesita, por otra parte, travestir sus emociones para complacer a otro o mantener la imagen que quiere dar a los otros.

34 *Id., Justicia poética: la imaginación literaria y la vida pública*, Santiago de Chile, Andrés Bello, 1997, pp. 30, 102, 107.

Las novelas, al mostrar los hilos que tejen nuestra vida de cada día, hacen también más incierta la percepción de nuestros deberes. Tomemos, por ejemplo, *Sin novedad en el frente*, de Erich Maria Remarque: cuando Paul, que se ha alistado voluntariamente en el ejército alemán, apuñala a un soldado francés, comprende, viéndolo morir ante sus ojos, que no es un enemigo, sino un ser humano; reconoce el carácter homicida de su acto que la conciencia de cumplir con su deber de combatiente no puede acallar. Asimismo, las novelas nos ponen en presencia de personajes que pueden ser íntegros, pero que por ellos no sentimos ningún tipo de admiración, como Charles Bovary. Las obras literarias nos recuerdan que la ética no puede reducirse a juicios morales ni a razonamientos que nos persuadan de la bondad o de la justicia de una conducta. Estas obras nos hacen así más conscientes del conjunto de los elementos, conscientes o no, que componen el juicio moral.[35]

La aportación de la literatura a la moral es esencialmente indirecta: no cambia la forma de ser de las personas ni las hace más virtuosas ni más dotadas en sus relaciones, pero las dispone a no contentarse con eslóganes y a interrogarse por sus certezas y por las de la sociedad en que viven. Describiendo personajes que, a ejemplo del Rey Lear, transforman en ignorancia su rechazo a admitir lo que saben, ciertos textos nos confrontan con nuestros límites, con nuestra dificultad de ver lo real, de escuchar al otro o de ser sinceros con nosotros mismos. Si las obras maestras de la filosofía no bastan para desarrollar nuestra sensibilidad moral y si necesitamos literatura, es porque esta última subraya el límite de los conceptos y hasta el mismo hecho de que la argumentación y la

---

35 S. Laugier, «Littérature, philosophie, morale», en *Fabula-LhT,* n° 1, «Les philosophes lecteurs», febrero 2006. Véase también S. Laugier (ed.), *Éthique, littérature, vie humaine,* París, PUF, 2006.

racionalización son a veces instrumentos de la negación. Al revelar al sujeto lo que la filosofía, esforzándose por ordenar lo real, tiende a borrar, a saber, el desorden de la existencia y los conflictos vividos por seres vulnerables escindidos a menudo entre los deseos y los deberes contradictorios, la literatura lo confronta con la brecha existente entre sí mismo y sí mismo, entre su razón y su corazón, entre sus palabras y sus actos. No es posible reconciliarse completamente consigo mismo, pero la experiencia indirecta que hacemos de nuestros conflictos y de nuestras debilidades descubriendo personajes víctimas de situaciones complejas y atrapados por potentes emociones ayuda a ver las cosas con perspectiva.

En resumen, las novelas nos ofrecen la ocasión de descubrir la diversidad de culturas y maneras de vivir y de aprender a considerarlas por sí mismas. Son a veces la expresión de una resistencia moral y política, como vemos en la literatura poscolonial o la escrita por mujeres a partir del siglo xx. Oímos allí la voz singular de seres cuya identidad ha sido durante mucho tiempo asignada a roles determinados o reducida a juicios objetivantes.[36] La lectura de estos textos presenta un interés político innegable. Puede facilitar el desarrollo de capacidades dialógicas sin las cuales la deliberación pública y la democracia, que exigen sujetos activos, reflexivos, empáticos y propensos a participar en el esfuerzo colectivo y a promover una comunidad de iguales, son imposibles. Al ilustrar el carácter no intercambiable de las personas y de las relaciones y liberando la palabra de seres que afirman su irreductibili-

---

36   Podemos pensar, entre otras, en Jean Rhys, en *Buenos días, medianoche,* Barcelona, Noguer i Caralt, 1975 y en *Ancho mar de los Sargazos*, Barcelona, Anagrama, 1990, que es una recuperación de la novela de Charlotte Brontë, *Jane Eyre*, pero desde el punto de vista de la mujer de Rochester, encerrada en la buhardilla. Véase L. Raïd, *Le souterrain, Wittgenstein, Bakhtine, Dostoïevski,* París, Cerf, 2017.

dad a todo cliché discriminante vehiculado por la sociedad, la literatura participa en el proceso de subjetivación que es indispensable para la práctica de la consideración y para la preservación de una democracia sana.

Porque el mal está en nosotros, y no solo fuera de nosotros, y porque fuerzas potentes se oponen a la consideración, es necesario recibir una educación que apele a las emociones, a la imaginación moral y al lenguaje. Esta educación pasa necesariamente por la práctica narrativa porque la riqueza de la experiencia implica la riqueza del vocabulario y la exploración de las palabras, e incluso de las lenguas, en todas sus dimensiones. Además, la descripción de las situaciones, de los estados de ánimo, de las circunstancias particulares que enfrentan a seres vulnerables con las fuerzas que luchan constantemente contra el bien y la paz, es para el sujeto sumamente valiosa en la medida en que lo libera de la ilusión de poder acabar con el mal, la contradicción y la falibilidad. En un mundo en el que Dios, el cosmos y la tradición no tienen ya la función estabilizadora que tenían en las éticas antiguas, el individuo debe aceptar su condición sin hacerse (demasiadas) ilusiones. Está obligado a llevar a cabo ese trabajo crítico del que hablaba Freud pensando en la terapia psicoanalítica, pero también en lo que se requiere para desencadenar un proceso civilizacional inspirado por Eros.

La educación moral debe orientar este proceso de emancipación que se apoya en el sujeto, en la autonomía, y exige una transformación a la vez intelectual, moral, afectiva y espiritual del mismo. El refuerzo de las capacidades de interpretación del mundo y el desarrollo de la imaginación moral son las condiciones del éxito de este proyecto de emancipación que puede impedir que el sujeto no llegue a ninguna parte. Solo dando a los individuos acceso a lo simbólico se puede luchar contra la adhesión a ideologías extremas que suplantan la religiosidad tradicional, estructurada por la referencia a los textos y por la exégesis. Es necesario, por lo tanto, que desde su más temprana juventud cultiven la imaginación moral y su capacidad de interpretar el mundo explorando los textos. Asociada a la ética de la consideración, que abre un horizonte de esperanza vinculada a la preservación del mundo común, esta educación puede darles los medios para hacer frente a la pérdida de sentido característica de la vida contemporánea sin caer en el irracionalismo.

El pensamiento crítico y la parrhesía

El desarrollo del espíritu crítico, que fue uno de los pilares de la Ilustración, no puede separarse de la formación del carácter. Una educación cuyo objetivo sea situar a los individuos sobre la vía de la consideración debe, por lo tanto, también insistir en la aptitud del sujeto para el discernimiento moral. Este papel de la educación es tanto más importante en la medida en que nuestra alma es dinámica y tiene una cierta plasticidad. Platón la compara a un material cuya forma depende de lo que lo ha alterado, como pasa con la arcilla o una tablilla de cera.[37] Tal como esta conserva la huella de un sello, el alma conserva la memoria de los juicios que le han sido inculcados, es decir, de lo que se asoció a tal o cual percepción y que Platón denomina «marcas»: cuando estas son netas y han penetrado en su alma, el individuo no puede olvidarlas ni dejarse inducir al error.[38] Las leyes modelan también a los seres: al obedecerlas, los individuos se comportan como niños

---

37 Platón, *República*, II, 377b1-3 y 378e1, *Leyes*, VII, 792e1-3.
38 *Id.*, *Teeteto*, 191c-195b.

que, para aprender a escribir, siguen las líneas que sus maestros trazaron con el lápiz.[39]

Por lo tanto, la educación no concierne solo al entendimiento; no se limita a instruir al sujeto y permitirle expresarse, desarrollar sus capacidades lingüísticas, su retórica y su sentido lógico; se dirige a la persona en su conjunto, a su sensibilidad, a su afectividad y a su sentido moral. Deja una huella en la persona, dice Platón, que recurre también a la metáfora del tinte: cuando un ovillo de lana blanca, tras recibir el tratamiento apropiado, se tiñe de púrpura, el color es indeleble. Lo mismo ocurre cuando el individuo ha recibido una educación apropiada: los placeres, que el filósofo compara con los detergentes, y el dolor, el temor y los deseos, que él asimila a una colada aún más potente, no conseguirán borrarla.[40]

Para Platón, la educación debe ante todo evitar que nadie se deje seducir por falsos juicios. En realidad, se haya recibido una buena educación o una mala, nunca es fácil abstraerse de las representaciones, ideas y emociones de las que uno se ha impregnado desde la infancia. Pueden reflejar prejuicios que hacen imposible el conocimiento. Por consiguiente, es importante formar el espíritu crítico de los individuos desde muy temprana edad, para que sean capaces de cuestionarse sus ideas preconcebidas y para impedir que se alimenten de ideas falsas que los alejarían de la verdad y de la justicia. Deben ser también capaces de discernir, de entre los fines que se les presentan como valiosos en la ciudad, aquellos que merecen su consideración.

En ese sentido hay que comprender a Platón cuando afirma que la educación debe confiarse a los filósofos. No

39   Id., *Protágoras*, 326c-e.
40   Id., *República*, IV, 429d-430b.

entiende con ello que sean ellos los mejores pedagogos, sino que no puede haber verdadera educación sin filosofía. Esta es indispensable para la formación del juicio porque ayuda a los individuos a tomar distancia respecto de las opiniones de la ciudad, y porque frecuentar a los grandes filósofos agudiza el razonamiento. Más aún, la lectura de textos clásicos, al ponernos a la escucha de los grandes autores, nos adiestra a la humildad y a la audacia, porque «se contradicen entre ellos en las cuestiones más importantes», obligándonos a «ser más que atentos y dóciles alumnos»: a nosotros nos incumbe transformar sus monólogos en un diálogo.[41] También la historia de la filosofía es de por sí un ejercicio filosófico que implica tener las opiniones recibidas por simples opiniones, conocer el origen y el sentido de las nociones y pensar por sí mismo.

La libertad de pensar y la formación del espíritu crítico son el horizonte de la enseñanza de la filosofía, cuyo objetivo es, idealmente, liberar al alumno de sus prejuicios y de sus ilusiones, sustituyendo unos y otras por ideas, fundadas en razones, y atraerlo al gusto por la argumentación. Por eso Sócrates repite que una vida sin filosofía no es libre, pero también que esta implica examinarse a sí mismo y, por lo tanto, que la formación del espíritu crítico es inseparable de la formación del carácter. Este repliegue sobre sí, que comporta un aspecto psicológico, implica estar atento a la dimensión cognitiva de las emociones y expresar el propio pensamiento explicitando sus cimientos teóricos y examinando sus presupuestos.

El cuestionamiento filosófico hace al sujeto capaz de apreciar el juicio del otro, dejando de lado sus *a priori*, y desarrollar las capacidades deliberativas y dialógicas indispensables

---

41   L. Strauss, *Liberalismo antiguo y moderno*, Madrid, Katz, 2007, pp. 13-22.

para la convivencia. La racionalidad no sirve para justificar los prejuicios, sino que clarifica el entendimiento y ayuda al individuo a no ser víctima de las palabras que emplea. Si practica la humildad, podrá, gracias al cuestionamiento socrático, poner su razón y su inteligencia al servicio de la consideración. Es así como la reflexividad puede generar una mayor libertad intelectual y emocional que refuerza la imaginación moral confiriendo a la vez más flexibilidad y más rigor al juicio.

A la luz de estas observaciones, vemos que la filosofía se dirige a todo el mundo. Enseñar filosofía desde la enseñanza primaria, según modalidades ya experimentadas,[42] es una posibilidad que contemplar si queremos formar seres humanos libres, con acceso a lo simbólico, capaces de dialogar con el otro y de interpretar el mundo resistiendo a los mensajes simplistas. La formación de un pensamiento crítico, que permite circunscribir un problema y discernir los distintos niveles donde situarse para tratarlo correctamente, es incluso una necesidad para todos en cada una de las etapas de la vida.

Esa enseñanza, en la medida en que concierne a la vez a la formación del espíritu y a la del carácter, pasa sobre todo por la palabra. La enseñanza es esencialmente oral porque está viva, nos dice Sócrates; la educación implica la relación con el otro y el diálogo y la enseñanza de la filosofía es indisociable de personas cuyo oficio es precisamente este. En general, nuestros modelos no pueden ser solo buenas leyes o buenos libros y nuestros profesores influyen en nosotros con sus ideas y sus palabras, pero también con su comportamiento y su estilo. Por eso es importante que las personas que forman el espíritu y el carácter de los alumnos tengan las disposiciones requeridas

---

42   M. Lipman, *À l'école de la pensée. Enseigner une pensée holistique*, Bruselas, De Boeck, 2006.

para ponerlos sobre el camino de la consideración. No se trata de enseñar moral, es decir, un conjunto de prescripciones morales. Las disposiciones exigidas para dar a los alumnos los medios con los que desarrollar sus mentes y su espíritu crítico y reforzar su carácter van también más allá de lo que ordinariamente llamamos «pedagogía», que se refiere más bien a las técnicas utilizadas para la transmisión de conocimientos.

La enseñanza de la filosofía no solo requiere mucho tiempo, sustraído al tumulto de la vida cotidiana y a los medios de comunicación, pero es igualmente inseparable de una ética de la palabra encarnada por un maestro o un profesor. Por eso los antiguos hablaban de *parrhesía*.[43] Esta no tiene nada que ver con las técnicas de comunicación que sirven para conformar una imagen del orador para que suscite el entusiasmo de los otros. Se distingue también de la retórica, que es el arte de encontrar, en función del tema tratado, las palabras y el tono que puedan persuadir a un público sobre la conveniencia de una acción o dirigir, incluso modificar, una deliberación.[44] La *parrhesía*, que a menudo se traduce como «hablar claro» y que remite al «tono conversacional» de Séneca,[45] se dirige al sujeto al que uno se dirige; no está al servicio del que habla, sino de aquel a quien se dice la verdad en el momento adecuado, de una determinada manera y en la medida en que se le considera capaz de comprenderla.[46] En lugar de halagar a su interlocutor para hacerlo dependiente y ganarse su aprobación, el maestro le habla libremente, para que encuentre su camino y tenga una relación satisfactoria consigo mismo y con la verdad.

43   M. Foucault, *Hermenéutica del sujeto, op. cit.*, pp. 347-367.
44   Aristóteles, *Retórica*, I, libro I, 1355b.
45   Séneca, *Epístolas morales a Lucilio I*, libro IV, 38, 1-2, *op. cit.*, p. 247.
46   *Ibid.*, libro IX, 75, 4-6, *op. cit.*, pp. 441-442.

El ejercicio de la *parrhesía* está esencialmente gobernado por la generosidad.[47] Una persona que posea ese arte, que es un arte conjetural, ligado a la introducción del *kairós* y a la prudencia, debe tener esa relación consigo mismo, con la verdad y con los otros, ya analizada en los dos primeros capítulos de este libro. La *parrhesía*, que permite enseñar verdaderamente a alguien, es el arte de hablar propio de quienes practican la consideración. Esta es una manera de ser y tiene un estilo que se manifiesta con la *parrhesía* y con la huella que esta enseñanza deja en los otros. Alguien cuyo discurso no atañe a la *parrhesía*, sea porque este no evidencia ninguna sensibilidad hacia las personas y las situaciones, sea porque es un instrumento de dominación, no ha desarrollado esa actitud global que llamamos consideración.

Esta última no excluye la verticalidad propia de toda relación de autoridad, y por lo mismo también de la relación entre maestro y alumno. Sin embargo, la *parrhesía* es una ética de la palabra que ayuda a los alumnos a caminar y a mantener además una relación horizontal entre ellos. Y es así porque es un discurso de verdad. La palabra de un maestro que habla con franqueza y que está al servicio de la verdad *(quae veritai dat operam oratio)* impulsa a los alumnos a hacer lo mismo empleando la *parrhesía*, como entre amigos que se quieren bien, pero que no dudan en decirse benévolamente lo que está mal.[48] En fin, esta palabra benévola y franca que debe poder alcanzar al sujeto por su sencillez y su pertinencia «penetrando hasta el interior»,[49] supone una ética de la escucha.[50]

---

47 M. Foucault, *Hermenéutica del sujeto, op. cit.,* p. 361.
48 Séneca, *Epístolas morales a Lucilio I*, libro IV, 40, 4, *op. cit.,* p. 253.
49 *Ibid.*
50 Plutarco, «*Sobre cómo se debe escuchar*», en *Obras morales y de costumbres (Moralia)*, vol. I, Gredos, Madrid, 1992.

Si el sujeto cree saberlo todo e interrumpe sin cesar a los otros para charlatanear, no podrá nunca aprovecharse de esa enseñanza. Guardémonos, pues, de aquellos de quienes Plutarco decía: «Ciertamente el conducto auditivo de esa gente no está perforado en dirección al alma, sino en dirección a la lengua».[51] Porque es a través de nuestro oído como nos entregamos a la enseñanza del otro y este nos impregna. La *parrhesía* es una palabra viva y la enseñanza que transmite explica que, si el alumno se encuentra en una situación que requiere sensatez, podrá actuar con discernimiento. De modo que la consideración tiene una palabra, la *parrhesía*, y esta palabra enseña a su vez la consideración en aquellas y aquellos que la escuchan atentamente.

LA DISPERSIÓN Y LA INMADUREZ PSÍQUICA

Cultivar la atención

Ninguna enseñanza es provechosa si el sujeto no es capaz de atención. Asimismo, las virtudes morales y amorales que forman una constelación en la consideración tampoco pueden desarrollarse sin atención. Para aspirar a la mesura, emplearla y guardarla en todo momento, es necesario tener esa cualidad de presencia que es la característica de la atención y que permite tener una visión detallada del conjunto de una situación recordando el pasado y anticipando el futuro. La

---

51   Plutarco, *Sur le bavardage. Des affections de l'âme et du corps, les quelles sont les plus graves?*, París, Payot/Rivages, 2006, p. 20. Seguimos una traducción algo diferente para este pasaje (cf. *Obras morales y de costumbres [Moralia]*, vol. VII, «Sobre la charlatanería», Madrid, Gredos, 1995, p. 246 : «En ellos la audición no ha penetrado nunca a través del alma sino a través de la lengua»).

consideración supone mirar atentamente todo, apreciando el valor de cada cosa. Además, es la presencia a sí, que caracteriza a la atención, lo que condiciona la disponibilidad hacia el otro y la apertura al mundo, así como el discernimiento que supone sopesar atentamente cada cosa para apreciarla en su justa medida. Sin embargo, en el contexto actual, ligado a las tecnologías de la información, a las redes sociales y a los medios de comunicación, cultivar la atención es difícil. Evitar la dispersión, el desorden, la distracción, resistir a las numerosas solicitaciones y permanecer concentrado en un objeto son desafíos constantes.

La atención supone restringir el propio campo de conciencia y de percepción para establecer una relación de intimidad con algo o con alguien. La atención es un esfuerzo que exige sobre todo sustraerse a la algarabía del mundo y a los juicios de los otros para entrar en sí mismo y fijar el espíritu en un objeto concreto. Estas dos operaciones constitutivas de la atención sugieren que el esfuerzo que requiere es negativo.

A diferencia de la tensión muscular, que implica demostrar voluntad y resistencia para luchar contra una materia que resiste y para imponer nuestra fuerza, «la atención consiste en suspender el propio pensamiento, en dejarlo disponible, vacío y penetrable al objeto».[52] No hay que buscar, solo aguardar, pues la mente debe estar «dispuesta a recibir en su verdad desnuda la verdad del objeto que va a penetrar en ella».[53] Debemos poner entre paréntesis nuestros objetivos para no proyectar en los seres y en las cosas que miramos lo que queremos ver en ellos. Es también necesario que acallemos nuestras inquietudes para estar disponibles para el otro e identificar sus

---

52 S. Weil, «Reflexiones sobre el buen uso de los estudios escolares como medio de cultivar el amor a Dios», en *A la espera de Dios*, Madrid, Trotta, 2009, p. 70.
53 *Ibid.*, p. 71.

necesidades. Todo esto prepara al entendimiento a adherirse a una cosa y a una actividad en lugar de abarcar varios fenómenos dentro de un amplio horizonte que no va a permitir verlos distintamente. Entonces es posible aprehenderlos en su singularidad, gracias a este esfuerzo de concentración y al cuidado que se tenga por el detalle.

Resulta paradójico, al entregarnos a una tarea concreta o concentrándonos en un objeto determinado, que podamos hacer más profunda nuestra manera de pensar el mundo en su complejidad. De modo que la atención no es una capacidad entre otras que sería indispensable cultivar para practicar la consideración; es el equivalente, en el terreno de la formación del espíritu, de lo que es la humildad en el plano moral. Como esta, su alcance es ante todo negativo porque sirve para vaciar al sujeto de las representaciones que interfieren en la comprensión de algo o de alguien.

La atención tiene también una dimensión moral y cambia en profundidad al sujeto. Al concentrarnos en un problema sin que nuestra actividad esté motivada por la búsqueda de resultados o de la notoriedad, nos abrimos a la verdad. Asimismo, al estar atentos a otra persona sin pensar en lo que ella puede representar para nosotros, la vemos tal cual es. Esta dificultad de no proyectar sobre el mundo y sobre el otro nuestras propias expectativas es precisamente el principal obstáculo de la atención y lo que esta combate sustituyéndolo por una actitud que Simone Weil describe así: «El alma se vacía de todo contenido propio para recibir al ser que está mirando, tal cual es, en toda su verdad».[54] La atención, tal como la concibe Simone Weil, como una disposición al mismo tiempo intelectual y moral, incluso espiritual, muestra la existencia de una relación con-

54   *Ibid.*, p. 73.

sigo mismo y con la verdad que, a cambio, permite fijar una cierta mirada sobre los otros. Como en la leyenda del Grial, la piedra milagrosa será de quien, en lugar de preguntar dónde está el Grial, diga al guardián de la piedra, rey paralizado por la más dolorosa de las heridas: ¿Cuál es tu tormento?[55]

La atención es una condición previa a la consideración que es en sí misma un mirar atento dirigido a seres y a cosas de los que me preocupo y que no busco ni instrumentalizar ni dominar. La atención exige hacer el vacío en el sentido explicado antes, es decir, que es indispensable descartar todo lo que nos impide girar el rostro hacia algo o hacia alguien. Sin embargo, no implica hacer el vacío si, con ello, se entiende, como Simone Weil, que debemos desprendernos del objeto y de todo contenido para prepararse a esperar y recibir a Dios. Al contrario, la atención, en la consideración, supone aplicarnos meticulosamente a lo que estamos haciendo y poner todo el esfuerzo en ello. Porque impregnándonos de algo es como se llega, gracias a la atención, a una comprensión más sutil de sí y de los otros, que hace posible el reconocimiento de su complejidad y de su belleza. La capacidad de estar presente a lo que uno mismo hace, junto con aquellas y aquellos que comparten nuestra cotidianidad y nuestro espacio, caracteriza la atención. Cuando esta cualidad de presencia se basa en la humildad y la transdescendencia, es decir, en una relación consigo mismo que es siempre, por la llamada de la condición de ser vulnerable, una relación con el mundo común, la atención deviene consideración.

El problema principal es cómo cultivarla en nuestra sociedad. Lo primero que hay que hacer es admitir que es necesario estar sin cesar vigilantes debido al estrés, al exceso

55   *Ibid.*, p. 72.

de trabajo, a la competencia y a la vida trepidante que se nos ha impuesto porque cada una de esas cosas se opone a la atención. Así que, con la atención, estamos ante un problema análogo al que encontramos con la humildad: hay que trabajarla constantemente. Sin embargo, sabemos que todo lo que nos ayuda a superar la disociación entre nuestra razón y nuestras emociones nos hace más atentos. Conviene, pues, reflexionar sobre los planteamientos psicológicos y las prácticas terapéuticas que pueden ayudar a los sujetos a cultivar la atención y a alcanzar la madurez psíquica sin la cual es difícil superar los obstáculos que se oponen a la consideración.

Los recursos de la ecopsicología

Si queremos entender cómo los individuos pueden practicar la consideración en el mundo actual, es importante darles ciertos puntos de referencia que les permitan desarrollar los recursos interiores indispensables para la atención, pero también para el paso de la negación de la realidad a la conciencia, de la apatía al deseo de llevar a cabo una acción constructiva, de la impotencia al *empowerment*. El proceso de individuación del que hemos hablado para describir la consideración exige que todos seamos capaces de expresar nuestras emociones, en particular las negativas, y no disociemos la razón de la sensibilidad. La insistencia en la transdescendencia significa que el conocimiento de sí no es solo intelectual y pasa por la profundización en la vulnerabilidad y en el cuerpo sintiente. En otras palabras, el individuo ya no puede entenderse como si lo que lo afecta se limitara a su ambiente familiar y social. El impacto de las degradaciones ecológicas en el psiquismo y hasta la noción de inconsciente colectivo deben también ser tenidos en cuenta. Esto supone superar el dualismo propio de la concepción del psiquismo humano, que es todavía lo normal entre numerosos clínicos.

En efecto, la mayoría de las veces, los psicoanalistas y los psicoterapeutas no tienen en cuenta que formamos parte de un sistema ecológico y no dan importancia a los sufrimientos psíquicos que genera el sentimiento de impotencia y de angustia de sus pacientes ante la destrucción del planeta, a la masacre de millones de animales tratados como simples mercancías y a la pérdida de sus certezas en lo tocante al futuro de la humanidad. Los psicólogos y los psiquiatras reciben a individuos que consultan sobre problemas que les salen al paso en sus relaciones con sus familiares, su sexualidad y su trabajo, pero a los pacientes no se les anima a hablar de las consecuencias que ejercen sobre ellos la degradación del medioambiente y el maltrato animal.

Asimismo, la vida urbana es a menudo artificial hasta el punto de estar desconectada del ritmo de las estaciones, un fenómeno cuyas repercusiones sobre el organismo y el psiquismo muchos terapeutas, así como la institución escolar y los docentes, todavía desconocen. Las dificultades de los jóvenes para mantenerse concentrados, sus frustraciones y hasta su agresividad no se explican meramente por la falta de perspectivas. Esos problemas derivan también del hecho de habérseles cercenado una dimensión esencial de su ser, vinculada a la relación con la naturaleza y los animales y los afectos que se les asocian.

La adicción al consumo, la incapacidad de fijar la atención en algo, la necesidad de pasar de una información a otra, el rechazo de la autoridad han de ser puestos en relación con la forma en que vivimos al estar disociados de nuestros cuerpos y de la naturaleza. Sentimos inseguridad a causa del drama ecológico actual y experimentamos un profundo malestar ante las revelaciones de las violencias perpetradas contra los seres humanos y los animales. Pero, en vez de ser tenidas en cuenta y conectarlas unas con otras de forma que creen sentido, a esas emociones negativas se las reprime. Bloqueándolas, los individuos se ahorran en parte el disgusto al que los exponen, pero no pueden aprovechar el poder de transformación del que son portadoras. Se encierran en la negación o fragmentan su psiquismo, disociando su entendimiento y su corazón, su razón y sus emociones. Esta disociación es una estrategia implementada para preservar su psiquismo de amenazas que su sistema nervioso es incapaz de afrontar. Pero no los ayuda ni a vivir bien ni a cambiar su estilo de vida y contribuye a reforzar sus resistencias al cambio, así como su tendencia a refugiarse en la distracción o a adoptar comportamientos violentos.

Para salir precisamente de este punto muerto apareció la ecopsicología en Estados Unidos a principios de la década de 1990.[56] Nacida de la concienciación por el sufrimiento psíquico generado por los males de la Tierra, ofrece algunas repuestas a los problemas que hemos planteado. La ecopsicología implica la superación del dualismo humano/naturaleza y la integración de las problemáticas ecológicas en las prácticas terapéuticas y en sus fundamentos teóricos. Introduciendo la noción de yo ecológico, los ecopsicólogos prolongan el trabajo de Næss sobre el proceso de individuación gracias al cual una persona se realiza haciéndose consciente de sus vínculos con la biosfera.[57] Ponen en cuestión la noción de yo separado que ha legitimado la separación entre los humanos y los no humanos, la naturaleza y la cultura, y ha justificado

---

56   M.M. Egger, *Soigner l'esprit, guérir la Terre. Introduction à l'éco-psychologie*, Ginebra, Labor et Fidès, 2015.

57   *Ibid.*, p. 160.

la voluntad de controlar el mundo exterior mediante un yo deseoso de protegerse de él. Como la curación del sujeto no tiende solamente a eliminar los obstáculos al bienestar y al respeto de la naturaleza y de los vivientes, sino también cambiar su percepción de sí mismo y de la propia conducta, esto significa que lo primero que hay que hacer es salir de esa negación de la conexión que es responsable tanto de nuestra dificultad para realizarnos como de nuestros comportamientos ecocidas. De ese modo entiende la ecopsicología remontarse a las raíces psicológicas que llevan a la destrucción del medioambiente y de los otros vivientes y a identificar los mecanismos de defensa que constituyen un obstáculo para la transformación del yo.

Añadiendo a la noción del yo ecológico la de inconsciente ecológico,[58] los ecopsicólogos muestran que el proceso de individuación tiene sus raíces en los niveles más profundos del psiquismo. Este comprende el consciente y el inconsciente, e incluye el inconsciente colectivo en el sentido en que lo entendía Jung, que no pensaba solo en las pulsiones sexuales reprimidas ni en la agresividad o en la pulsión de muerte, sino también en nuestra historia más antigua. Para el fundador de la ecopsicología, Theodore Roszak, las dimensiones del psiquismo que han sufrido las más graves represiones en las sociedades occidentales modernas y contemporáneas debido a nuestros modos de vida, a la urbanización y a la racionalidad tecnológica y científica, son nuestra relación con la naturaleza, con los animales, la imaginación creadora y todo lo que nos refiere a la parte primitiva de nuestro ser. Por eso, si queremos vivir más armónicamente con nosotros

---

58   *Ibid.*, pp. 35-48. El autor cita a T. Roszak, *The Voice of the Earth*, Grand Rapids, Phanes Press, 1992, 2001, pp. 304-305.

mismos y con los otros y desarrollar nuestro potencial, hay que prestar atención a esas dimensiones.

Cercenado de la naturaleza, de los animales y de la parte arcaica de sí mismo, proclive a disociar su razón de sus emociones o a vivir en la negación de la realidad y de la muerte, el individuo no puede ni desarrollar empatía hacia los otros ni asignar límites a su deseo de poseer las cosas y de dominar al otro. En cambio, todo lo que puede reconciliar al individuo consigo mismo, en particular con su cuerpo y con las capas arcaicas de su psiquismo, será una manera de orientarlo a un conocimiento profundo de sí, que lo conducirá a sentirse solidario con los otros vivientes y responsable de ellos. Las costumbres, las instituciones y las normas educativas no permiten al ser humano alcanzar su madurez psíquica porque negligen esta dimensión emocional, afectiva y hasta arquetípica propia del proceso de individuación del que hemos hablado. La transformación de sí debe, por consiguiente, efectuarse en un nivel a la vez intelectual, psicológico, emocional, consciente e inconsciente. Ahora bien, la superación de los dualismos que impregnan nuestra sociedad no es muy plausible si uno se queda encerrado entre cuatro paredes. El acceso a las capas más profundas y arcaicas del psiquismo no puede pasar exclusivamente por el lenguaje; debe tocar también el cuerpo. Por eso las terapias al aire libre, los ejercicios corporales y la mediación animal son ayudas indispensables para los ecopsicólogos.[59]

Cuando se respetan sus necesidades básicas y su subjetividad, cuando no se les instrumentaliza y se les deja a su iniciativa, los animales pueden ayudar a los terapeutas que

59   Véase, sobre todo, D. Abraham, *The Spell of the Sensuous*, Nueva York, Vintage Books, 1996; T. Hanna, *La somatique,* París, Inter-Editions, 1989.

se cuidan de personas con trastornos psíquicos y psicoso-máticos.[60] Como los animales no engañan y la relación con ellos se establece en la esfera de la emotividad, su presencia permite a las personas tener una mayor confianza en sí mis-mas. Su autoestima se restablece a medida que se refuerza su naturaleza intuitiva. El contacto con un animal las ayuda igualmente a entender mejor los condicionamientos de una comunicación auténtica y hace de nuevo posible el placer de las actividades gratuitas. El aprendizaje del lenguaje del otro, la sensibilidad a los vínculos sutiles y no verbales que pueden tejerse con los seres, la reconexión con la naturaleza en el exterior de nosotros y en nuestro interior, hacen de los animales verdaderos pedagogos.

Los animales son nuestros maestros de la alteridad, porque es esencial estar atentos a lo que quieren comunicarnos para descubrir todo aquello de lo que son capaces. No podemos captar la prodigiosa diversidad de los seres ni tratar a cada uno de ellos, pero el reconocimiento de esa alteridad que está más allá de nuestro alcance mejora nuestra capacidad para interac-tuar con los otros humanos siendo nosotros mismos, porque disipa progresivamente el temor que nos inspira la diferencia y alimenta nuestra compasión por todos los seres sensibles.

Los lugares desempeñan también un papel esencial en nuestra vida. Nos habitan tanto como nosotros a ellos, deter-minan nuestros estados de ánimo, afectan a nuestras relaciones y viven en nuestro cuerpo y en nuestro imaginario. Por eso es importante fortalecer los vínculos que los humanos tene-

---

60   En la terapia asistida con animales (AAT, *Animal Assisted Therapy*), el animal es una ayuda en un entorno terapéutico dirigido por un médico que se ocupa de un paciente humano. Es necesario que un especialista en mediación animal esté presente y lo ayude, con la finalidad de evitar cualquier accidente o un maltrato al animal.

mos con nuestros entornos y con los seres que los pueblan si queremos que estos los preserven. Pero no podemos proteger la Tierra ni los lugares en los que habitamos o permanecemos si no estamos reconciliados con nuestro cuerpo. Es a través de habitarlo y de reanimarlo, en el contacto con la naturaleza y los seres vivientes, como accedemos a nuestro cuerpo sintiente y percibimos en lo más profundo de nosotros que es indisociable de nuestro psiquismo y que está ligado a la naturaleza. Si estamos atentos a nuestras sensaciones que expresan nuestro ser-con-el-mundo, podemos ponernos sobre el camino de la consideración, que es una manera de ser, de apercibirnos y de percibir el mundo combinando ética y estética.

6. Estética de la consideración

Dos cosas llenan el ánimo de admiración y respeto
siempre nuevos y crecientes, a medida que la reflexión
se ocupa de ellas: el cielo estrellado sobre mí y la ley
moral dentro de mí.

IMMANUEL KANT, *Crítica de la razón práctica*

EL COMPONENTE ESTÉTICO DE LA CONSIDERACIÓN

Las afinidades entre la moral y el gusto

La consideración, que es una manera de ser adquirida durante
un largo proceso de individuación, manifiesta una armoni-
zación del pensamiento y de la acción, de la racionalidad
y de las emociones, pero también de un acuerdo entre las
facultades. Esto es lo que hemos visto al examinar el papel
de la imaginación moral y las condiciones que permiten que
el sujeto reconozca la validez de las normas, se las apropie
o las interprete en función de contextos concretos. Esta
concordancia entre la teoría y la práctica y este juego entre
el entendimiento, la sensibilidad y la voluntad son también

características del gusto. Este, conciliando lo sensible y lo inteligible, se libera del dualismo entre el cuerpo y el espíritu, así como de la oposición entre lo individual y lo colectivo.

Hay, pues, una afinidad entre la moral y el gusto. Y así es porque la apreciación estética de la naturaleza o de las obras de arte no depende de juicios determinantes, sino reflexionantes:[1] en lugar de subsumir lo particular bajo una ley, se parte de lo dado para ver cómo puede aplicársele una regla general. De igual manera, en el planteamiento de la moral que defendemos, la capacidad de evaluar correctamente una situación y actuar con prudencia procede de juicios reflexionantes.[2] Pero, aunque el discernimiento moral y el gusto no requieren las mismas virtudes intelectuales que las matemáticas, lo bello y lo bueno no deben ser reducidos por lo mismo a lo agradable y a lo útil, es decir, a preferencias puramente subjetivas o a placeres que traducirían una relación de consonancia entre nuestros sentidos y las cosas. Designan juicios con pretensión de universalidad.

En efecto, cuando se dice que una cosa o una obra es bella, se está expresando una satisfacción ligada no a una percepción o a una sensación, como en los placeres de los sentidos que proporcionan gozo, sino a la representación que se tiene de ella. Por eso el juicio de gusto, que se apoya en la intersubjetividad y en la comunicabilidad del sentimiento, no es relativo a cada uno, como las preferencias en materia alimentaria. La universalidad de la emoción estética[3] no descansa ni en el conocimiento ni en el concepto, sino que es

---

1   I. Kant, *Crítica del juicio*, Buenos Aires, Losada, 1961, p. 20.

2   Contrariamente a lo que piensa Kant, que hace un enfoque deontológico de la moral.

3   I. Kant, *Crítica del juicio*, *op. cit.*, § 9, p. 59. La universalidad de lo bello es subjetiva: «Bello es lo que, sin concepto, gusta universalmente».

un estado de ánimo *(Gemütszustand)* que es inmediatamente comunicable. Una cosa bella no es una bella apariencia de cosa. El juicio estético, si es puro, se funda en un placer particular y en el estado de ánimo que le está asociado cuando la representación, debido a su expresividad formal, suscita el libre juego de la imaginación y del entendimiento. El juicio de gusto evidencia una humanización de la sensibilidad porque presupone el sentido común y nos permite apreciar el mundo o las cosas independientemente de nuestros intereses y porque comunica inmediatamente ese estado de ánimo. Por eso Kant escribe que «el sentimiento en el juicio de gusto le es atribuido a todos como una especie de deber».[4]

Esta definición del gusto subraya su valor moral y se opone al relativismo. Un ser cuya relación con el mundo es simplemente utilitaria y que no puede imaginar que las cosas tengan un valor más allá del placer que saca de ellas no tiene gusto. Su sentido estético nunca será una brújula que pueda conducirle a la ética. Lo llevará por supuesto a visitar lugares agradables para distraerse, pero será incapaz de reconocer la belleza de las obras de la naturaleza y del arte: buscará sobre todo lo que halaga sus sentidos y concuerda con sus costumbres y declarará, además, que los gustos son puramente subjetivos. Este sentido estético tiene poco que ver con lo que Kant llama el gusto. En realidad, nunca debería decirse que las personas tienen mal gusto, sino simplemente que carecen de gusto si no son capaces de adoptar la máxima del juicio estético que es «pensar poniéndose en el lugar del otro»,[5] abandonando sus idiosincrasias y apreciando las cosas independientemente de su utilidad.

4 *Ibid.*, § 40, p. 140.
5 *Ibid.*, § 40, p. 139.

Gracias a esa forma de pensar ampliada *(erweitere Denkung-sart)* podemos reflexionar sobre nuestro juicio desde un punto de vista universal, tanto en estética como en ética. Eso ilustra la profunda afinidad entre el gusto y la consideración. En efecto, esta última implica la atención al valor propio de las cosas y de los seres con los que se encariña y este esfuerzo que permite crear una cierta intimidad con el objeto de su consideración exige poner entre paréntesis los prejuicios y las expectativas personales para aprehender la realidad en su singularidad y su complejidad. La consideración supone, por consiguiente, estar presente a lo que se hace, atento a las propias sensaciones, pero también capaz de esa descentralización que es condición de posibilidad de la universalidad y la apertura a los otros. Así, por nacer de lo que es, en una representación dada, universalmente comunicable sin mediar el concepto,[6] el juicio estético nos habitúa a admirar el mundo sin reducirlo a su valor instrumental y fundándonos en la intersubjetividad. Al no apoyarse en la argumentación, sino en ese estado de ánimo asociado a una representación, parece accesible a todos, siempre y cuando estemos atentos.

Cuando apreciamos el valor estético de una obra de arte o de la naturaleza, comparamos nuestro juicio de gusto con el juicio de los otros y lo compartimos, mientras esperamos que estos aporten su adhesión, galanteando en busca de su consentimiento, como dice Hannah Arendt.[7] Esta pretensión de la validez del juicio de gusto que tiene en cuenta el punto de vista de los otros y se apoya en el sentido común[8] subraya su dimensión política y permite comprender por qué es el modelo de la deliberación. Sin embargo, no es seguro que sea

6   *Ibid.,* § 9, p. 58s.
7   H. Arendt, «La crisis de la cultura», en *Entre el pasado y el futuro, op. cit.,* p. 235.
8   I. Kant, *Crítica del juicio, op. cit.,* § 21 y § 22.

ejerciendo nuestra facultad de juzgar estética como llegaremos a deliberar, a buscar normas que puedan ser válidas para toda una comunidad, y a someternos a ellas. Nada prueba tampoco que el desarrollo de nuestra sensibilidad artística o de nuestra capacidad de apreciar la belleza de la naturaleza nos conduzca a la preservación de esta última.

Aunque toda decisión moral exige gusto, dado que el examen de una situación y la respuesta que se le puede dar no dependen solo del análisis conceptual o de la demostración y requieren tacto, que es el arte de «atinar con lo correcto»,[9] el gusto no basta para dotar a alguien de discernimiento moral ni, *a fortiori*, para disponerlo al bien. Sin embargo, ¿no es justo decir que la sensibilidad a lo bello es signo de un alma bella?[10] Y a la inversa, la presencia al mundo propia de la consideración y la delicadeza en las relaciones que establecemos con los otros difícilmente pueden ir acompañadas de la ausencia de gusto, de la indiferencia ante la belleza del mundo o frente a los daños estéticos asociados a la destrucción de la naturaleza. Todo lo que hemos dicho sobre el conjunto de los rasgos morales, de las representaciones, de las emociones y de los afectos que caracterizan la consideración explica que quien la practica no pueda carecer de gusto.

Las falsas evidencias

Mostrar que lo bello y lo bueno presentan semejanzas no basta para clarificar la naturaleza de la relación que existe entre la ética y la estética ni para comprender por qué la

9   H.G. Gadamer, *Verdad y método*, Salamanca, Sígueme, 1977, pp. 45s y 72.
10   Kant cree que eso es lo que se cumple en la sensibilidad a la belleza de la naturaleza. Véase *Crítica del juicio, op. cit.*, § 42, p. 240.

consideración conlleva esencialmente una dimensión estética. La cuestión es decidir si hay que estar ya comprometido con la consideración para tener gusto, que designa el arte de apreciar el valor estético de las cosas reconociendo lo que puede gustar también a los otros, o si el juicio estético es la vía ideal que puede llevar a la consideración, puesto que esta descansa a la vez sobre las sensaciones y sobre el sentido común.

Planteado en el contexto de una investigación sobre la identificación de las virtudes que pueden promover un modelo de desarrollo más justo, este interrogante sobre el vínculo entre ética y estética adquiere pleno sentido. Porque hay un vínculo entre el mal y el afeamiento del mundo. El totalitarismo no solo ha inspirado una estética particular, como vemos en la arquitectura nazi; era en sí mismo un *shock* estético. Un sistema fundado sobre la dominación absoluta que convence a todos de su superfluidad y convierte a las personas en robots produce una determinada manera de ocupar el espacio, de caminar, de hablar, de construir formas y volúmenes, de interpretar la música. La difusión de ideologías extremistas emplea esencialmente la creación de códigos estéticos y morales que determinan los criterios del gusto y alimentan la aversión hacia determinados seres. Se apoya en la elaboración de un nuevo lenguaje y hasta de una nueva lengua.[11]

El entumecimiento del sentido moral que vuelve a los seres incapaces de luchar contra el mal se expresa ante todo por una insensibilidad a los daños estéticos, al empobrecimiento de la lengua, al afeamiento de los paisajes, a la homogeneización de los territorios. El asco, que es una emoción

---

11   Es la neolengua que Victor Klemperer ha analizado en el caso del nazismo. Véase *La lengua del Tercer Reich: Apuntes de un filólogo*, Barcelona, Minúscula, 2014.

que mezcla la estética y la ética, no puede servir por sí solo de criterio para justificar una política, pero la pérdida de la capacidad de experimentar un sentimiento de repugnancia ante un espectáculo feo y moralmente degradante es un síntoma inquietante. En cambio, es sano sentir náuseas cuando contemplamos la contaminación de los mares y de las playas o cuando visitamos una crianza en batería de gallinas ponedoras, donde, apiladas en jaulas, se las ve desplumadas, con el pico recortado y la cresta vacilante. Y es así también porque es estéticamente monstruoso que nuestro modelo económico, basado en la explotación ilimitada de la Tierra y de los otros vivientes, pueda parecer ante la opinión de cada vez más gente una aberración moral.

Hay, pues, un estrecho vínculo entre lo bello y lo bueno, el discernimiento moral y el juicio estético. Sin embargo, las falsas evidencias son muchas. La estetización de la muerte, por ejemplo, da valor a las corridas de toros a los ojos de los aficionados. En otro plan distinto, el reconocimiento por un gran número de personas de la belleza de un paisaje precede muy a menudo a su transformación en un parque recreativo o en una atracción para turistas. Sin hablar de la belleza de los animales salvajes, que tan a menudo les resulta fatal y lleva a capturarlos y a esclavizarlos. La estética no es siempre la puerta de entrada a la ética y puede ser instrumentalizada, sirviendo a veces de coartada a la dominación y a la violencia. En lugar de ser una guía que nos enseñe a proteger la naturaleza y a respetar a los otros vivientes, la emoción estética refuerza entonces nuestra propensión a utilizarlos como medio para nuestros fines. ¿Qué ética puede impedir que la belleza sea tan a menudo maltratada?

Transdescendencia y estética

Mientras que una persona de buena voluntad que se acerca al ideal kantiano, que consiste en actuar por deber, no se distingue necesariamente por su refinamiento en el terreno artístico y que los estetas no son forzosamente virtuosos, es difícil imaginar que quien actúa movido por la consideración carezca de sentido estético. ¿Por qué hay una relación más estrecha entre la ética y la estética en la consideración que la que hay en el caso de las morales del deber? ¿Se debe a la proximidad de la ética de la consideración con la filosofía antigua que afirmaba la identidad de lo bello y de lo bueno *(kalós kagathós)*?

Decir que el gusto es una característica intrínseca de la consideración no significa que la estética lleve a la ética o que se identifica con ella, sino que la manera de ser y la mirada hacia el mundo propias de la consideración hacen que el sujeto sea particularmente sensible a la belleza. A medida que progresa interiormente, siente la necesidad de rodearse de cosas bellas, vivir en un lugar donde se sienta como en casa y poder así estar más presente en el mundo. La atención que presta al valor propio de cada ser y a cada actividad, pero también a la forma y al estilo, es asimismo mayor. Y esto es así a causa del amor al mundo y de la gratitud a los que conduce necesariamente la consideración.

A diferencia de las morales deontológicas o utilitaristas, la consideración supone a la vez discernimiento moral y gusto. Pues no se trata solo de tender a la verdad o de tener una voluntad íntegra; la conducta de una persona que practica la consideración se caracteriza también por su belleza. Una decisión prudente y una acción justa son a la vez buenas y bellas: quien ha actuado bien no solo ha cumplido con su deber o ha seguido un razonamiento consecuencialista de manera rigurosa; ha sabido responder de manera correcta a una situación difícil, incluso inextricable, con la autoridad y el tacto que confiere la constelación de virtudes anteriormente descritas. Lo que ha hecho es inseparable de la manera en que lo ha hecho y de cómo es él. Es inconcebible que el sujeto de la consideración sea prudente *y* envidioso, o animoso *e* intemperante, ni que se preocupe por los otros, humanos y no humanos, simplemente porque es su deber y sin poner en ello toda su inteligencia, todo su corazón y una gran delicadeza. Porque consigue que las virtudes se mantengan unidas y que ella misma se funde en la experiencia carnal de lo inconmensurable, la consideración está impregnada de belleza.

La particular relación que la consideración establece entre ética y estética la distingue también de las ideas antiguas según las cuales la belleza es el resplandor de lo divino. Se trata, sí, de una ética de las virtudes que se prolonga en una estética, pero su marco conceptual y ontológico no tiene nada que ver con la cosmología de los antiguos y no presupone tampoco la fe de Bernardo de Claraval. Para entender por qué la consideración tiene esencialmente un componente estético, tenemos que volver a hablar de la transdescendencia. Esa experiencia que hacemos de nuestro cuerpo y del sentir muestra también cuál es el tipo de estética propio de la consideración y en qué sentido la educación del gusto puede ser uno de los caminos que nos lleven a ella.

La consideración implica prestar atención a las sensaciones que, en su materialidad, corresponden a lo que antaño solía denominarse cualidades secundarias que designaban los olores, los sonidos, los colores, la textura o la rugosidad de los objetos. Estas sensaciones expresan nuestro ser-con-las-cosas; son el punto de contacto entre nosotros y el mundo y anteceden a la percepción y a la representación, que no pueden captar toda su riqueza y sutileza. Esta irreductibilidad del sentir al concepto, que subraya también la esencia generosa del mundo, su excedente, explica que exploremos mediante nuestras sensaciones las múltiples dimensiones de las cosas, el valor afectivo de un olor y los recuerdos que despierta, las resonancias que los colores y los sonidos tienen en nuestro inconsciente, la sonoridad de las palabras, el ritmo de una frase y todo aquello a lo que los asociamos o nos sugieren.

Esta experiencia es a la vez corporal e intelectual, concierne a las obras de arte y a las de la naturaleza y pone en correspondencia nuestra cultura, nuestra historia, nuestro entendimiento y las capas más primitivas de nuestro psiquismo. Sin perder el contacto con los otros, con los que podemos comunicar nuestras emociones estéticas, la consideración, que supone ese descenso al interior de nosotros mismos, nos permite crear una relación de intimidad con lo que vemos, escuchamos o tocamos. Esta es la intimidad que el sujeto de la consideración procura preservar y compartir con los otros. Exige más que el respeto y la obligación de cuidar del otro y de la naturaleza. El hecho de considerar a un ser viviente o un cuadro, fijando nuestra atención en ellos, al ser completamente receptivo, explica por qué la experiencia que tenemos es a la vez ética y estética. No hay experiencia estética que de inmediato no sea ética en la consideración. La transdescendencia que le es propia enseña o recuerda al sujeto el vínculo vital que une lo que ve u oye y los que viven esa experiencia. La emoción, sea estética o moral, expresa esta cualidad relacional. Así, ciertas emociones, como la fascinación ante los prodigios de la naturaleza y de lo viviente, son a la vez éticas y estéticas.

Mediante la *aísthesis*, que designa tanto a las sensaciones como a la estética, los seres humanos experimentan su pertenencia a un mundo común que se compone de cosas naturales y culturales y que se refiere también a tradiciones y tiene una historia. Cuando ejerce su juicio estético, el individuo, apoyándose en el sentido común, se inscribe en un mundo que atestigua la persistencia de las obras y el deseo de la humanidad de crear cosas bellas. Su juicio depende de su época y de la comunidad particular a la que pertenece y que modela su gusto, pero la universalidad subjetiva de lo bello y la posibilidad que tiene de comunicar el estado de ánimo ligado a la emoción estética, de compartirla con sus semejantes, refuerzan su apego a los otros seres humanos y a un mundo que ha transmitido obras que nutren su amor a la belleza. Este amor a la belleza es la expresión del amor al mundo y lo que lo alimenta.

Por todas estas razones, la estética puede ser una vía privilegiada de la consideración. El arte —a condición de que dejemos de verlo como un lenguaje o un conocimiento cuya función fuera a revelarnos la esencia de las cosas o lo invisible detrás de lo visible, y que se insista en lo que hace con palabras, colores y sonidos— nos instala en la transdescendencia, allí donde «el comercio con la realidad es un ritmo».[12] Ni la noción de ser-en-el-mundo ni la categoría de desinterés pueden clarificar su función, que es hacernos sensibles a lo que, en la realidad, no nos remite a una Idea, a una esencia o a un más allá, sino a nuestra realidad corporal, a nuestra sensibilidad, a nuestra humanidad y al mundo común.

---

12   E. Lévinas, *La realidad y su sombra*, Madrid, Trotta, 2001, pp. 48 y 51. Cf. *Los imprevistos de la historia*, Salamanca, Sígueme, 2021). A diferencia de Lévinas, no creemos que la transdescendencia, incluso en el arte, nos permita sobre todo explorar la sombra de las cosas. En cambio, la manera en que Lévinas destaca en el arte el trabajo por encima de las palabras, los sonidos y la materialidad, y la manera en que vincula este trabajo con la corporeidad, coincide básicamente con nuestra interpretación del papel del arte en la en consideración.

La pintura de Cézanne no nos ayuda a habitar mejor el mundo, como si el hecho de ser capaces de admirarlo independientemente de nuestros usos nos condujera realmente a cambiar nuestro comportamiento con relación a la naturaleza. Solo insistiendo en lo que hay de técnica en el trabajo del artista podemos comprender su valor moral, que no consiste en comunicar un mensaje, sino en volvernos atentos a nuestras sensaciones y a lo que en ellas escapa a la racionalidad. Así es cuando la obra tiene el poder de instalarnos en lo sensible, en el ser-con-las-cosas-y-con-los-otros, cuando nos propulsa hacia la transdescendencia y cuando, gracias a ella, tenemos además la capacidad de comunicar con otros la misma experiencia. Entonces podemos decir que el arte educa para la consideración: la obra provoca una resonancia interior en el espectador y este puede prolongarla.[13] Sin embargo, si el artista alcanza nuestro *Gemüt* es gracias a su trabajo sobre lo material que es más que un trabajo sobre la forma, porque atañe a las sensaciones y porque las palabras, la sonata o la pintura son ellas mismas ritmos. La forma y el contenido, la técnica y lo espiritual no se oponen entre sí y ninguno de ellos es el simple medio del otro. Todos se juntan en la obra, que, por esta razón, tiene una exigencia interior y un alma.

LA CONSIDERACIÓN COMO ESTÉTICA

Superar la analogía entre lo bueno y lo bello

La belleza es una cualidad relacional; está vinculada a la persona que contempla un paisaje o una escultura y no refleja

---

13   W. Kandinsky, *De lo espiritual en el arte*, Barcelona, Paidós, 2011.

el bien o lo divino, como en las estéticas antiguas fieles a una teoría objetiva de la belleza. No obstante, la experiencia estética, cuando es pensada como transdescendencia, no puede ser reducida a la contemplación, que implica que el espectador se mantiene a distancia de lo que mira. La estética de la consideración, como veremos más precisamente con la estética medioambiental, pasa por el compromiso del cuerpo y no puede contentarse con la categoría del desinterés que Kant aplica a lo bello. Además, la consideración es un modo de ser global y una actitud que se manifiesta mediante una cualidad de presencia en el mundo, en un ser-con-el-mundo-y-con-los-otros con un significado a la vez ético y estético. Por eso genera, al mismo tiempo que el deseo de cuidar de cosas, sentimientos de gratitud, admiración y asombro, que no están necesariamente incluidos en el deber y el respeto.

En efecto, aunque el gusto se nos exige a todos como un deber y aunque su ausencia certifica una incapacidad de adoptar un punto de vista amplio y de ver el mundo independientemente de los propios intereses inmediatos, la analogía entre lo bueno y lo bello no permite entender por qué la ética tiene, en la consideración, un componente estético y tiende incluso a devenir una estética. Kant sugiere que lo bello nos dispone a amar algo de manera desinteresada, porque atañe a las formas en cuanto suscitan el juego de la imaginación sin que el acuerdo entre estas formas y nuestras facultades remita al deseo o al conocimiento. La belleza es el símbolo de la moralidad que consiste en actuar por deber y no porque el bien pueda ser una forma de ser feliz, pero no se identifica con el deber, porque es desinteresada, mientras que la moralidad corresponde a un interés.[14]

14   I. Kant, *Crítica del juicio, op, cit.,* § 59, pp. 197-199.

En lo sublime, que evidencia más aún que lo bello es la afinidad entre la moral y la estética, aparece claramente lo que diferencia a las morales del deber de la consideración. Kant reúne lo sensible y lo inteligible cuando habla de lo sublime de la naturaleza que constituye una llamada a la fuerza moral que hay en nosotros y despierta una disposición del espíritu que supone una apertura *(Empfandigkeit)* a las Ideas de la razón.[15] Lo sublime place inmediatamente y remite a la necesidad. A diferencia de lo bello, que genera un sentimiento de armonía por el acuerdo de la imaginación con el entendimiento, lo sublime es a la vez portador de dolor y de gozo: la emoción estética proviene, en su caso, del fracaso de la imaginación por no captar todo lo que se le presenta, porque el espectáculo de la naturaleza es demasiado grande o porque la representación artística es de tal manera rica que es imposible tener de ella una percepción global o uniforme.

Es, pues, la impotencia del sujeto ante la presentación de lo irrepresentable lo que da lugar a esta emoción estética, produciendo una disposición del alma semejante a la que las Ideas de la razón tienen sobre el sentimiento, es decir, para Kant, al respeto. La naturaleza no se juzga sublime porque nos causa temor, sino porque eleva la imaginación a representarse situaciones en las que el espíritu percibe lo que en él hay de sublime: «Sublime es lo que, por ser solo capaz de concebirlo, revela una facultad del espíritu que va más allá de toda medida de los sentidos».[16] Asimismo, el respeto proviene de la impotencia del sujeto a estar a igual altura que la ley moral que, no obstante, lo determina. El sujeto, reconociendo en otro una rectitud de carácter de tan elevado grado que lo

15 *Ibid.*, § 29, pp. 107-108.
16 *Ibid.*, § 25, p. 92.

obliga a inclinar su espíritu,[17] tiene una sensación de displacer y de una cierta humillación porque la ley moral, visibilizada por este ejemplo, confunde su orgullo y, comparándose con esa persona de buena voluntad, siente su imperfección. Sin embargo, una vez liberado de tal comparación, la majestad de la ley moral lo llena de gozo. El respeto puede entonces convertirse en un móvil, que lo determina subjetivamente y le genera un sentimiento favorable al deber.[18] De manera que el sentimiento moral, como lo sublime, es la experiencia de un inconmensurable, pero la incapacidad de estar a la altura de la ley moral y el fracaso de la imaginación revelan al sujeto que está dotado de una facultad superior a la naturaleza y que su destino moral es más elevado que todo aquello a lo que la satisfacción de sus tendencias podrían conducirlo.

Relacionando el sentimiento moral con el sentimiento estético, el autor de la *Crítica del juicio* relaciona también la libertad con la naturaleza, la razón con la sensibilidad. El respeto es un estado de ánimo *(Gemütszustand)*, como lo sublime.[19] Aunque solo podamos ser conscientes del efecto de la determinación de la voluntad por la ley moral, sin poder explicarlo, el deber puede tener una expresión sensible. Cuando el sentimiento de elevación propio del respeto se identifica con la conciencia estética de lo sublime, ese sentimiento es el signo de la presencia en nosotros de la ley moral y nos ayuda a captar la afinidad de lo sensible con lo que lo excede.[20] De modo que «el sentimiento de lo sublime en la

17 I. Kant, *Crítica de la razón práctica, op. cit.*, pp. 113 y 116.
18 *Ibid.*, pp. 110 y118s.
19 I. Kant, *Crítica del juicio, op. cit.*, § 25, p. 92. L. Guillermit, *L'élucidation critique du jugement de goût selon Kant*, París, CNRS, 1986, pp. 78-84.
20 M. Foessel, «Le respect, un sentiment esthétique?», en F. Calori, M. Foessel y D. Pradelle (eds.), *De la sensibilité. Les esthétiques de Kant*, Rennes, PUR, 2014.

naturaleza es respeto hacia nuestra propia destinación».[21] Sin embargo, aunque el estado de ánimo ligado al respeto puede ser comunicado de una manera estética, no podemos presuponerlo en los otros: el sentimiento de lo sublime en el arte y en la naturaleza puede reforzar nuestro sentimiento moral, pero es necesario tener ya respeto por el propio destino moral para ser sensible a lo sublime. En Kant, aunque la brecha entre lo sensible y lo inteligible, el pensamiento y la acción, puede reducirse gracias a la comunicación de un estado de ánimo suscitado por una representación, la ética no tiene sin embargo en sí misma componente estético. Se entiende eso perfectamente comparando respeto y consideración.

Consideración y respeto

El respeto, como la consideración, es una experiencia de lo inconmensurable. La relación con los otros pasa por la relación consigo mismo ligada a esta experiencia de lo inconmensurable, indicada por la ley moral en Kant y por el mundo común en la ética de la consideración. Sin embargo, el respeto es un sentimiento moral que emana de la relación con la ley moral en mí y se dirige a las otras personas en cuanto son sujetos de la ley, mientras que la consideración es una relación conmigo mismo, en cuanto individuo encarnado, con el mundo común y con los otros individuos vistos ante todo como seres hechos de carne y hueso. Así, la consideración se extiende necesariamente a los animales y a la naturaleza y es indisociable de un sentimiento de solidaridad con los otros vivientes que explica que el comportamiento que tenemos

21   I. Kant, *Crítica del juicio, op, cit.,* § 27, p. 99.

hacia ellos, pero también la manera en que los sentimos y en que apreciamos su valor estético, estén exentos de la ambivalencia característica del respeto.

La consideración implica que mi mirada y mi atención se dirijan hacia el otro, lo cual no tiene nada que ver con el hecho de estar en presencia de una persona dotada de buena voluntad y de sentirme, comparado con ella, mala persona. Además, supone que el sujeto que vive la experiencia de su vulnerabilidad reconoce el valor propio del mundo y de los seres estando atento a su alteridad y a su singularidad. Los otros vivientes, la naturaleza, las obras de arte, las instituciones, las tareas más modestas merecen nuestra consideración, aunque no todo tenga igual importancia. En cambio, el respeto, en Kant, es esencialmente respeto por la ley moral y concierne exclusivamente a las otras personas, excluyendo las cosas, la naturaleza y los animales, a los que asigna un estatus inferior.

Aunque la admiración por todo viviente es constitutiva de la consideración, Kant la opone al respeto. Para él, la admiración recae sobre el individuo, cuyo talento, belleza y riqueza son vistos con un sentimiento de placer que puede fácilmente conmutarse en inclinación o en amor. La admiración no tiene nada que ver con un sentimiento moral que es producido por la ley moral y que, además, se emparenta con un reproche vivido.[22] En el respeto, el individuo no es aprehendido por sí mismo, sino solo en cuanto encarna la obediencia a la ley moral. En cambio, el sujeto de la consideración echa sobre el otro una mirada que lo individualiza. Aunque la consideración no se confunde con la admiración, comparte con ella, como con el amor, el don de hacer que el otro se sienta irremplazable.

---

22   Id., *Crítica de la razón práctica, op. cit.*, pp. 113 y 116.

El sujeto de la consideración se muestra agradecido a todos y ayuda a todos, con su presencia bondadosa o su hablar franco, a encontrar y a apreciar su lugar en el mundo. En el respeto, lo universal destruye la individualidad: respetar a una persona es ver en ella lo que es general y universal, ser justos con ella, dejando de lado lo que hay de único en su situación. En cambio, en la consideración, lo universal alumbra lo particular; no apaga la luz singular que brilla en la mirada de cada persona, aun cuando el hecho de dirigirse como individuo a otro individuo, dando importancia a lo que tiene de excepcional, no debe hacernos olvidar la justicia que reclama igualdad.[23] Debemos, por lo tanto, a los otros algo más que respeto; les debemos consideración, pues no son solo sujetos del deber o ciudadanos, sino seres individuados.

Sin embargo, el respeto llena el alma de alegría, como dice Kant en el fragmento citado en el exergo de este capítulo. Hemos visto que la alegría no es un sentimiento puramente subjetivo y que es uno de los efectos del proceso de individuación que lleva a una persona a pasar del «vivir de» al «vivir con» y al «vivir para». Asimismo, la mención a la vez de la ley moral y del cielo estrellado, que suscitan una admiración y una veneración siempre nuevas y crecientes, sugiere que la moralidad, incluso en un planteamiento deontológico como el de Kant, lleva a la gratitud, que es siempre gratitud por la vida, y al asombro, que es siempre un maravillarse ante la belleza del universo. Sin embargo, en la consideración, el cielo estrellado y la moralidad no son los únicos objetos de la emoción estética, y esta no está esencialmente asociada a lo sublime.

---

23   E. Lévinas, *De otro modo que ser o más allá de la esencia*, Salamanca, Sígueme, 2003, pp. 237-240.

Mientras que la majestad del cielo estrellado remite, en Kant, a la majestad de la ley moral y a nuestro propósito práctico, lo que constituye la especificidad de la consideración no es esa contemplación, sino una manera de ser-con-el-mundo. La consideración, que significa literalmente el hecho de observar atentamente una constelación de estrellas, presupone la experiencia de lo inconmensurable, pero implica sobre todo mirar bondadosamente a cada ser y estar presente en cada una de las actividades a las que uno se entrega. Aunque el sujeto de la consideración es, hablando idealmente, capaz de gobernarse y de gobernar a los otros seres humanos, de dar muestras de justicia y bondad, eso no quiere decir que esté autorizado a descuidar su jardín, a despreciar el arte de la cocina o a olvidarse de los cuidados que debe a sus hijos y a sus animales. Creer que la consideración, cuando lleva al compromiso político, exime a la persona de prestar la mayor atención a este tipo de actividades es un error que se emparenta con el hecho de tolerar que un alto dignatario del Estado se interese exclusivamente por las personalidades y no deje más que migajas para el resto de los otros ciudadanos.

LA ESTÉTICA DE LA CONSIDERACIÓN

La aportación de la estética medioambiental

La estética de la consideración no puede reconocerse en el pensamiento premoderno que hace de lo bello huella de lo divino y de la naturaleza una teofanía. Se distingue también de la estética nacida en el siglo XVIII con Baumgarten.[24] Esta

---

24   A.G. Baumgarten, *Esthétique, précédé des Méditations philosophiques sur quel-*

designa, como en Kant, una disciplina que consiste en un análisis de la lógica propia del juicio de gusto al que caracteriza con el desinterés. Un breve recuerdo del contexto en el que apareció esa estética permite entender qué hace imposible volver a los antiguos, así como comprender las razones por las que ha sido remplazada por otra que no solo da valor a las formas, sino también a las sensaciones y atestigua el compromiso del cuerpo.

Para Kant, lo bello no es objetivo y tampoco se concibe ya en función de la transcendencia porque se trata de una cualidad relacional. Esa concepción de lo bello que acompaña el nacimiento de la estética es resultado de una renovación completa de la visión de la naturaleza. Desacralizada, ya no es signo de lo divino: es un conjunto de fenómenos. Lo bello es también un fenómeno. Aunque su lógica sea diferente de la del conocimiento, de la moralidad o de los intereses de los sentidos, la estética remite a una experiencia sensible y no metafísica. El dominio de la estética es exclusivamente humano, y hasta el valor estético de un ecosistema o de un animal se relaciona con nuestra facultad de juzgar.

La noción emblemática de esa estética, que describe lo que nos pasa cuando juzgamos que una obra es bella, sea natural o artística, es el desinterés. En este planteamiento, son las formas, que son «finalidades sin fin», y su cualidad expresiva, las que fundan el valor estético de una flor o de un cuadro. Mientras que la *aísthesis* designa las sensaciones que ilustran nuestra inmersión en las cosas, nuestro ser-con-el-mundo, esta estética privilegia la vista, en detrimento de los otros sentidos, en particular del olfato y del tacto y hasta del oído.

---

ques sujets se rapportant à l'essence du poème et de la métaphysique, París, Herne, 1988 (trad. cast. parciales: *Reflexiones filosóficas acerca de la poesía*, Madrid, Aguilar, 1975; *Estética. Prolegómenos* [selección], Buenos Aires, Centro de Investigaciones Filosóficas, 2014).

Va al encuentro de nuestra experiencia de la naturaleza, que es la experiencia de una participación somática, incluso de un compromiso de nuestro cuerpo que va más allá de un simple juego con las formas.[25] Cuando caminamos por el bosque, la sensación de humedad o frescor, el aire, el tacto, el olor y los sonidos son tan importantes como la vista e indisociables de esta. Además, no estamos frente a la naturaleza; esta nos envuelve y nosotros la acogemos en nuestro interior.

Cuando se aplica a la naturaleza, la estética heredada del siglo XVIII refleja un marco de pensamiento dualista: la naturaleza es un espectáculo o un cuadro, como en las representaciones que la recortan por escenas y organizan la percepción desde el punto de vista particular de un individuo que se mantiene a distancia de ella para admirarla. Los paisajes son representados como postales, como si el valor de la naturaleza dependiera de nuestra sensación de agrado. El dualismo ser humano/naturaleza y el antropocentrismo de la ética se prolongan en una estética de lo pintoresco. Esa estética representa ciertamente una relación con el mundo y con nosotros mismos que no tiene nada que ver con el consumo y el deseo. Sin embargo, cuando hablamos de la emoción estética que suscita la naturaleza, de la que el ser humano forma parte interesada, y que no puede ser introducida en un cuadro, no podemos quedar satisfechos con la categoría del desinterés ni con esa focalización en las formas que no tiene suficientemente en cuenta la dimensión interior de las sensaciones.

Estas cuestiones evidencian un desplazamiento de perspectiva que es común a la ética y la estética medioambientales y subraya su dependencia recíproca. ¿No hay que admitir la

---

25 A. Berleant, *Living in the Landscape. Towards an Aesthetics of Environment*, Lawrence, University Press of Kansas, 1997, pp. 9-24, 97-101, III.

pertinencia de las dos categorías más importantes de la ética medioambiental, a saber, el valor no instrumental de la naturaleza y la pertenencia a una comunidad biótica, para poder apreciar la naturaleza sin reducirla a las categorías de lo pintoresco y de lo bello? Estas categorías, que remiten al placer que se tiene en la contemplación de una forma simétrica que se añade a nuestra representación, son la herencia de una estética del paisaje y reflejan nuestra propensión a prestar atención solo a cosas que pueden proporcionarnos agrado. Asimismo, si lo sublime es una emoción ligada a una magnitud que nos supera, no puede dar valor estético a un ecosistema que se juzga por lo general insignificante y desagradable, como un pantano. ¿Hay que concluir que la apreciación estética de la naturaleza es superficial cuando no está respaldada por la ética medioambiental? Y a la inversa, la estética medioambiental, porque implica profundamente nuestro cuerpo, ¿no contribuye a ensanchar el sentido de nuestra identidad personal y a hacernos sentir nuestra pertenencia a la comunidad biótica con más eficacia que cualquier discurso moral?

La estética medioambiental va de la mano de la crítica del antropocentrismo y pone en cuestión la concepción subjetivista del valor según la cual la belleza reside exclusivamente en el ojo de aquella o aquel que la percibe. Sin embargo, no está claro que debamos adherirnos a un modelo cognitivista[26] haciendo depender la apreciación estética de la naturaleza de nuestro conocimiento de la biología y de la evolución. Cuando tomamos conciencia de la complejidad de los organismos y de las interacciones que existen entre los vivientes que componen un ecosistema, nuestra percepción de la naturaleza se

26   A. Carlson, «L'appréciation esthétique de l'environnement naturel», en *Esthétique de l'environnement. Appréciation, connaissance et devoir*, París, Vrin, 2015, pp. 55-84.

enriquece, pero este saber no es suficiente para producir una emoción estética. Solo haciéndonos conscientes del significado relacional de esta última podemos superar la oposición entre una teoría subjetivista y una teoría cognitivista de lo bello y liberarnos de una y otra. Se hace entonces evidente que la noción de desinterés no es la que conviene para describir lo que nos pasa cuando apreciamos el valor estético de la naturaleza.

Al remplazar el desinterés por la consideración, el vínculo que se anuda entre estética y ética se vuelve más sutil que si fundamos simplemente la primera en la segunda. Ese proyecto supone que articulamos la estética con la fenomenología de la corporeidad y de la habitación de la Tierra, que es el marco conceptual sobre el que descansa la consideración. Así es como podemos superar la oposición entre desinterés e interés, y ver en qué sentido la consideración se prolonga en una estética de la Tierra, sin que sea necesario volver a una concepción objetiva de lo bello, como si este pudiera tener algún sentido fuera de un sujeto capaz de despertar el valor en el mundo.

Ética y estética de la Tierra

Cuando apreciamos el valor estético de la naturaleza pensándonos como habitantes de la Tierra y viviendo la experiencia de la transdescendencia, no son nuestros fines limitados y egoístas los que orientan nuestra mirada señalándonos qué ecosistemas y qué seres vivos deben ser preservados. Nuestra experiencia estética de la naturaleza no está gobernada por una representación dualista y antropocéntrica; ya forma parte de la ética de la Tierra. Esta, a su vez, lejos de resumirse en un conjunto de normas o de categorías, se prolonga en una estética. Y así es como se establece el vínculo entre lo que sabemos y lo que sentimos.

Sin embargo, a diferencia de lo que piensan los partidarios del cognitivismo, no es el conocimiento lo que transforma una experiencia de los sentidos en sensibilidad estética. Comentando el pasaje del *Almanaque de un condado arenoso* titulado «Elegía de las marismas», John B. Callicot[27] explica que la capacidad de los seres humanos de maravillarse ante las grullas deriva de sus conocimientos ecológicos, en particular de su percepción mantenida largo tiempo en la que la grulla aparecía como «el símbolo de un pasado salvaje, de esta increíble andadura de milenios que sostiene y condiciona los asuntos cotidianos de las aves y de los hombres».[28] El hecho de ver la grulla como «la trompeta de la orquesta de la evolución» puede sin duda hacernos sensibles a la desaparición de estas aves y subrayar la necesidad de preservarlas y de no destruir su ecosistema. Esa forma de abordar las grullas y las marismas puede también despertar el sentido de nuestra interdependencia con los animales y hacernos sentir nuestra responsabilidad hacia otros vivientes, cuyo hábitat dañamos. Sin embargo, esta forma de pensar no produce por sí sola una emoción estética. Ni tampoco está claro que nuestra apreciación del valor estético de un ecosistema o de un ser viviente se vea realizada gracias a ese conocimiento. Porque una afirmación así significaría que su valor estético es relativo a su historia y que aumenta cuando estamos hablando de una especie amenazada de extinción.

Los conocimientos biológicos de los que habla Aldo Leopold en su relato indican lo que los seres humanos deben

27   J.B. Callicott, «Wetland Gloom and Wetland Glory», en *Philosophy and Geography* 6(1), 2003, p. 40.
28   A. Leopold, *Almanach d'un comté des sables, op. cit.*, p. 129 (trad. cast. casi íntegra, *Una ética de la tierra*, Madrid, Los libros de la Catarata, 2017).

saber para que sus interacciones con la naturaleza sean más juiciosas. Nutren su ética de la Tierra, que implica que reconozcamos nuestra pertenencia a una comunidad más amplia que la de los humanos y que actuemos en consecuencia, en lugar de solo tener en cuenta el valor instrumental o mercantil de las cosas y de ignorar los límites más allá de los cuales nuestra extracción de los recursos de la Tierra destruye la resiliencia de los ecosistemas. La protección de la naturaleza forma parte de la ética y la preservación de su belleza entra en la definición de la justicia: «Una cosa es justa cuando tiende a preservar la integridad, la estabilidad y la belleza de la comunidad biótica. Es injusta cuando tiende a lo contrario».[29] Este es el sentido del célebre pasaje en el que Leopold, confesando su afición a la caza, admite que en otro tiempo no comprendía que el hecho de matar sistemáticamente a los lobos generaba una superpoblación de ciervos, que acarreaba a largo plazo a la erosión de la montaña. La ética de la Tierra, escribe, supone descentrarse para «pensar como una montaña».[30] Sin embargo, esa forma de concienciarse, que justifica el ecocentrismo de Leopold, no permite ver por qué la ética de la Tierra es al mismo tiempo una estética de la Tierra.

Lo que, en Leopold, demuestra un vínculo esencial entre la ética y la estética puede percibirse sobre todo en las descripciones que hace de los individuos con los que se había encontrado, como aquel paro carbonero que sobrevivió varios inviernos y cuyo regreso esperaba con impaciencia en primavera, o aquella marisma situada cerca de su casa.[31] El encuentro singular con un ser es indisociable de esa u otra sensación y de un contexto particular. Y así recuerda

29   *Ibid.*, p. 283.
30   A. Leopold, *Una ética de la tierra*, *op. cit.*, p. 139.
31   *Ibid.*, pp. 131-135.

a menudo Leopold la actitud del paro carbonero 65 290, su canto, el color de su plumaje, y relata su encuentro con otros animales en términos que atañen tanto a la ética como a la estética. Siente asombro *(wonder)* ante ellos y curiosidad; admite el misterio que envuelve a cada uno de estos seres y reconoce también su ignorancia o su error, como al final del pasaje citado anteriormente, cuando escribe, tras haber matado a una loba: «Entonces observé [...] que había algo nuevo para mí en aquellos ojos, algo que solamente sabían ella y la montaña».[32]

Esa emoción no expresa la influencia de un conocimiento sobre el sentimiento; el saber que transmite va más allá del reconocimiento de las consecuencias ecológicamente catastróficas de la *hýbris* del cazador. Aunque no lleva a Leopold a ser consciente del carácter moralmente problemático de la caza, esta emoción, nacida de su encuentro con una loba, mezcla lo ético y lo estético, como si el sentimiento de que la existencia de este animal tenía un valor en sí misma no pudiera ser experimentado y comunicado más que agradeciendo su belleza y su fragilidad y compartiendo su tristeza en el momento en que la vida lo abandona. De modo que la ética medioambiental no es fundamento de la estética medioambiental, pero la ética de la Tierra ya es de por sí una estética. Expresando la relación vital que nos une a los ecosistemas y a los otros vivientes, diremos que supera la oposición entre el desinterés propio de la estética kantiana y el interés ligado a la moralidad.

La reflexión sobre la identidad es consustancial a la ética. Va acompañada, en la ética de la Tierra, de una expansión del sujeto en la que la identidad no solo se relaciona con su

32   *Ibid.*, p. 138.

función social ni con su pertenencia a la especie humana. Asimismo, el valor estético de un ecosistema no depende solo de los seres humanos ni de sus fines limitados, contrariamente a lo que sucede en la estética de lo agradable y lo pintoresco. Esta última es superficial; no reconoce el valor estético de las marismas ni la belleza de los insectos y evita prestar atención a los sonidos de la naturaleza, que uno no puede oír cuando está atareado y que, hoy, a menudo quedan ahogados por el ruido de los motores que señalan actividad humana. Sin embargo, tampoco puede decirse que la belleza está en el mundo. Todo lo que cuenta está en el mundo, pero «los seres humanos prenden la belleza en la naturaleza, de una manera muy parecida a como prenden la ética en el mundo».[33]

Los seres vivientes y los ecosistemas tienen valor independientemente de nosotros, aunque ningún ser humano los esté viendo. Sin embargo, son, escribe Rolston, como alimentos en un frigorífico: permanecen en la oscuridad y solo al abrir la puerta la luz los alumbra.[34] Esa oscuridad puede por cierto salvarles la vida, porque los humanos destruyen a menudo lo que consideran extraordinario intentando apropiárselo, pero no se puede negar que la estética es también, como la ética o las matemáticas, una creación humana que permite cartografiar el mundo.[35] La rapidez y la ligereza de un ciervo son propiedades estéticas independientes de mi capacidad de juzgarlas y percibirlas como agradables. No obstante, el asombro que sentimos viendo a un ciervo saltar buscando refugio en el bosque nos dispone a reconocer las propiedades estéticas de este animal.

33   H. Rolston III, «De la beauté au devoir», en *Esthétique de l'environnement, op. cit.,* p. 286.
34   A. Leopold, *Almanach d'un comté des sables, op. cit.,* p. 289.
35   *Ibid.,* pp. 292-293.

La emoción estética señala sobre todo el precioso vínculo que nos encariña con este ser vivo, sugiriendo que un bosque sin corzos sería tan triste como una primavera y un verano silenciosos, sin pájaros ni insectos. Así que el valor no es antropocéntrico, es antropogénico: el ser humano ilumina el valor estético, que es una cualidad relacional que nos hace percibir el vínculo profundo que tejemos con el mundo, la manera de sentirnos como en casa en este mundo. Por eso la ética de la Tierra es una estética y la estética de la consideración está íntimamente ligada al *éthos* entendido como una manera de habitar. El deseo de disponernos a cuidar de este mundo para que siga siendo habitable nace de esta unión de la ética y de la estética.

La unión de la ética y de la estética

El sujeto de la consideración vive la experiencia corporal de su inmersión en el mundo y en cuanto sujeto encarnado y habitante de la Tierra se gira hacia las cosas y hacia los otros seres para mirarlos con atención, sea cual sea su función y la utilidad que puedan tener para él. En la consideración, los seres son inseparables de los ambientes en los que se encuentran, tanto si han instalado en ellos su residencia como si simplemente están de paso. Cada viviente está situado, lo está el sujeto de la consideración y aquel a quien se considera. El sentimiento de ser un habitante de la Tierra que comparte el *oíkos* con los otros humanos y los no humanos y que debe proteger entornos, cuya fragilidad y resiliencia evalúa, nunca abandona al sujeto de la consideración, tanto si escribe un libro o si juega con su animal de compañía, come una fruta o se para junto a un camino oyendo el rumor del viento que pasa entre las hojas, con sus frágiles siluetas temblando en la copa de los árboles. La experiencia de su vulnerabilidad y el hecho de que, para el sujeto de la consideración, la naturaleza es nutrimento, lo lleva a apreciar la profundidad y la vitalidad del vínculo que lo une a los entornos y a los otros vivientes. Esta aprehensión lo hace receptivo a la armonía que puede reinar en un ambiente alejado del ruido de los vehículos y de la agitación de las ciudades.

Sin embargo, aunque la consideración vaya acompañada de un sentimiento de fraternidad con los otros vivientes, no nos autoriza a borrar las diferencias entre los seres ni a pretender comprender perfectamente a los animales y a los vegetales. El hecho de tener en cuenta la alteridad del otro y la atención a la singularidad de los seres y de las situaciones guardan al sujeto de la consideración de esta tentación, así como de la que es inherente al ecocentrismo. Este da preferencia a la preservación de la biosfera, de los ecosistemas y de la biodiversidad sin interesarse por los individuos. Desde esta perspectiva, que insiste en la lucha por la vida y en la destrucción perpetua de los vivientes, los unos por los otros, una grulla comiéndose a una rana no es un espectáculo feo e inmoral y la caza es, en ciertas condiciones, tolerable.[36] Sin embargo, la consideración no puede estar satisfecha con una argumentación que conduciría a descuidar, en nombre del ecocentrismo, la atención y el cuidado que debemos a cada ser con que nos encontramos. Por eso la ética y la estética de la consideración, a diferencia de la ética de la Tierra de Aldo Leopold, implican que reconozcamos las obligaciones concretas que tenemos hacia los animales, que evitemos su muerte innecesaria y que seamos receptivos a lo que pueden comunicarnos.

36 *Ibid.*, p. 193.

La mayor diferencia entre la consideración y las otras éticas medioambientales y animales es que, para aquella, solo podemos cuidar de la naturaleza y promover más justicia hacia los animales si partimos del humano y pensamos las condiciones de su transformación. Todo parte del hecho de que nuestra existencia está físicamente, pero también intelectual, afectiva y moralmente, ligada a la de los otros vivientes y a los diferentes ambientes: vivimos de ellos, nuestra supervivencia, nuestra identidad y nuestra sensatez dependen de cómo interactuamos con ellos. Por esa razón la estética no es un simple complemento de la ética de la consideración, sino su prolongación esencial. El sentimiento de su fragilidad, la gratitud, el asombro, el miedo a morir, el frío, el hambre, la tristeza que el sujeto de la consideración experimenta lo atan a un mundo que no es el objeto de su dominación, sino un campo que le ha sido confiado y del que quiere cuidar, para que sus frutos sean a la vez buenos y bellos.

Conclusión

Ve, pues, te digo, al mundo, porque el mundo es el campo que se te ha confiado. Ve, no como un amo, sino más bien como un labrador que vigila y cuida la hacienda de la que deberá dar cuenta.

BERNARDO DE CLARAVAL, *De la consideración*

UN CONCILIO DE FILÓSOFOS

Durante siglos, Dios, el cosmos, la tradición y las costumbres han sido el fundamento de la ética. En las sociedades industrializadas ya no constituyen los puntos de referencia para la vida individual y colectiva. Además, la razón, que ilustraba a los individuos y determinó el curso de la historia durante el período moderno y las Luces, tampoco es ya una guía infalible que nos esté llevando a la felicidad, a la prosperidad y a la paz. Ningún examen reflexivo puede darnos verdaderas garantías en el ámbito moral y existencial. En el contexto actual, donde cada acontecimiento repercute en el conjunto del globo y donde el futuro es incierto a causa de los retos medioambientales y tecnológicos a los que nos enfrentamos, debemos encontrar los medios de llevar a cabo la transición hacia un modelo de desarrollo ecológicamente sostenible y más justo.

Esta búsqueda nos ha llevado en este libro a «dialogar» con grandes autores que pueden ayudarnos a construir una ética que responda a los problemas de nuestro tiempo, en particular los relacionados con el medioambiente, el maltrato animal y el economismo. Como la cuestión central hoy es saber cómo pasar de la teoría a la práctica, de la concienciación a la acción, hemos optado por un enfoque de la moral que concede una importancia decisiva a las motivaciones concretas de los individuos, a sus representaciones, pero también a sus emociones, a sus afectos y a los rasgos morales que pueden llevarlos a cambiar sus estilos de vida y a ejercer su capacidad de actuar en el terreno social y político. Reuniendo en una especie de concilio a los filósofos del pasado que han elaborado una ética de las virtudes, les hemos propuesto cuestiones que son las de nuestra época con el fin de definir las nociones centrales de esta ética y precisar el proceso de subjetivación que esta supone. Hemos transformado sus monólogos en un diálogo y hemos hecho emerger progresivamente la ética de la consideración que se emancipa de sus fuentes.

Así, la preocupación por sí mismo no es, como con los estoicos, una simple medicina del alma cuyo objetivo es curarnos de nuestra ignorancia y de nuestra dependencia. Se apoya en el amor a la verdad y a la justicia e implica la preocupación por el mundo. No obstante, ese anclaje de la ética de las virtudes en la filosofía de Platón y Aristóteles no basta para definir la consideración. La relación consigo mismo es la clave de la relación con los otros, humanos y no humanos, con la política, la economía y la naturaleza; determina todas las virtudes intersubjetivas o medioambientales que forman una constelación en el ámbito de la consideración. Esta designa la actitud global que funda todas las virtudes y explica que estas constituyen un conjunto coherente y armonioso. No obstante, no solo la racionalidad o la búsqueda de la verdad instituyen esa relación hacia sí mismo, porque la primera condición de la consideración es la humildad.

Las virtudes mismas pueden convertirse en vicios, el coraje puede conmutarse en temeridad y la magnanimidad en presunción cuando esas disposiciones morales no nacen de la consideración y no están precedidas por la humildad. Esa experiencia purifica nuestro espíritu y nuestro corazón ahuyentando nuestro orgullo y haciéndonos comprender que el mal que vemos en los otros está igualmente en nosotros. La humildad no es una virtud, sino la primera etapa de la consideración; su papel es recordar al sujeto que debe estar siempre alerta, a fin de evitar la prepotencia y resistirse a la tentación de la dominación. Aunque sea dolorosa, la humildad confiere dulzura a la persona y genera compasión. Sin humildad no hay ni acceso a la verdad ni caridad y nos falta el clima moral necesario para el ejercicio de todas las otras virtudes.

La importancia de esta noción, ausente entre los griegos, evidencia la inflexión que el cristianismo provocó en el pensamiento antiguo, mientras que la originalidad de Bernardo de Claraval consistió en asociarla a la llamada de nuestra condición carnal y no solo al hecho de ser conscientes de nuestros límites personales y de nuestra falibilidad. Esta insistencia en la corporeidad, referida en particular al nacimiento, y la idea de que es necesario poner manos a la obra constantemente en vez de creer que la virtud se adquiere de una vez para siempre son parte del núcleo de la ética de la consideración. Su interrogante filosófico sobre la condición humana le permite rechazar el perfeccionismo y el naturalismo de los antiguos, liberándose a la vez de Bernardo de Claraval a medida que el proceso de subjetivación que requiere se va haciendo explícito.

El concepto cartesiano del amor arroja luz sobre lo que está en juego en esta transformación interior, que pasa por el vuelco de la subjetividad, es decir, por una relación con la alteridad que es constitutiva de la identidad y va más allá que la relación de maestro a discípulo. La consideración, a diferencia de las morales del deber, de las filosofías antiguas y hasta de la levinasiana de la responsabilidad, supone una apertura de sí a partir del otro y un ahondamiento del sujeto que experimenta en su ánimo y en su carne esa presencia del otro o hasta de los otros, y es, por así decir, desplazado interiormente. Se debe esto a que el amor es concebido como una profundización de nuestra condición carnal que es libre y contiene en sí misma la promesa de una extensión a otros vivientes, culminando en la consideración.

Bernardo de Claraval restringe la consideración a solo los humanos, privilegiando incluso un tiempo únicamente a los miembros de su Iglesia, como hemos visto en su predicación a favor de la segunda cruzada. Nosotros creemos, en cambio, que la consideración implica necesariamente el reconocimiento del valor propio de cada ser humano y de cada viviente. Este reconocimiento se impone al sujeto de la consideración. La actitud que la consideración implica y su anclaje en el nacimiento y en la vulnerabilidad nos llevan a incluir a todos los seres sintientes en nuestra esfera de consideración, haciendo del respeto por la pluralidad y la diversidad humanas y del hecho de tomar en cuenta los intereses de los animales criterios de la justicia.

Incluyendo la preocupación por los otros y por la naturaleza en la preocupación por sí mismo, el sujeto se expande y se percibe como una parte del universo. Esta expansión del sujeto, que es también una forma de realizarse a sí mismo, puede ser un fruto del conocimiento, siempre y cuando se la conciba también como amor, tal como lo entienden Spinoza y Arne Næss, para quienes la comprensión de nuestras interacciones con el todo cambia en profundidad nuestra percepción de nosotros mismos y deviene ella misma una disposición del ánimo. Así, la consideración es una manera de ser que genera la modificación del régimen de la propia afectividad y hace surgir deseos diferentes de los que son propios del *homo œconomicus*.

Esta reconciliación de la felicidad con el deber es posible para las filosofías de Spinoza y Næss. Eso no significa que debamos seguirlas en todos sus puntos. No solamente la consideración supone que integremos la causa animal en la ecosofía, sino que, además, las emociones negativas tienen un importante papel en el proceso de subjetivación, contrariamente a lo que piensa Spinoza. Si estamos atentos a los juicios morales que nos ocultan, nuestras emociones pueden permitirnos comprender mejor cuáles son nuestros valores. Cuando conseguimos formularlas, nos es posible dialogar con el otro sobre bases sanas y deliberar de una manera más constructiva que reprimiéndolas.

Por último, a diferencia de las morales antiguas y contemporáneas, la consideración funda la transformación del sujeto en la experiencia de lo inconmensurable. El individuo, incluso el prudente, no es el principio de la mesura, pues no hay mesura sin la experiencia de un inconmensurable con relación al cual aquel se experimenta a sí mismo como finito. La mirada bondadosa que el sujeto de la consideración posa sobre cada persona y cada ser viviente, la capacidad que tiene de admirarlos y de sentir la gratitud, el cuidado que pone en todas sus actividades, tanto si son domésticas o económicas como políticas o espirituales, la presencia a sí que le permite actuar captando la globalidad de una situación, recordando el pasado y anticipando el futuro, y la importancia acordada al gusto y a la estética, se explican por esta experiencia de lo inconmensurable.

Por eso Bernardo de Claraval describe la consideración como un movimiento de ascensión que acaba en la contemplación de Dios que ilumina todas las acciones del sujeto. Si bien esta relación con lo inconmensurable justifica la inspiración bernardiana de esta obra, nuestra concepción de la consideración no supone la fe cristiana porque reconducimos lo inconmensurable al mundo común que nos acoge al nacer y sobrevivirá a nuestra muerte individual. Compuesto por el conjunto de las generaciones, de todos los vivientes, de las obras de la naturaleza y del patrimonio cultural, viene a ser una transcendencia en la inmanencia.

Una cartografía para encontrar el mundo común

Lo que guía al sujeto de la consideración, el horizonte de todos sus actos, es el mundo común, que lo precede y del que forma parte, pero que también exige ser transmitido a las generaciones futuras y ser preservado de la destrucción. A este mundo común estamos ligados por nuestro nacimiento, que evidencia, como lo muestra Hannah Arendt, el desbordamiento de nuestras vidas por la de las otras personas y hasta una ligazón umbilical entre los vivientes. Asimismo, a los otros y a los que vendrán después de nosotros se abre nuestra muerte individual, a condición de pensarla como una pregunta sin respuesta, que no podemos verdaderamente anticipar sino solo soportar —una aporía que se trata de aceptar y que puede llevarnos a sentirnos responsables del otro y a definir el sentido de la existencia por el amor al mundo y no por la preocupación por uno mismo.

Cuando el mundo común no está en su horizonte, los individuos practican el bien porque buscan ser ejemplares y no saben pasar a un segundo plano tras las causas que defienden; están cegados por la autoestima. En términos platónicos, no honran su alma, porque no sirven a la justicia. Sin embargo, mientras que la preocupación por el mundo es, en Platón, la consecuencia de haber elegido la verdad y la justicia reconocidas por el individuo como bienes verdaderos, en nuestra ética es la condición de la consideración y de todas las virtudes. Es el amor al mundo como mundo común lo que explica que la justicia sea siempre justa; cuando el individuo pierde de vista este horizonte, se extravía. Vinculando todas sus acciones y todos sus pensamientos al mundo común, el sujeto de la consideración se habitúa no a mandar como amo, sino a actuar como siervo, sin abusar de su poder y sin pensar en la dominación y prestando la mayor atención a cada una de sus actividades.

Mientras que, según Bernardo de Claraval, es imposible tener discernimiento moral y ser sabio con sobriedad si no se establece una relación personal con Dios, nosotros pensamos que la experiencia de lo que nos vincula al mundo común es la clave de la transformación de los individuos. Ahondado en el conocimiento que tiene de sí mismo como ser carnal, viviendo la experiencia de su vulnerabilidad, de su finitud y de su falibilidad, y explorando el sentir en su dimensión pática, así como las capas primitivas de sus vivencias, el sujeto siente su pertenencia al mundo común. Percibe entonces de la profundidad del vínculo que lo une a los otros vivientes, humanos y no humanos y al conjunto de las generaciones.

La consideración no es un movimiento que evoluciona de abajo a arriba, como la ascensión hacia la transcendencia o la transascendencia: es transdescendencia. El sujeto está atravesado por otras vidas que no son la suya y superado por el mundo común y por su descendencia.

Al experimentar en su cuerpo su condición de ser engendrado y mortal, hecho de carne y hueso, y sondear lo vivido en su dimensión infrarracional, el individuo ensancha su percepción y la preocupación por los otros y por la naturaleza se convierte en un componente de la preocupación por sí mismo. El conocimiento de su condición corporal, que ya ha sido preparado por la humildad, y la comprensión de sus interacciones con el medioambiente y los otros seres, devienen un saber vivido que lo conducen a comprometerse en favor de la vida para transmitir un mundo habitable que pueda acoger obras nuevas, hacer sitio para las generaciones que llegan y promover más justicia hacia los animales.

Ciertas experiencias enseñan más particularmente a los individuos esa fraternidad con los otros vivientes y la comunican a un nivel tan profundo que modifican la percepción que tienen de sí mismos y del mundo. También ciertos acontecimientos y ciertas situaciones alimentan en el sujeto el temor a que el mundo común se destruya bajo el efecto de múltiples crisis o porque lo político se haya colapsado. Por eso hemos indicado las vías privilegiadas de la transdescendencia, como la prueba de su vulnerabilidad en la enfermedad, el dolor, la depresión, la compasión, la relación con los animales y la apreciación estética de la naturaleza o de las obras de arte. Además, hemos mostrado lo que permite a los individuos pasar del «vivir de» al «vivir con» y al «vivir para» en el marco de una comunidad restringida, que no engloba a todas las naciones ni al conjunto de las generaciones y de los vivientes, pero supone un proceso de emancipación indispensable para la reorientación de la economía y la preservación de una democracia sana. Era importante subrayar las implicaciones prácticas de la consideración en medicina, en el trabajo y en la política, y también ver cómo todos podemos acceder a la consideración, aunque no lleguemos a alcanzar su grado máximo.

Era asimismo necesario identificar los obstáculos que ponen en riesgo la consideración, teniendo en cuenta que no podemos suprimir nuestras pulsiones, sino solo cambiar simplemente su objeto, sublimarlas o reprimirlas. En lugar de reducir la ética a prescripciones morales imposibles de respetar, es esencial percibir la importancia de las fuerzas de destrucción que hay en nosotros, en particular de la pulsión de muerte, para buscar cómo poder darles respuesta. Una educación moral que descuide aportar a los individuos aquello que puede ayudarlos a emanciparse y a reconocer sus deseos, a sublimar algunas de sus pulsiones y a construir o reconstruir el Eros, fracasará forzosamente, como reconocía Rousseau. Además, la consideración se vuelve difícil debido al contexto social y económico y a la organización del trabajo que, en nuestros días, fomenta a menudo la desconfianza, el miedo al otro y se opone a la convivencia. Sin hablar de las múltiples solicitaciones que nos impiden concentrarnos en un tema determinado y cultivar la atención. Era preciso mostrar, pues, cómo, a pesar de estos obstáculos y también gracias a ellos, los individuos pueden trabajar, estudiar, consumir, ejercer y compartir el poder con consideración.

En fin, la concienciación sobre la progresiva degradación de los ecosistemas y sobre la destrucción del planeta tiene tal impacto en el psiquismo de los individuos que los empuja, la mayoría de las veces, a disociar su razón de su sensibilidad.

Por eso es indispensable, para analizar el origen de nuestros comportamientos ecocidas y de nuestras resistencias a los cambios, superar el dualismo humano/naturaleza, característico de la psicología moderna. Integrando las problemáticas medioambientales en las prácticas terapéuticas y entendiendo que el proceso de individuación comporta un aspecto a la vez intelectual, afectivo, emocional y hasta arquetípico, que echa raíces en lo consciente y en lo inconsciente y pasa por la exploración del sentir concebido en su dimensión pática, parece posible reconciliar a los individuos consigo mismos y con los otros.

De manera que la *Ética de la consideración* se presenta en forma de una cartografía; ofrece ciertas coordenadas que indican cómo poder situarnos en una trayectoria que conduzca, si no a una vida buena y feliz, por lo menos a una cierta realización y emancipación sin las cuales no podremos promover un modelo de desarrollo más justo para los humanos y los no humanos y reorientar la economía. Así como es útil, cuando no se dispone de brújula o de algún instrumento de navegación, guiarse confiando en las estrellas, la constelación de virtudes propia de esta ética puede ayudarnos a todos a evaluar la importancia del mundo común, porque este precisamente define la consideración y permite mantener conjuntamente las virtudes que la constituyen.

UNA CONSTELACIÓN DE VIRTUDES

Como el mundo común es el horizonte de la consideración, gracias a él podemos orientarnos en nuestra vida individual y colectiva. El amor al mundo es, de esta forma, la más alta virtud de la constelación. Sin embargo, no nos está dado de antemano; son necesarias otras virtudes para que esa constelación nazca y transforme realmente al sujeto, haciéndole pasar del conocimiento a la sabiduría e incitándolo a comprometerse concretamente en favor del mundo común.

Empezando, como hemos hecho en este libro, preguntándonos qué significa preocuparse por sí mismo y cuál es el bien que puede permitirnos honrar nuestra alma, hemos visto que el amor a la verdad es la primera virtud que caracteriza a la persona que se sitúa sobre el camino de la consideración. A condición de estar precedida por la humildad, la búsqueda de la verdad genera las otras virtudes. Aunque se refiera a la relación consigo mismo, no encierra al sujeto en sí sino que lo abre a los otros y al mundo, pues la verdad es un bien que no se puede desear guardarlo celosamente para sí. Y así el amor a la verdad genera el amor a la justicia que supone que se compartan los bienes y se transmitan instituciones justas, poniendo de relieve el vínculo entre la preocupación por sí mismo y la preocupación por el mundo. Pasando a un segundo plano tras las causas a las que sirve, libre de envidias y de las otras pasiones tristes, el sujeto de la consideración hace del mundo común el objeto de sus pensamientos y goza de unidad y estabilidad internas. Por eso, a despecho de las pruebas que puedan salirle al paso, está en paz consigo y con el prójimo y actúa de manera constructiva, animosa y prudente.

La prudencia es el amor a la verdad traspasado a la práctica y concierne tanto a la relación consigo mismo como a la relación con los otros. Implica no equivocarse al elegir los medios y el momento oportuno. El sujeto de la consideración presenta constantemente ante nuestros ojos el fin que persigue, porque el amor al mundo da sentido a su acción y le permite escoger los medios más adecuados, sin que estos sirvan solo a sus intereses o la prudencia devenga una simple habilidad. Hay, pues, un entrelazamiento de virtudes que es tanto más manifiesto en cuanto que el amor al mundo penetra en el sujeto de la consideración, a la vez que la comprensión intelectual deviene conocimiento vivido.

El amor a la verdad y a la justicia, así como la prudencia, se reencuentran en la magnanimidad, que significa que la estima que uno se tiene depende del uso que hace de su libertad. En efecto, la magnanimidad o grandeza de alma requiere un conocimiento de sí mismo basado en un juicio verdadero y racional. Exige también la aceptación de la soledad en la que nos encontramos en el terreno de la moral, ámbito de lo probable y no de lo exacto. En otras palabras, requiere coraje o fortaleza. Esta virtud consiste en la resolución de confiar en la propia razón y de seguir con constancia por el camino que uno juzga bueno para sí; tiene sentido tanto en relación consigo mismo como en relación con los otros. Está presente en el amor a la justicia y es indispensable para responder de manera constructiva a los desafíos de nuestro tiempo.

La magnanimidad y la fortaleza fundan la generosidad tal como la entiende Descartes; esta permite al sujeto resistir al desaliento y sustraerse a la prepotencia de la opinión, y le evita traicionar su sentido moral. La persona generosa es también capaz de admirar al otro. Sin embargo, para que la admiración no sea un estadio pasajero que pueda llevar a someterse a los que se admira, es indispensable sentir el amor al mundo común y percibir la profunda solidaridad que nos une a los otros vivientes. Por eso la generosidad no es, como tampoco lo es la prudencia, la virtud central o el fundamento de la virtud. Solo la consideración que remite a la experiencia de lo inconmensurable y por lo mismo al mundo común explica que las virtudes no se transformen en sus contrarias y que constituyan una unidad.

El amor a la verdad y a la justicia, la prudencia, la magnanimidad y el coraje engendran las virtudes cívicas que permiten cooperar y deliberar teniendo en cuenta a los otros y siendo capaces de poner en tela de juicio las propias opiniones y de argumentar. La bondad, la sinceridad, la franqueza al hablar, o la *parrhesía*, hacen igualmente su aparición. Esas virtudes pueden considerarse como secundarias en el sentido de que son resultado de las primeras; pero no son menos esenciales en el terreno social y político. Las virtudes presentes en la convivencia incluyen, por consiguiente, las virtudes dialógicas, pero también el conjunto de virtudes civiles como la afabilidad, la cortesía, la educación, la ligereza o *sprezzatura* y la delicadeza que es el arte de crear un clima propicio al diálogo, incluso entre personas que no comparten las mismas visiones del mundo ni los mismos intereses.

Por último, la templanza es una virtud moral que desempeña un papel importante en la regulación de nuestros apetitos y por ello en nuestra relación con nosotros mismos y nuestros cuerpos, pero también en nuestras relaciones con el otro, con la naturaleza y con los otros vivientes. Es fundamental en ética medioambiental y animal, en la medida en que la lucha contra el cambio climático y la reducción drástica en nuestro consumo de productos de origen animal pasan por la modificación en profundidad de nuestro estilo de vida y por nuestra capacidad de reorientar los circuitos de producción y distribución de los productos. Hablamos entonces de sobriedad. En efecto, la comprensión del vínculo que nos une a los otros seres y el sentimiento de nuestra dependencia respecto de la biosfera nos transforman tan profundamente que ya no percibimos las normas ecológicas como imposiciones y sentimos placer consumiendo menos y de otra manera.

Como ya se ha dicho a lo largo de este libro, sin la humildad y sin la percepción de nuestra pertenencia al mundo común, no hay consideración. Esta parte desde abajo, desde nuestro lugar en la tierra y desde nuestro cuerpo y supone también que el sujeto se ha concentrado en un objeto y esté atento a todo lo que hace. La atención no es una virtud, es una condición de la consideración y un esfuerzo cuyo objetivo es evitar que el sujeto se disperse o tenga una visión alterada. De modo que, cuando es humilde y presta atención y el mundo común es el horizonte de sus pensamientos y de sus acciones, el individuo puede alcanzar el elevado grado de la consideración y expresar el amor al mundo; se percibe y percibe al mundo sintiendo la comunidad de destino que lo une a los otros vivientes y todas las virtudes antes mencionadas se expanden en él, infundiendo un cierto estilo a su discurso y a su conducta. Sin embargo, antes de experimentar y comunicar ese amor al mundo, es necesario pasar por un determinado número de etapas que corresponden al proceso de subjetivación descrito en este libro y a las experiencias identificadas como vías privilegiadas de la transdescendencia. Aunque la consideración consta de grados y tiene un sentido propio en cada una de nuestras actividades, nunca se adquiere de forma definitiva y es fácil desviarse de su ruta.

Para ponernos de nuevo sobre el buen camino, disponemos de una ayuda o de un punto de referencia. Aunque no figura en la constelación de virtudes, es no obstante el rostro de la consideración. Todos podemos verlo o llevarlo en nuestros brazos y todos lo tenemos en el fondo de nosotros mismos. Se trata del recién nacido. Porque se incorpora al mundo común que no conoce y que no lo conoce, porque está precedido de toda una línea de antepasados compuestos de seres cada vez distintos, puede salvar al mundo de la ruina y encarna la promesa de renovación del mundo. El recién nacido nos insta también a actuar siendo nosotros mismos esa promesa en lugar de mantenernos cerrados en compartimientos estereotipados. Despierta nuestro deseo de hacer todo lo posible para transmitir un planeta habitable e instituciones que puedan educar a los más jóvenes a fin de darles los medios necesarios para incorporarse a este mundo y renovarlo. Este ser minúsculo e indeterminado, fruto de la pluralidad y de la contingencia, puede dar a los individuos la fuerza de denunciar las políticas que son indiferentes al impacto de la producción sobre la salud y el medioambiente, como han mostrado las ecofeministas. El recién nacido es el abanderado de toda política de la consideración; él es quien puede ayudarnos a resistir al economismo y a las tentaciones totalitarias y representa el único verdadero antídoto contra el transhumanismo.

Cuando perdemos de vista el mundo común, basta que pensemos en el recién nacido, en todo lo que necesita para formarse, en todo lo que puede impedirle vivir y realizarse, para ponernos de nuevo sobre el camino de la consideración. Esta empieza por recordarnos que somos seres engendrados al despojarnos de nuestros atributos sociales y exponiéndonos tal como somos, a saber, seres vulnerables y dependientes. Implica también mirar a todo ser viviente como un recién nacido, cualquiera que sea su función. La fragilidad del recién nacido reenvía a la fragilidad de todos y a la necesidad de preservar lo político y de promover una sociedad ecológicamente sostenible y más justa para todos los seres, humanos y no humanos. El recién nacido es el emblema de la edad de lo viviente a la que hemos intentado dar un armazón conceptual.

Iniciar un proceso civilizacional

El individuo solo no puede cambiar el orden de las cosas, pero sin la determinación de todos para modificar el propio estilo de vida y para influir en los gobiernos para poder efectuar a tiempo la transición medioambiental, no conoceremos ni la armonía social ni la prosperidad. Solo una minoría se aprovechará de una globalización totalmente desregulada mientras que la mayoría de los seres humanos la sufrirá pagando un alto precio en el terreno individual, psicológico, moral, financiero y político, y los otros vivientes, en especial los animales, serán tratados como si sus intereses básicos no contaran para nada y estuviera permitido explotarlos sin ningún límite y con el único objetivo de sacar de ellos el máximo provecho. Por eso es urgente iniciar un proceso civilizacional que pase a la vez por la emancipación de los individuos y por el voluntarismo político.

El proceso de individuación descrito en este libro quiere hacer posible esta emancipación. Por su parte, el voluntarismo político implica la salida del economismo y exige la reafirmación por los Estados de la misión que les corresponde, que es organizar las distintas esferas de actividad teniendo en perspectiva el bien de los individuos y de los pueblos, es decir, la justicia, la felicidad y la vida. El reto es hacer posible una nueva Ilustración, en una época en que la naturaleza ya no es, como en Kant, un simple fundamento o un escenario de la historia, y en la que la identidad del sujeto, el psiquismo, la moral, la organización de la producción y las políticas públicas deben incluir la relación con los otros vivientes y el medioambiente. Tres ideas propias de las Luces se recuperan en *Ética de la consideración* que tienden a promover la edad de lo viviente que vemos emerger hoy, en un momento en el que el nihilismo, las catástrofes ecológicas y la violencia amenazan a nuestras sociedades con el colapso y los seres, humanos y no humanos, están cada vez más mercantilizados y desconsiderados.

La primera idea, relativa a la emancipación del individuo y al voluntarismo político, supone a la vez el reconocimiento de la destructividad humana y la confianza en el potencial creativo de todos. Eso requiere ofrecer una educación moral que permita al sujeto disponer de una verdadera autonomía, desarrollar su espíritu crítico, pero también superar o sublimar su agresividad y liberarse de las representaciones de sí y del mundo propias del *homo œconomicus*. Esta educación debe ir acompañada de la reafirmación de los objetivos de lo político, que, además de la seguridad y de la reducción de las desigualdades injustas, incluyen la protección de la biosfera, la justicia con las generaciones futuras y los animales y la salud medioambiental. Un Estado que cumple sus deberes pone la economía en su lugar y evita confundir los distintos ámbitos del bien. Anima a los ciudadanos a expresar su creatividad individual y colectiva y se apoya en sus experiencias y en las innovaciones existentes en el ámbito local en los distintos dominios de la producción de energía, del comercio, de la agricultura, de la educación, de la sanidad, etc. En la situación actual, una de las principales misiones de los Estados democráticos es hacer imposible el retorno de la barbarie, que a partir del siglo XX se expresa en forma de tentación totalitaria. El totalitarismo pone de manifiesto el vínculo entre la deshumanización y el aislamiento, la violencia y la desubjetivación, y puede revestir hoy la forma del economismo.

La segunda idea que indica la pertenencia de ese proyecto a los ideales de la Ilustración atañe a la racionalidad. Pero, sobre este punto, hay no obstante una diferencia notable entre el racionalismo de la Ilustración y el racionalismo que hemos intentado promover en *Ética de la consideración*. Como esta ética implica la superación de los dualismos humano/naturaleza, espíritu/cuerpo, racionalidad/emociones, individual/colectivo y como es solidaria de una filosofía de la existencia en la que el humano es pensado atendiendo a su corporeidad, la racionalidad que defiende no es instrumental ni alejada de lo que es infrarracional. Sin suscribir la crítica formulada por los antiilustrados de un racionalismo «sin corazón ni entrañas» propio de los revolucionarios franceses que pensaban que era posible deducir una política a partir de principios *a priori* y eran insensibles a la dimensión de receptividad de la razón[1] nosotros estimamos que la racionalidad se ejerce también sobre una materia no racional, se trate esta del inconsciente, de los afectos, del cuerpo o de las sensaciones. Como decía Jacobi, la razón no es la antorcha que ilumina, sino el ojo que recibe la luz.[2]

Teniendo en cuenta las fuerzas irracionales que se oponen a la consideración podemos comprender por qué a los seres humanos les cuesta tanto vivir de acuerdo con los principios y los valores que aprecian y orientarlos a hacer el trabajo necesario para transformar sus afectos negativos en afectos positivos. Solo entonces es posible desarrollar una ética que reduzca la brecha entre el pensamiento y la acción y formular normas medioambientales y sociales que puedan compren-

1   F.H. Jacobi, *Werke*, Darmstadt, Wissenschaftliche Buchgesellschaft, 1980, t. 2, p. 76. Jacobi recuerda que, en alemán, razón, *Vernunft*, viene de *vernehmen*, que significa «recibir» y se aproxima a «percepción» (*Wahrnehmung*); acusa a la Ilustración de confundir razón con entendimiento (*Verstand*); este piensa objetos, pero no los produce. Véase L. Strauss, «Le problème de la connaissance dans la doctrine philosophique de Fr. H. Jacobi», en *Revue de Métaphysique et de Morale* 3, París, PUF, 1994, p. 310.
2   F.H. Jacobi, *Werke, op. cit.*, pp. 516-517.

derse interiormente y ser respetadas. Los seres humanos, para realizarse, necesitan alimentos más sustanciales que los que ofrece el mercado y hasta la racionalidad técnica y científica. Estos alimentos deben enriquecer su percepción del mundo, desarrollar su imaginación moral así como su capacidad de nombrar las cosas y darles acceso a lo simbólico. Son indispensables para que haya relaciones sanas con los otros, para que puedan expresar sus diferencias sin recurrir a la violencia y para que el vacío consecutivo al abandono de la religión como factor estructurante del espacio moral y político y al final de las filosofías de la historia no lo colme el irracionalismo. Una ética que ayude al sujeto a modificar sus representaciones y a servirse de su razón clarificando la dimensión afectiva, simbólica, arquetípica de su psiquismo representa un medio de luchar contra la agresividad, que es un obstáculo para la civilización, y contra las ideologías extremistas y el fanatismo, que son avatares del nihilismo.

La tercera idea, que señala la cercanía de la consideración con la Ilustración y hace evidente su objetivo civilizador trata sobre el universalismo común a la ética de las virtudes que proponemos y a los filósofos de los siglos XVII y XVIII. Lo que hemos dicho acerca del racionalismo y la insistencia en la pluralidad que forma parte del núcleo de la filosofía del nacimiento y de la política de la consideración sugieren que el universalismo del que se trata es un universalismo contextualizado. Un universalismo no inmóvil, porque no deriva de principios *a priori*. Opuesto, no obstante, tanto al relativismo como al subjetivismo de los valores.

El dominio moral y la esfera política son el reino de los futuros contingentes, de lo imprevisible, de la inexactitud y de lo mejor, y no de lo absoluto o de lo bueno en sí. No obstante, hablar de virtudes y de vida buena describiendo un proceso de individuación que siempre se vive en primera persona, pero que comporta etapas válidas para todos, significa que hay un camino que puede llevar a la emancipación y a la realización de sí mismo. Así como el individualismo no es inevitable y en gran parte causado por una organización social y política que hace imposible la convivencia, de igual manera la violencia y el resentimiento no son (solamente) resultado de un natural poco afable, como hemos mostrado destacando el carácter secundario de los afectos y detallando las operaciones que posibilitan a los individuos liberarse del estado de servidumbre en el que están inicialmente.

Por último, puede haber puntos de convergencia entre la consideración y la celebración de todas las criaturas que encontramos, por ejemplo, en Francisco de Asís. Sin embargo, el punto de partida de la ética de la consideración es la subjetividad, no Dios. Hablar de consideración supone que cada cual parte de lo que es, a saber, un ser engendrado, de lo que tiene, de su posición en la tierra, de sus enfermedades, de su cuerpo y de su lugar en el mundo. Ninguna regla, ningún precepto puede suministrar un auténtico punto de referencia ni ocupar el lugar del individuo. Además, es sin duda más fácil saber qué es lo que no hay que hacer que identificar el bien, y hemos visto que una verdadera decisión no consiste en la solución de una ecuación, sino en la confrontación con una aporía —una travesía de lo imposible.

Todos somos como un escultor ante un bloque de mármol. La escultura no está en el mármol, aunque no puede existir sin él. Es necesario, por lo tanto, que el artista tenga el deseo de crear, de sumergirse en la materia para llegar a expresarse haciendo comunicable el estado de espíritu que lo anima, como Miguel Ángel cuando ataca un enorme bloque de mármol abandonado por otros artistas menos perseverantes o esculpiendo una imagen que representa a David antes de luchar contra Goliat. Gracias a su combatividad, hizo de esa materia una forma en la que la torsión corporal del joven atleta, sus músculos agraciados, las comisuras de sus labios, sus dedos, la honda en su mano izquierda, los bucles del cabello y cada detalle de su rostro y de su cuerpo contribuyen de manera necesaria al conjunto, imponiendo esa escultura como una obra maestra que se incorpora al mundo común.

Nada parecía posible con ese bloque de mármol, pero Miguel Ángel cruzó lo imposible; creó una obra partiendo de lo que tenía; ese material imperfecto, su fuerza física, su determinación, su deseo, la consideración que confiere una visión de conjunto a través de una atención centrada en cada detalle le permitieron tallar la piedra para hacer surgir de ella una forma admirable que difunde belleza en el mundo. El *David* puede haber sido un joven republicano enfrentado al tirano al que se dispone a atacar. Es también el emblema de la consideración y de la edad de lo viviente; en él vemos a la juventud como un futuro y sabemos que esta puede vencer al monstruo y a todo cuanto destruya el mundo común.

Como tampoco la verdad, la belleza no es desvelamiento. Está en el ojo de quien mira el mundo y experimenta el profundo vínculo que lo une a él y a los otros vivientes; está en el poderío artístico de Miguel Ángel, que supo convertir aquel bloque de mármol en una obra al mismo tiempo singular y universal. Esta presencia de lo universal en lo singular caracteriza a la consideración, tanto si da lugar a la creación de una obra, a la acción política, como si se expresa en las tareas más humildes de la vida cotidiana. Cualquiera que sea su objeto, la consideración aporta belleza en el mundo, porque la belleza es el reflejo de su amor al mundo. Como David, la belleza desafía las fuerzas que se oponen a la creatividad y a la vida.

Epílogo

La crisis sanitaria mundial causada por la COVID-19 es la prueba de que nuestro modelo de desarrollo nos expone a riesgos sanitarios y ecológicos considerables, cuyo impacto en la economía y en la democracia es desastroso. Es necesario que los individuos modifiquen sus estilos de vida y sus hábitos de consumo, que la producción se relocalice, que tengamos un enfoque más sistémico de la agricultura que conduzca a una reducción de los gases de efecto invernadero y de los productos químicos. Es sobre todo urgente revisar de arriba abajo nuestra relación con los animales, poniendo fin a las ganaderías intensivas y cesando de destruir el hábitat de las especies salvajes o de explotarlas, aunque solo sea porque algunas de ellas son portadoras de virus contra los que no estamos inmunizados. Esos esfuerzos, a la vez individuales y estructurales, que tienden a reorientar la economía y a realizar la transición ecológica, requieren una reestructuración completa de nuestras representaciones, nuestros valores y nuestros deseos.

El respeto a la naturaleza y a los otros vivientes, la capacidad de organizarse para lograr que evolucionen los modos de producción, los intercambios y la manera de trabajar, así como la disposición a cooperar, no provienen de requerimientos moralizantes. Aunque los principios y las normas, las obligaciones y las prohibiciones son importantes para orientar la acción, no bastan para motivar a los individuos a cambiar su comportamiento. Asimismo, los procedimientos deliberativos y participativos palian las insuficiencias de la democracia representativa, facilitando que los debates polémicos ilustren a los responsables políticos, que una argumentación de calidad sirva de contrapeso al barullo mediático y al mercadeo electoral, y que los menos visibles de los ciudadanos sean escuchados. Sin embargo, tales procedimientos no llegarán a reconstruir la democracia o a cautivarla de nuevo si el deseo de vivir juntos se ha menoscabado, si cada uno orbita sin descanso en torno a sí mismo, o si triunfan políticas identitarias que exaltan el «nosotros contra ellos». En cuanto a los numerosos informes sobre el calentamiento global y la erosión de la biodiversidad, que establecen un diagnóstico de la situación a partir de datos científicos y proponen soluciones concretas para efectuar la transición hacia una sociedad poscarbono, digamos de ellos que ponen de relieve el desajuste que hay entre la teoría y la práctica.

Con la intención de colmar esta brecha particularmente evidente en las tres áreas que sirven de contexto a este libro —a saber: la ecología, la causa animal y la democracia—, he revisitado la ética de las virtudes, cuyo objetivo central no son las normas, sino las maneras de ser de las personas. Eclipsada por planteamientos consecuencialistas y deontológicos de la moral, que durante décadas han recibido el favor de los teóricos de la ética medioambiental y animal y que han renovado las concepciones de la justicia, como atestiguan los trabajos de John Rawls y de Jürgen Habermas y sus sucesores, la ética de las virtudes sufría también por su anclaje en la cosmología antigua. ¿Cómo definir las disposiciones morales que importa adquirir para comportarse bien individual y colectivamente sin presuponer una naturaleza fija que ignorara la diversidad de seres y culturas?

Desde la publicación en francés de *Ética de la consideración,* en 2018, nuevos acontecimientos han venido a reforzar la conciencia de la centralidad de la ecología. La mayoría de nuestros contemporáneos reconocen ahora la gravedad del cambio climático y muchos jóvenes piden a los gobiernos de sus países tener en cuenta los límites del planeta para llevar a la práctica políticas más ambiciosas en el terreno ecológico. Pero, aunque estos grupos hayan ganado visibilidad, los gobiernos siguen apoyando el modelo extractivista y productivista largo tiempo asociado al progreso tecnológico y a la prosperidad. Los *lobbies* no han cesado de oponerse sistemáticamente a la traducción en el ámbito político y legislativo de cualquier evolución en materia de ecología y de bienestar animal. A despecho de algunos avances en el ámbito nacional y europeo, la cólera estalla porque sobre estos temas que deberían unir —porque no habrá vencedor en caso de colapso— no conseguimos que se imponga progresivamente el bien común. La consecuencia es un profundo descorazonamiento de la población. Unos se sienten impotentes mientras que otros se radicalizan porque piensan que solo la desobediencia y la acción directa conducirán a cambios sustanciales. En general, a las personas les resulta difícil superar sus emociones negativas, en particular el miedo generado por el calentamiento global climático, para transformarlas en capacidad de actuar e innovar.

No hay recetas que nos permitan saber cómo actuar en este mundo inseguro. Algo tanto más difícil de vivir en la medida en que nuestra responsabilidad, debido a nuestro peso demográfico, a la globalización y al poder de nuestras tecnologías, es inmensa. Infligimos daño a un número inimaginable de personas cuyos rostros desconocemos o que todavía no han nacido. Y tampoco las diferentes historias y tradiciones nos suministran agarraderos infalibles que ayuden a orientarnos en cualesquiera circunstancias. Además, sabemos que la razón puede volverse en su contrario, puede dar apoyo a las empresas más bárbaras o devenir un instrumento de cálculo y de explotación, a la vez que conlleva la cosificación de los vivientes y somete todas las esferas de la actividad a la ley del beneficio. De modo que estamos solos y sin excusas. En fin, la conciencia de la destructividad humana y de la ambivalencia de nuestros deseos nos hace dudar de que sea posible que la excelencia moral y la rectitud de juicio se encarnen definitivamente en alguien. Y en cuanto al hecho de erigir la búsqueda del propio perfeccionamiento en moral, sabemos que esto equivale a olvidarse de los otros y a actuar de manera inmoral.

Como puede verse, construir una ética de las virtudes adaptada a nuestro tiempo superando el esencialismo y el perfeccionismo ingenuo era un reto. Y sin embargo, precisamente una ética pensada como autotransformación de sí mismo me pareció que era el complemento esencial de una filosofía que, en *Les Nourritures*, desembocaba a un nuevo contrato social que extendía el bien común al respeto del medioambiente y a la justicia hacia los animales. En efecto, si el hecho de tomar en serio la corporeidad del sujeto y la materialidad de nuestra existencia implica que nuestra dependencia respecto de los ecosistemas y de los otros —humanos y no humanos— inicia una vía hacia una teoría política que hace de la protección de la biosfera y de la biodiversidad deberes del Estado, es necesario, en una democracia pluralista, que se caracteriza por el respeto a la libertad individual y al consenso, reflexionar acerca de qué puede dar a las personas sentido de la obligación.

¿Cómo conseguir que los ciudadanos integren en el corazón de su interés propio el interés por los otros, incluido el de las generaciones futuras y de los animales? ¿Qué transformación de nuestra subjetividad puede orientarnos a sentirnos concernidos por la plena realización de otras formas de vida y de cultura, percibiéndolas incluso como un componente de nuestra propia realización? ¿Cómo alcanzar la sobriedad, que significa que sentimos placer consumiendo menos, y hacer de la transición ecológica un proyecto estimulante, en lugar de reducirla a un conjunto de imposiciones y sacrificios de los que todos, cuando hay ocasión, intentamos sustraernos?

Dos son las vías principales que se ofrecen a quienes deseen comprender cómo incorporar las normas siendo conscientes a la vez de los límites de los discursos que apelan a descentralizar la ética y a acordar un valor no instrumental a la naturaleza y a los otros vivientes. El ecofeminismo y la ética de las virtudes ponen, en efecto, el acento sobre las motivaciones concretas de los individuos, sobre aquello que los impulsa a actuar. Estas éticas denuncian los dualismos que explican la incapacidad de cambiar nuestra forma de habitar la Tierra y de cohabitar con los otros, principalmente el dualismo naturaleza/cultura, que es propio de las filosofías de la libertad, de Hobbes a Rawls, y que los partidarios del ecocentrismo de alguna manera han prorrogado. Para cesar de tener un comportamiento ecocida, es importante proteger jurídicamente los ecosistemas, pero también es necesario cambiar nuestra manera de verlos, cosa solo posible si se vive en esos entornos y se convive con los diferentes seres que los habitan. Así es como los ecofeminismos y las éticas de las virtudes afirman la importancia de una ecología relacional: el respeto a la naturaleza y a los animales arraiga en nuestras vivencias y nuestra experiencia personal, en nuestra relación con el medioambiente y en nuestras relaciones con los vivientes y en la transformación de nuestra subjetividad. Pero, mientras que los ecofeminismos son particularistas, las éticas de las virtudes no abandonan la perspectiva universalista de las morales antiguas. Asimismo, aunque esos dos enfoques de la moral insisten en el valor de las emociones en moral, la ética de las virtudes se mantiene fiel al intelectualismo de Platón y de Aristóteles: subrayando el impacto que el saber ejerce sobre la afectividad, dicha moral estudia el vínculo entre las representaciones, las valoraciones, los deseos y el comportamiento y muestra que existen bienes objetivos que generan afectos y comportamientos virtuosos.

Para las ecofeministas como Val Plumwood, los rasgos morales que hay que desarrollar para cuidar del medioambiente y de los animales derivan de los vínculos particulares que hemos anudado con ellos y de lo que estas relaciones nos han enseñado, de las aptitudes morales que nos han permitido cultivar y de las emociones que han despertado. La ética de las virtudes, en cambio, supone que estimamos que la relación consigo mismo es la clave para una relación de no dominación con los otros y con la naturaleza. La ética de las virtudes no se basa solo en las relaciones intersubjetivas, sino que la condición para establecer relaciones sanas con el otro es la adquisición de una mayor libertad interior. En *Ética de la consideración*, vemos, además, que las virtudes solo pueden eclosionar si el individuo ha emprendido un proceso de subjetivación y de individuación que descansa sobre la humildad, es decir, sobre la conciencia de sus límites y de su falibilidad, que implica también una ampliación de la subjetividad que se funda en una experiencia de lo inconmensurable. Esa experiencia articula la ética con un territorio espiritual que no encontramos ni en los antiguos ni en las éticas particularistas, pero que Spinoza y Bernardo de Claraval ayudan a pensar. La libertad de la que se habla en la consideración es una libertad investida, interiormente modificada por la transdescendencia que es la experiencia carnal que uno vive de su pertenencia a un mundo más vasto y antiguo que su sí mismo, el mundo común, que incluye el conjunto de las generaciones y el patrimonio natural y cultural y es como una transcendencia en la inmanencia.

Cuando la comunidad de destino que nos une a los otros, humanos y no humanos, no es un saber abstracto, sino una evidencia, el deseo de transferir un mundo habitable deviene en el horizonte de nuestros pensamientos y de nuestras acciones. Ya no tenemos deseos de ejercer nuestro poder sobre el otro ni de someterlo, sino que le reconocemos su valor y le abrimos espacio. La consideración hace de la autonomía concebida como autolimitación y como atestación una virtud, es decir, que la cualidad de estar presente a sí y al mundo que nos procura nos permite afirmar lo que valoramos en un entorno determinado y en los otros y fomentar los experimentos que pueden contribuir a la transición a un modelo de desarrollo más sostenible y justo.

Así, la actitud global que da origen a las virtudes intersubjetivas y medioambientales asocia necesariamente la esfera individual y la colectiva. La afirmación de que falta transformarnos en profundidad para tener una relación de no dominación con los otros y con la naturaleza no equivale a preconizar el retraimiento del mundo, como si cada uno debiera retirarse a cultivar su jardín y buscar la paz interior esperando tiempos mejores. Tampoco es cuestión de que la transición ecológica dependa solo de los individuos. Son indispensables reestructuraciones económicas y cambios en las instituciones democráticas y en la gubernamentalidad para promover un modelo de desarrollo en el que cada cual ocupe su sitio y todas las actividades contribuyan a la preservación y renovación de un mundo común. En fin, la consideración requiere conocimiento de sí y discernimiento interior, pero también es indisociable del amor al mundo y culmina en un compromiso a favor de más justicia para todos los vivientes.

En *Ética de la consideración*, he querido mostrar el vínculo existente entre la dominación de los otros y de la naturaleza y la relación con uno mismo o, más exactamente, la disminución de sí mismo. La dominación a la que la consideración entiende poner fin, y que busca extirpar como una astilla clavada en propia carne, es una triple dominación, de los otros y de la naturaleza tanto en el exterior como en el interior de sí mismo. Está ligada a la inhibición de lo que nos vincula a los otros y a la incapacidad que tenemos de aceptar nuestra vulnerabilidad y nuestra finitud. Eso no significa que los cambios requeridos para evitar el colapso ecológico, social y político sean únicamente individuales, sino que, sin una transformación profunda de las personas, de sus representaciones, de su manera de ser y de su imaginario, no habrá reorientación de la economía y las respuestas a las crisis serán respuestas autoritarias, o bien totalitarias.

Este libro, por lo tanto, describe las etapas que hacen posible que todos nos liberemos de las representaciones que justifican la dominación de los otros y de la naturaleza y alimentan las pasiones tristes, así como una adicción al consumismo que no nos hace felices. Al analizar los recursos que los individuos pueden movilizar para reformarse y efectuar una verdadera *metánoia*, así como los obstáculos que encuentran en ese camino, el libro se ubica entre otras dos obras más políticas. *Ética de la consideración* es, de hecho, una prolongación de *Nourritures. Philosophie du corps politique* (Alimentos. Filosofía del cuerpo político) y anuncia *Ecología como nueva Ilustración,* en la que la reflexión sobre la oposición entre la consideración y la dominación se sitúa en el ámbito civilizacional.

En *Ecología como nueva Ilustración* busco identificar el principio de la dominación que es responsable de la desviación del racionalismo y de la inversión del progreso en regresión. Es el principio que rige nuestras decisiones sociales, y económicas y políticas, y también nuestro comportamiento, que yo denomino «esquema de la dominación». El objetivo es destituirlo y remplazarlo por el «esquema de la consideración». Podemos entonces preguntarnos sobre la manera en que la consideración puede impregnar la sociedad y abrir el camino hacia una nueva Ilustración. Esta es radicalmente ecológica porque encarna la sabiduría de nuestra forma de habitar la Tierra y porque el hecho de tener en cuenta nuestra condición terrestre y la conciencia de nuestra pertenencia al mundo común llevan a reconciliar la razón y la civilización con la naturaleza. De ese modo la consideración permite superar los presupuestos dualistas y antropocéntricos de las Luces del pasado oponiéndose a su imperialismo y liberando a la razón de las trampas de la dominación. Pero, al mismo tiempo, la nueva racionalidad que ella encarna y la fuerza emancipadora del imaginario que genera llevan a defender la Ilustración contra sus adversarios, reforzando los pilares sobre los que descansa, a saber: la autonomía y la idea de que podemos tomar en nuestras manos nuestro propio destino, la democracia o el anhelo de fundar una sociedad de iguales y la unidad del género humano.

Cravant-Deux Rivières, 3 de enero de 2021

Bibliografía

Afeissa, H.S. y Lafolie, Y. (eds.), *Esthétique de l'environnement. Appréciation, connaissance et devoir*, París, Vrin, 2015.

Anders, G., «L'avenir pleuré d'avance», en *La menace nucléaire. Considérations radicales sur l'âge atomique*, París, Le Serpent à Plumes, 2006, pp. 1-33.

—, *Hiroshima est partout*, París, Seuil, 2008 (trad. cast. parcial, *El piloto de Hiroshima: más allá de los límites de la conciencia: correspondencia entre Claude Eatherly y Günther Anders,* Barcelona, Paidós, 2010).

Andrieu, B., *Sentir son corps vivant. Émersiologie 1*, París, Vrin, 2016.

Anscombe, G.E.M., «La filosofía moral moderna», en *La filosofía analítica y la espiritualidad del hombre*, EUNSA, Navarra, 2005.

Arendt, H., *Du mensonge à la violence*, París, Calmann-Lévy, 1972.

—, «La crisis de la cultura», en *Entre el pasado y el futuro,* Barcelona, Península, 1996, pp. 209-238.

—, *La condición humana,* Barcelona, Paidós, 2005.

—, *Los orígenes del totalitarismo,* Tercera parte: «Totalitarismo», Madrid, Alianza, 2007, pp. 431-640.

— y Jaspers, K., *Correspondance, 1926-1969,* París, Payot/Rivages, 1996.

Aristóteles, *Retórica,* Madrid, Gredos, 1990.

—, *Ética a Nicómaco,* Madrid, CEC, 1985.

—, *La política,* México, UNAM, 2018.

Barthes, R., *Cómo vivir juntos. Notas de cursos y seminarios en el Côllege de France 19676-1977,* Buenos Aires, Siglo XXI, 2005.

Baumgarten, A.G., *Esthétique, précédée des Méditations philosophiques sur querqués sujets se rapportant à l'essence du poème et de la métaphysique,* París, Herne, 1988 (trad. cast., *Reflexiones filosóficas acerca de la poesía,* Madrid, Aguilar, 1975; *Estética. Prolegómenos* [selección], Buenos Aires, Centro de Investigaciones Filosóficas, 2014).

Bentham, J., *Principios de la moral y la legislación,* Buenos Aires, Claridad, 2008.

Berleant, A., *Living in the Landscape. Towards an Aesthetics of Environment,* Lawrence, University Press of Kansas, 1997.

Bloom, A., *Amor y amistad,* Santiago de Chile, Andrés Bello, 1996.

Brague, R., «L'anthropologie de l'humilité», en R. Brague (ed.), *Saint Bernard et la philosophie,* París, PUF, 1993, pp. 129-152.

Brillat-Savarin, J.A., *Fisiología del gusto,* Barcelona, Óptima, 2001.

Buytendijik, F.J.J., *El dolor,* Madrid, Revista de Occidente, 1958.

Caillé, A., *Manifiesto convivalista. Declaración de interdependencia,* Granada, EUG, 2016.

Callicott, J.B., «Wetland Gloom and Wetland Glory», *Philosophy and Geography* 6(1), 2003, pp. 33-45.

Canguilhem, G., *Lo normal y lo patológico,* Buenos Aires, Siglo XXI, 1971.

Carlson, A., «L'appréciation esthétique de l'environnement naturel», en *Esthétique de l'environnement. Appréciation, connaissance et devoir,* París, Vrin, 2015, pp. 55-84.

Castiglione, B., *El cortesano,* Madrid, Alianza, 2020.

Claraval, B. de, «Tratado sobre la consideración», en *Obras completas de san Bernardo,* vol. II, Madrid, BAC, 1984, pp. 49-233.

—, «Tratados sobre los grados de humildad y soberbia», en *Obras completas de san Bernardo*, vol. I, Madrid, BAC, 1983, pp. 164-247.

—, «Sermones sobre el Cantar de los Cantares», en *Obras completas de san Bernardo,* vol. V, Madrid, BAC, 1987.

Dejours, C., *Trabajo vivo. II. Trabajo y emancipación*, Buenos Aires, Topía, 2012.

Derrida, J., «Hay que comer o el cálculo del sujeto», con Jean-Luc Nancy, *Confines* 17, Buenos Aires, diciembre de 2005.

—, *Aporías. Morir-esperarse (en) los límites de la verdad*, Barcelona, Paidós, 1998.

Descartes, R., *Discurso del método*, Madrid, Alianza, 1989.

—, *Las pasiones del alma,* Madrid, Tecnos, 1997.

—, *Correspondencia con Isabel de Bohemia y otras cartas,* Barcelona, Alba, 1999.

—, *Lettre à Elisabeth du 15 septembre 1645*, en *Œuvres philosophiques*, t. 3, París, Garnier, pp. 605-609.

—, *Lettre à Chanut du 1er février 1647*, en *Œuvres philosophiques*, t. 3, París, Garnier, pp. pp. 709-724.

—, *Lettre à Christine de Suède du 20 novembre 1647*, en *Œuvres philosophiques*, t. 3, París, Garnier, pp. pp. 745-753.

Diehm, C., «Arne Næss, Val Plumwood, and Deep Ecological Subjectivity. A Contribution to the "Deep Ecology-Ecofeminism Debate"», *Ethics and Environment* 7(1), 2002.

Donaldson, S. y Kymlicka, W., *Zoópolis. Una revolución animalista,* Madrid, Errata Naturae, 2018.

Egger, M.M., *Soigner l'esprit, guérir la Terre. Introduction à l'écopsychologie*, Ginebra, Labor et Fides, 2015.

Festinger, L., *Teoría de la disonancia cognitiva*, Instituto de Estudios Políticos, Madrid, 1975.

Foessel, M., «Le respect, un sentiment esthétique?», en F. Calori, M. Foessel y D. Pradelle, *De la sensibilité. Les esthétiques de*

Kant, Rennes, Presses Universitaires de Rennes, 2014, pp. 177-190.

Foot, P., *Bondat natural. Una visión naturalista de la ética,* Barcelona, Paidós, 2002.

Foucault, M., *La hermenéutica del sujeto: curso del Collège de France: 1982,* Madrid, Akal, 2005.

Freud, S., «Los instintos y sus destinos», en *Metapsicología,* en *Obras completas I,* Madrid, Biblioteca Nueva, 1967.

—, «La represión», en *Metapsicología,* en *Obras completas I,* Madrid, Biblioteca Nueva, 1967, pp. 1045-1051.

—, *Una teoria sexual (Tres ensayos sobre teoria sexual),* en *Obras completas I,* Madrid, Biblioteca Nueva, 1967, pp. 771-823.

—, *Más allá del principio de placer,* en *Obras completas I,* Madrid, Biblioteca Nueva, 1967, pp. 1097-1125.

—, *El malestar en la cultura,* en *Obras completas III,* Madrid, Biblioteca Nueva, 1967, pp. 3-65.

—, *Psicología de las masas,* en *Obras completas I,* Madrid, Biblioteca Nueva, 1967, pp. 1127-1165.

—, *El porvenir de una ilusión,* en *Obras completas II,* Madrid, Biblioteca Nueva, 1967, pp. 73-99.

— y Einstein, A., *¿Por qué la guerra?,* en *Obras completas XXII,* Buenos Aires, 1991.

Gadamer, H.G., *Verdad y método. Fundamentos de una hermenéutica filosófica,* Salamanca, Sígueme, 1977.

Gattel, C.M., *Dictionnaire universel de la langue française,* vol. 1, París, Nabu Press, 2012.

Gennart, M., *Corporéité et présence. Jalons pour une approche du corps dans la psychose,* Argenteuil, Le cercle herméneutique, 2011.

Gilligan, C., *La ética del cuidado,* Barcelona, Fundació Víctor Grífols i Lucas, 2013.

Goffi, J.Y., «L'éthique des vertus et l'environnement», *Multitudes* 36 2009/1, pp. 163-169.

Guattari, F., *Las tres ecologías,* Valencia, Pre-Textos, 1996.

Guillermit, L., *L'élucidation critique du jugement de goût selon Kant,* París, CNRS, 1986.

Hache, E. (ed.), *Reclaim. Recueil de textes éco-féministes,* París, Cambourakis, 2016.

Heidegger, M., *Ser y tiempo,* Santiago, Editorial Universitaria, 2002.

Hess, G., *Éthiques de la nature,* París, PUF, 2013.

Hill, T.E. Jr., «Ideals of Human Excellence and Preserving Natural Environments», en R. Sandler y P.Cafaro, *Environmental Virtue Ethics,* Lanham, Rowman, 2005, pp. 47-59.

Hillesum, E., *Una vida conmocionada,* Barcelona, Anthropos, 2007.

Hribal, J., *Miedo al planeta animal: La historia oculta de la resistencia animal,* Madrid, Createspace, 2016.

Hursthouse, R., «Environmental Virtue Ethics», en R.L.Walker y P.J. Ivanhoe (eds.), *Environmental Ethics,* Oxford, Oxford University Press, 2007, pp. 155-172.

Jacobi, F.H., *Werke,* vol. 2, Darmstadt, Wissenschaftliche Buchgesellschaft, 1980.

James, W., *Pragmatismo: un nuevo nombre para algunos antiguos modos de pensar,* Barcelona, Folio, 1999.

Jankélévitch, V., *Traité des vertus,* París, Flammarion, 1986.

Kandinsky, W., *De lo espiritual en el arte,* Barcelona, Paidós, 2011.

Kant, I., «Idea de una historia universal desde el punto de vista cosmopolita», en *Filosofía de la historia,* trad. de Emilio Estiú, Editorial Nova, Buenos Aires, pp. 39-57).

—, *Crítica de la razón práctica,* Buenos Aires, Losada, 2007.

—, *Crítica del juicio,* Buenos Aires, Losada, 1961.

—, *La metafísica de las costumbres, Segunda parte. Principios metafísicos de la doctrina de la virtud,* Madrid, Tecnos, 2005

—, *Fundamentación de la metafísica de las costumbres,* San Juan, Puerto Rico, Pedro M. Rosario Barbosa, 2007.

Klein, M., *Envidia y gratitud y otros trabajos,* Barcelona, Paidós, 1988.

Klemperer, V., *La lengua del tercer Reich. Apuntes de un filólogo,* Barcelona, Minúscula, 2001.

Laugier, S. (ed.), *Éthique, littérature, vie humaine,* París, PUF, 2006.

Le Bon, G., *Psicología de las multitudes,* Granada, Comares, 2012.

Leopold, A., *Almanach d'un comté des sables,* París Flammarion, 2000.

Lévinas, E, *Dios, la muerte y el tiempo,* Madrid, Cátedra, 2005.

—, *El tiempo y el otro,* Barcelona, Paidós, 1993.

—, *De otro modo que ser o más allà de la esencia,* Salamanca, Sígueme, 2021.

—, «Sin nombre», en *Nombres propios,* Madrid, Emmanuel Mounier, 2008.

—, *De la existencia al existente,* Madrid, Arena Libros, 2000.

—, «Morir por…», en *Entre nosotros. Ensayos para pensar en otro,* Valencia, Pre-Textos, 1993, pp. 229-240.

—, «La realidad y su sombra», en *Los imprevistos de la historia,* Salamanca, Sígueme, 2006, pp. 43-66.

Lévi-Strauss, C., *Antropología estructural II,* México, Siglo XXI, 1983.

Lipman, M., *À l'école de la pensée. Enseigner une pensée holistique,* Bruselas, De Boeck, 2006.

Loyola, I. de, *Nueva edición del texto autógrafo de los Ejercicios Espirituales de san Ignacio de Loyola,* Bilbao, Sal Terrae, 2010.

Luhmann, N., *Sistemas sociales. Lineamientos para una teoria general,* Barcelona, Anthropos, 1998.

Macherey, P., *Introduction à l'Éthique de Spinoza. La 5ᵉ partie: les voies de la libération,* París, PUF, 1997.

MacIntyre, A., *Animales racionales y dependientes. Por qué los seres humanos necesitamos las virtudes,* Barcelona, Paidós, 2001.

—, *Tras las virtud,* Barcelona, Crítica, 2001.

Maggiori, R., *De la convivance. Philosophie de la liberté ou philosophie de l'amour?*, París, Fayard, 1985.

Martineau, E., «Prudence et considération, un dessein philosophique de saint Bernard de Clairvaux», *Les Études philosophiques* 1, 1980, pp. 23-45.

McLuhan, T.C. (ed.), *Tocar la Tierra. Autorretratos de los indios de América del Norte,* Barcelona, Octaedro, 2002.

Montaigne, M. de, *Ensayos completos,* Madrid, Cátedra, 2003.

Næss, A., «Spinoza and Ecology», en *Speculum Spinozanum 1677-1977,* Londres, Routledge, 1977.

—, *Life's Philosophy. Reason and Feeling in a Deeper World,* Athens, The University of Georgia Press, 2002.

—, *Ecología, comunidad y estilo de vida. Esbozos de una ecosofía,* Buenos Aires, Prometeo, 2018.

—, *Une écosophie pour la vie. Introduction à l'écologie profonde,* París, Seuil, 2017.

Nussbaum M.C., *Les émotions démocratiques. Comment former le citoyen du xxie siècle?,* París, Climats, 2011.

—, *L'art d'être juste. L'imagination littéraire et la vie publique,* París, Climats, 2015.

—, *La fragilidad del bien. Fortuna y ética en la tragedia y la filosofía griega,* Madrid, Visor, 1995.

Ogien, R., *Mes mille et une nuits. La maladie comme drame et comme comédie,* París, Albin Michel, 2017.

Ovidio, *Metamorfosis,* Madrid, Cátedra, 2005.

Pelluchon, C., *Elementos para una ética de la vulnerabilidad,* Bogotá, Editorial Pontificia Universidad Javeriana, 2015.

—, *Tu ne tueras point. Réflexions sur l'actualité de l'interdit du meurtre,* París, Cerf, 2013.

—, *Les nourritures. Philosophie du corps politique,* París, Seuil, 2015.

—, *Manifiesto animalista. Politizar la causa animal,* Barcelona, Reservoirs Books, 2018.

—, *Ecología como nueva Ilustración*, Barcelona, Herder, 2022.

Platón, *Alcibíades I*, en *Diálogos* VII, Madrid, Gredos, 1992.

—, *Protágoras*, en *Diálogos* I, Madrid, Gredos, 1981.

—, *Gorgias*, en *Diálogos* II, Madrid, Gredos, 1983.

—, *República*, en *Diálogos* IV, Madrid, Gredos, 1986.

—, *Teeteto*, en *Diálogos* V, Madrid, Gredos, 1988.

—, *Leyes*, en *Diálogos* VIII-IX, Madrid, Gredos, 1999.

Plumwood, V., «Nature, Self, and Gender. Feminism, Environmental Philosophy, and the Critique of Rationalism», *Hypatia* 6(1) 1991, pp. 3-27.

Plutarco, «Sobre cómo se debe escuchar», en *Obras morales y de costumbres, (Moralia)*, vol. I, Gredos, Madrid, 1992.

—, Sobre la charlatanería», en *Obras morales y de costumbres*, vol. VII, Madrid, Gredos, 1995.

Renaut, O., *Platon, la médiation des émotions. L'éducation du* thymos *dans les Dialogues*, París, Vrin, 2014.

Ricœur, P., *Sí mismo como otro*, Madrid, Siglo XXI, 1996.

—, *Filosofía de la voluntad I: Lo voluntario y lo involuntario*, Buenos Aires, Editorial Docencia, 2018.

Rolston, H., «Environmental Virtue Ethics. Half the Truth but Dangerous as a Whole», en R. Sandler y P. Cafaro (eds.), *Environmental Virtue Ethics*, Lanham, Rowman & Littlefield, 2005, pp. 61-78.

—, «De la beauté au devoir», en *Esthétique de l'environnement. Appréciation, connaissance et devoir*, París, Vrin, 2015, pp. 277-310.

Roszak, T., *The Voice of the Earth*, Grand Rapids, Phanes Press 1992.

Rousseau, J.J., *Del contrato social*, Madrid, Alianza, 2010.

—, *Emilio, o De la educación*, Madrid, Alianza, 2021.

Sandler, R., *Character and Environment. A Virtue-Oriented Approach to Environmental Ethics*, Nueva York, Columbia University Press, 2007.

Schell, J., *El destino de la tierra,* Madrid, Argos Vergara, 1982.

Séneca, *Epístolas morales a Lucilio,* 1, Madrid, Gredos, 2000.

—, «Consolación a Marcia», en *Diálogos,* Madrid, Editora Nacional, 1984.

Sennett, R., *Juntos,* Barcelona, Anagrama, 2012.

Spinosa, B., *Ética demostrada según orden geométrico,* Madrid, Editora Nacional, 1980.

Les stoïciens, París, Gallimard, 1962.

Straus, E. W., *Du sens des sens. Contribution à l'étude des fondements de la psychologie,* Grenoble, Million, 1989.

Strauss, L., «Le problème de la connaissance dans la doctrine philosophique de Fr. H. Jacobi», *Revue de Métaphysique et de Morale,* 3-4, 1994.

—, *Sobre la tiranía,* Madrid, Encuentro, 2005.

—, «¿Qué es la educación liberal?», en *Liberalismo antiguo y moderno,* Madrid, Katz, 2007.

—, «El nihilismo alemán», en R. Esposito, C. Galli y V. Vitiello (eds.), *Nihilismo y política,* Buenos Aires, Manantial, 2008, pp. 125-150.

Tomás de Aquino, *Suma de teología,* Madrid, BAC, 2001.

Waal, F. de, *La edad de la empatía,* Barcelona, Tusquets, 2022.

Weil, S., «Reflexiones sobre el buen uso de los estudios escolares como medio de cultivar el amor a Dios», en *A la espera de Dios,* Madrid, Trotta, 1993, pp. 63-71.

Weizsäcker, V. von, *Le cycle de la structure,* París, Desclée de Brouwer, 1958.

Young, I.M., *Responsabilidad por la justicia,* Madrid, Morata, 2011.

Índice analítico